Lucy Maud Montgomery

Geschichten aus Avonlea

Lucy Maud Montgomery

Geschichten aus Avonlea

ERZÄHLUNGEN

VERLAG 28 EICHEN
BARNSTORF

Aus dem Englischen übersetzt
und mit Anmerkungen versehen
von Nadine Erler.

Das Original erschien 1912 unter dem Titel
Chronicles of Avonlea
bei McClelland & Stewart, Toronto,
und liegt hier in der deutschen Erstausgabe vor.

Die Deutsche Bibliothek verzeichnet diese Publikation
in der Deutschen Nationalbibliographie.
Detaillierte bibliographische Daten sind im Internet über
http://dnb.ddb.de abrufbar.

ISBN 978-3-96027-121-5

Cover unter Verwendung der des Gemäldes
„Dame im Garten“ (1867) von Claude Monet,
Eremitage, St. Petersburg,

Inhalt

Zum Andenken an Mrs. William A. Houston,
eine gute Freundin, die für immer gegangen ist.

Hinter den Dingen des Alltags
verbarg sich unbesungene Schönheit.

John Greenleaf Whittier (1807 – 1892)

1. Ludovic hat es eilig

Eines Samstagabends saß Anne Shirley in Theodora Dix' Wohnzimmer am Fenster und schaute beim Sonnenuntergang verträumt in das Land hinter den Hügeln. Anne war für zwei Wochen ihrer Ferien zu Besuch in Echo Lodge, wo Mr. und Mrs. Stephen Irving den Sommer verbrachten, und oft lief sie zu dem alten Dix-Haus, um ein wenig mit Theodora zu plaudern. Ihr Gespräch war eingeschlafen, und Anne überließ sich ihren Phantasien – sie baute ein Luftschloß. Sie lehnte ihren schönen Kopf mit dem Kranz aus geflochtenem rotbraunen Haar an den Fensterrahmen, und ihre grauen Augen sahen aus wie Teiche im Mondlicht.

Dann erspähte sie Ludovic Speed, der die Straße herunterkam. Er war noch weit entfernt, denn der Weg zum Dix-Haus war lang, aber Ludovic war aus jeder Distanz zu erkennen. Niemand sonst in Middle Grafton hatte so eine hochgewachsene, leicht gebeugte Gestalt und bewegte sich so schlafwandlerisch. Es war Ludovic, ganz und gar.

Anne erwachte aus ihren Träumen und dachte, es sei taktvoll, zu gehen. Ludovic machte Theodora den Hof. Jeder in Grafton wußte es, und wenn es jemand nicht wußte, lag es nicht daran, daß er keine Zeit gehabt hätte, es herauszufinden. Ludovic ging seit fünfzehn Jahren auf die gleiche bedächtige Art die Straße hinunter, um Theodora zu sehen!

Anne, die schlank, mädchenhaft und romantisch war, stand auf, und Theodora, die rundlich, mittleren Alters und pragmatisch war, sagte mit einem Zwinkern: „Nur keine Eile, Kind. Setz dich wieder und laß dich nicht vergraulen. Du hast Ludovic kommen sehen und denkst wahrscheinlich, du würdest stören. Aber das tust du nicht. Ludovic hat gern einen Dritten dabei und ich auch. Es regt die Unterhaltung an. Wenn ein Mann seit fünfzehn Jahren zweimal in der Woche zu Besuch kommt, geht einem manchmal der Gesprächsstoff aus."

Theodora spielte nie die Verlegene, wenn es um Ludovic ging. Es war ihr nicht peinlich, über ihn und seine endlose Brautwerbung zu sprechen. Es schien sie sogar zu amüsieren.

Anne setzte sich wieder hin, und gemeinsam sahen sie Ludovic näherkommen. Sein Blick schweifte seelenruhig über die üppigen Kleefelder und den blauen Fluß, der sich tief unten durch das neblige Tal schlängelte.

Anne schaute in Theodoras ruhiges Gesicht mit den feinen Zügen und versuchte sich vorzustellen, wie sie sich fühlen würde, wenn sie selbst hier säße und auf einen älteren Geliebten wartete, der so lange brauchte, um sich zu entscheiden. Aber sogar Annes Phantasie scheiterte daran. Wie auch immer, dachte sie ungeduldig, wenn ich ihn haben wollte, würde ich schon einen Weg finden, ihn etwas anzutreiben. Ludovic Speed! Gab es jemals einen unpassenderen Namen? So ein Name für so einen Mann ist eine Irreführung und ein Fallstrick."

Mittlerweile war Ludovic beim Haus angekommen, aber er stand so lange verträumt vor der Tür und starrte in das grüne Gestrüpp des Kirschgartens, daß Theodora schließlich hinging und die Tür öffnete, bevor er anklopfte. Als sie ins Wohnzimmer kamen, schnitt sie Anne über seine Schulter hinweg eine Grimasse.

Ludovic lächelte Anne freundlich an. Er mochte sie. Sie war das einzige junge Mädchen, das er kannte, denn normalerweise ging er jungen Mädchen aus dem Weg – in ihrer Gegenwart fühlte er sich linkisch und fehl am Platz. Aber bei Anne war es nicht so. Sie hatte eine Gabe, mit jeder Art von Leuten auszukommen, und obwohl sie sie noch nicht lange kannten, betrachteten sowohl Ludovic als auch Theodora sie als alte Freundin.

Ludovic war groß und etwas ungelenk, aber seine unerschütterliche Ruhe verlieh ihm eine Würde, die er sonst nicht gehabt hätte. Er hatte einen seidigen braunen, leicht kaiserlich gezwirbelten Schnurrbart – eine Mode, die in Grafton als exzentrisch galt. Hier waren die Männer entweder glattrasiert oder hatten Vollbärte. Der Blick seiner Augen war freundlich und verträumt, und es lag ein wenig Melancholie in ihren blauen Tiefen.

Er setzte sich in den riesigen Lehnsessel, der Theodoras Vater gehört hatte. Ludovic saß immer dort, und Anne fand, daß der Stuhl mittlerweile aussah wie er.

Die Unterhaltung wurde schnell lebhaft. Ludovic war ein guter Redner, wenn jemand ihn aus der Reserve lockte. Er war belesen und überraschte Anne oft mit seinen scharfsinnigen Kommentaren über die Menschen und die Vorgänge in der Welt, von denen in Grafton nur ein leises Echo zu hören war. Er hatte auch eine Vorliebe für theologische Streitgespräche mit Theodora, die sich nicht sehr für Politik oder Geschichte interessierte, aber dafür um so mehr für kirchliche Dogmen – sie las alles, was damit zu tun hatte. Wenn es zwischen Ludovic und Theodora zu einer freundschaftlichen Kabbelei über Christian Science kam, wußte Anne, daß sie vorerst nicht mehr gebraucht wurde und man sie nicht vermissen würde.

„Es ist die Zeit der Sterne – und Zeit, gute Nacht zu sagen“, sagte sie und machte sich leise davon.

Aber sie mußte innehalten und lachen, als sie außer Sichtweite des Hauses war – auf einer grünen Wiese, übersät von den Sternen der Gänseblümchen. Ein duftender Wind wehte leicht darüber hinweg. Anne lehnte sich an eine weiße Birke in der Ecke und lachte aus voller Kehle, als sie an Ludovic und Theodora dachte. Für ihren jugendlichen Leichtsinn war diese Brautwerbung höchst amüsant. Sie mochte Ludovic, gestand sich aber zu, ärgerlich auf ihn zu sein.

„Dieser große, gute Dummkopf!“ sagte sie laut. „So einen liebenswerten Trottel gab es noch nie! Er ist wie der Alligator in dem alten Vers, der nicht weitergehen wollte, aber auch nicht stillsitzen konnte und die ganze Zeit auf und ab gehüpft ist.“

Als Anne zwei Abende später wieder zum Dix-Haus ging, kamen sie und Theodora auf Ludovic zu sprechen. Theodora war der fleißigste Mensch der Welt und hatte eine besondere Vorliebe für Handarbeiten. Ihre geschickten Finger waren mit einer sehr komplizierten Battenberg-Spitze beschäftigt. Anne lehnte sich in einem kleinen Schaukelstuhl zurück, die schmalen Hände im Schoß gefaltet, und beobachtete Theodora. Ihr wurde klar, daß Theodora sehr hübsch war – majestätisch wie eine Juno-Statue, mit glatter weißer Haut, fein gemeißelten Zügen und großen, braunen Augen. Wenn Theodora nicht lächelte, sah sie sehr imposant aus. Anne hielt es für wahrscheinlich, daß Ludovic ihr mit Ehrfurcht begegnete.

„Hast du mit Ludovic den ganzen Samstagabend über Christian Science gesprochen?“ fragte sie.

Theodora strahlte. „Ja, wir haben uns sogar darüber gestritten. Jedenfalls habe ich gestritten. Ludovic würde nie mit jemandem streiten. Es ist, als würde man ins

Leere schlagen. Ich hasse es, mich mit jemandem anzulegen, der sich nicht wehrt."

„Theodora", sagte Anne schmeichelnd, „ich bin jetzt mal neugierig und aufdringlich. Du kannst mir gern eine Abfuhr erteilen. Warum heiratet ihr nicht, du und Ludovic?"

Theodora lachte gemütlich. „Die Frage stellen sich die Leute in Grafton schon eine ganze Weile, glaube ich. Nun, ich hätte nichts dagegen, Ludovic zu heiraten. Das ist dir offen genug, nicht wahr? Aber es ist nicht leicht, einen Mann zu heiraten, wenn er keinen Antrag macht. Und Ludovic hat das eben nie getan."

„Ist er zu schüchtern?" bohrte Anne nach. Da Theodora in der richtigen Stimmung war, wollte sie dieser seltsamen Geschichte auf den Grund gehen.

Theodora ließ ihre Handarbeit sinken und schaute nachdenklich in die grüne Sommerlandschaft hinaus. „Nein, ich glaube nicht, daß es daran liegt. Ludovic ist nicht schüchtern. Es ist einfach seine Art – die der Speeds. Die Speeds sind alle furchtbar bedächtig. Sie verbringen Jahre damit, über eine Sache nachzudenken, bevor sie sich entschließen, sie zu tun. Manchmal gewöhnen sie sich so daran, darüber nachzudenken, daß sie nie weiterkommen – wie der alte Alder Speed, der immer davon redete, seinen Bruder in England zu besuchen, es aber nie getan hat, obwohl nichts dagegen sprach. Sie sind nicht faul, aber sie lassen sich gern Zeit."

„Und Ludovic ist ein besonders schwerer Fall von Speedismus", sagte Anne.

„Genau. Er hatte es noch nie im Leben eilig. Herrje, er überlegt sich seit sechs Jahren, ob er sein Haus neu streichen läßt. Er redet immer mit mir darüber und entscheidet sich für eine Farbe – und damit hat es sein Bewenden. Er mag mich sehr und will mir eines Tages einen Antrag machen. Die Frage ist nur – wird der Tag jemals kommen?“

„Warum treibst du ihn nicht ein wenig an?“ fragte Anne ungeduldig.

Theodora nahm ihre Arbeit wieder auf und lachte noch einmal. „Wenn man Ludovic antreiben könnte, wäre ich nicht diejenige, die es tun würde. Ich bin zu schüchtern. Es klingt albern, wenn eine Frau in meinem Alter und mit meiner Figur so etwas sagt, aber es stimmt. Natürlich weiß ich, daß man einen Speed nur so zum Heiraten bewegen kann. Zum Beispiel ist eine Cousine von mir mit Ludovics Bruder verheiratet. Ich sage nicht, daß sie ihn direkt gefragt hat, aber wirklich, Anne, es hat nicht viel gefehlt. Ich könnte so etwas nicht. Ich habe es einmal versucht. Als mir klarwurde, daß ich am Vertrocknen war und alle Mädchen meiner Generation unter die Haube kamen, versuchte ich, Ludovic einen Hinweis zu geben. Aber es blieb mir in der Kehle stecken. Und jetzt ist es nicht mehr wichtig. Wenn aus Dix nicht mehr Speed wird, bis ich den ersten Schritt mache, bleibt es bis zum Ende meiner Tage bei Dix. Ludovic begreift nicht, daß wir alt werden. Er glaubt, wir seien immer noch junge Leute, die alle Zeit der Welt haben. Das ist der Fehler der Speeds. Sie merken nicht, daß sie leben, bis sie tot sind.“

„Du hast Ludovic gern, nicht wahr?“ fragte Anne. Sie hörte einen Klang echter Bitterkeit aus Theodoras Worten heraus.

„Gott, ja“, sagte Theodora ehrlich. Sie fand es nicht der Mühe wert, wegen einer so klaren Tatsache zu erröten. „Er ist für mich der großartigste Mensch der Welt. Und er braucht wirklich jemanden, der sich um ihn kümmert. Er ist vernachlässigt – er sieht abgenutzt aus. Du siehst es ja selbst. Seine alte Tante kümmert sich mehr schlecht als recht um seinen Haushalt, aber nicht um ihn. Und er kommt jetzt in das Alter, in dem ein

Mann ein wenig umsorgt werden muß. Ich bin allein hier, und Ludovic ist allein drüben, und das ist doch lächerlich, nicht? Es wundert mich nicht, daß ganz Grafton über uns lacht. Weiß Gott, ich lache selbst genug darüber. Ich habe schon ein paarmal gedacht, daß man Ludovic vielleicht eifersüchtig machen müßte, um ihn auf Trab zu bringen. Aber ich konnte noch nie flirten – und selbst wenn ich es könnte, es ist ja niemand zum Flirten da. Alle in der Gegend betrachten mich als Ludovics Eigentum, und keiner käme auf den Gedanken, ihm Konkurrenz zu machen."

„Theodora", rief Anne, „ich habe eine Idee!"

„Nun, was hast du vor?" rief Theodora.

Anne erzählte es ihr.

Anfangs lachte Theodora und protestierte, aber zuletzt gab sie – wenn auch skeptisch – nach. Annes Begeisterung riß sie mit. „Nun, dann versuch es eben", sagte sie resigniert. „Wenn Ludovic es übelnimmt und mich sitzenläßt, bin ich schlechter dran als je zuvor. Aber wer nicht wagt, der nicht gewinnt. Und es besteht eine Chance, glaube ich. Außerdem muß ich gestehen, daß ich sein Zögern satt habe."

Anne ging zurück nach Echo Lodge, kribbelig vor Freude über ihren Plan. Sie machte Arnold Sherman ausfindig und sagte ihm, was er zu tun hatte. Arnold Sherman hörte zu und lachte. Er war ein ältlicher Witwer, ein enger Freund von Stephen Irving und verbrachte einen Teil des Sommers bei ihm und seiner Frau auf Prince Edward Island. Er war auf eine reife Art gutaussehend, und in ihm steckte immer noch ein Funken Schalkhaftigkeit, so daß er sofort auf Annes Plan einging. Ihn amüsierte die Vorstellung, Ludovic Speed anzutreiben, und er wußte, daß man sich auf Theodora Dix verlassen konnte – sie würde ihre Rolle spielen. Die Komödie würde nicht langweilig werden, egal, wie sie ausging.

Nach dem Gebetstreffen am nächsten Donnerstagabend hob sich der Vorhang zum ersten Akt. Der Mond schien hell, als die Leute aus der Kirche kamen, und alle sahen es deutlich. Arnold Sherman stand auf der Treppe neben der Tür, und Ludovic Speed lehnte sich an eine Ecke des Friedhofszauns, wie er es seit Jahren tat. Die Jungen sagten, die Farbe wäre an der Stelle schon abgeschabt. Ludovic machte sich keine Sorgen. Theodora würde wie immer herauskommen, und dann würde er sie begleiten, wenn sie um die Ecke ging.

Genau das geschah – Theodora kam die Treppe herunter, majestätischer denn je im Licht des Vestibüls. Arnold Sherman fragte sie, ob er sie nach Hause bringen dürfe. Theodora nahm seelenruhig seinen Arm, und gemeinsam stolzierten sie an dem entgeisterten Ludovic vorbei. Er starrte ihnen hilflos nach, als traue er seinen Augen nicht.

Einige Augenblicke stand er wie vom Donner gerührt da – dann marschierte er die Straße hinunter und folgte seiner flatterhaften Angebeteten und ihrem neuen Verehrer. Die Jungen und leichtfertigen jungen Männer strömten ihnen nach, weil sie eine aufregende Szene erwarteten, aber sie wurden enttäuscht. Ludovic ging schnellen Schrittes, bis er Theodora und Arnold Sherman eingeholt hatte – dann blieb er bescheiden hinter ihnen zurück.

Theodora hatte keine Freude an ihrem Nachhauseweg, obwohl Arnold Sherman alles daransetzte, unterhaltsam zu sein. Ihr Herz war bei Ludovic, dessen schlurfende Schritte sie hinter sich hörte. Sie fürchtete, daß sie sehr grausam war, aber jetzt gab es kein Zurück mehr. Der Gedanke, daß alles nur zu seinem eigenen Besten war, gab ihr Kraft, und sie sprach mit Arnold Sherman, als sei er der einzige Mann auf der Welt. Der arme verlassene Ludovic folgte ihnen demütig und hörte alles mit an. Wenn Theodora gewußt hätte, wie bitter die Pille für ihn war, hätte sie nicht durchgehalten, egal, wie gut der Zweck war.

Als sie und Arnold durch ihre Pforte gingen, mußte Ludovic stehenblieben. Theodora warf einen Blick über die Schulter und sah ihn auf der Straße stehen. Die verlorene Gestalt verfolgte sie die ganze Nacht. Wenn Anne nicht am nächsten Tag vorbeigekommen wäre und ihr gut zugeredet hätte, hätte sie vielleicht zu früh nachgegeben und alles verdorben.

Ludovic blieb reglos auf der Straße stehen, ohne sich um die belustigten Zurufe und Kommentare der kleinen Jungengruppe zu kümmern, bis Theodora und sein Rivale aus seinem Blickfeld verschwanden. Dann wandte er sich um und ging nach Hause, nicht gemächlich wie sonst, sondern mit schnellen Schritten, die seinen inneren Aufruhr verrieten.

Er war verwirrt. Wenn die Welt plötzlich untergegangen wäre oder der träge, kurvenreiche Grafton River plötzlich seine Richtung geändert hätte und bergauf geflossen wäre – Ludovic hätte nicht erstaunter sein können. Fünfzehn Jahre lang hatte er Theodora nach den Gebetstreffen nach Hause begleitet, und nun war dieser ältliche Fremde, den der Glanz „der Staaten“ umgab, vor seiner Nase völlig ungerührt mit ihr davonspaziert. Schlimmer noch – das war das Grausamste von allem –, Theodora war nicht nur bereitwillig mitgegangen, nein, sie hatte offenbar Gefallen an seiner Gesellschaft gefunden. Der sonst so unbeschwerte Ludovic empfand einen gerechten Zorn.

Als er am Ende seiner Straße angekommen war, blieb er an seiner Pforte stehen und betrachtete sein Haus, das inmitten von Birken stand. Sogar im Mondlicht sah man deutlich, daß die Farbe abblätterte. Er dachte an die „prächtige Villa“, die Arnold Sherman angeblich in Boston hatte, und rieb sich nervös das

Kinn. Dann ballte er die Faust und schlug auf den Pfosten der Pforte.

„Theodora darf nicht glauben, daß sie mich so abservieren kann, nachdem sie sich fünfzehn Jahre mit mir abgegeben hat", sagte er. „Da habe ich auch noch ein Wort mitzureden, Arnold Sherman oder kein Arnold Sherman! Was für eine Frechheit von diesem Grünschnabel!"

Am nächsten Morgen fuhr Ludovic nach Carmody und beauftragte Joshua Pye damit, sein Haus zu streichen, und am gleichen Abend ging er zu Theodora, obwohl sein Besuch erst am Samstagabend fällig war.

Arnold Sherman war vor ihm da und saß wahrhaftig auf Ludovics Stuhl! Ludovic mußte mit Theodoras neuem Schaukelstuhl vorliebnehmen, Darin wirkte er kläglich fehl am Platz und fühlte sich auch so.

Falls Theodora die Situation unangenehm war, überspielte sie es geschickt. Sie hatte nie besser ausgesehen, und Ludovic bemerkte, daß sie ihr zweitbestes Seidenkleid trug. Er fragte sich unglücklich, ob sie es für den Besuch seines Rivalen angezogen hatte. Für ihn hatte sie nie ein Seidenkleid angezogen. Ludovic war seit jeher der sanftmütigste Mensch unter der Sonne, aber er verspürte beinahe Mordlust, als er stumm dasaß und Arnold Shermans geschliffener Konversation lauschte.

„Du hättest dabeisein und sein Gesicht sehen sollen", erzählte Theodora am nächsten Tag der begeisterten Anne. „Es ist vielleicht gemein von mir, aber ich freue mich. Ich fürchtete, er würde wegbleiben und schmollen. Solange er herkommt und schmollt, mache ich mir keine Sorgen. Aber er fühlt sich schlecht, der arme Kerl, und ich sterbe fast vor Reue. Er hat gestern abend versucht, länger zu bleiben als Mr. Sherman, aber er hat es nicht geschafft. Er sah so deprimiert aus, als er die Straße hinuntergeeilt ist – ja, wirklich geeilt!"

Am nächsten Sonntagabend ging Arnold Sherman mit Theodora zur Kirche und saß neben ihr. Als sie hereinkamen, stand Ludovic Speed plötzlich von seiner Kirchenbank unter der Empore auf. Er setzte sich sofort wieder hin, aber alle hatten es gesehen, und an diesem Abend sprachen die Leute in ganz Grafton begeistert über diesen dramatischen Vorfall.

„Ja, er sprang auf die Füße, als hätte ihn jemand hochgezogen, während der Pfarrer das Kapitel las", sagte seine Cousine Lorella, die in der Kirche gewesen war, zu ihrer Schwester, die nicht dort gewesen war. „Sein Gesicht war weiß wie ein Laken, und ihm fielen fast die Augen aus dem Kopf. Ich sage dir, ich fand noch nie etwas so spannend! Ich rechnete beinahe damit, daß er an Ort und Stelle auf die beiden losgehen würde. Aber er hat nur nach Luft geschnappt und sich wieder hingesetzt. Ich weiß nicht, ob Theodora Dix ihn gesehen hat. Sie sah völlig gelassen und ungerührt aus."

Theodora hatte Ludovic nicht gesehen, aber wenn sie gelassen und ungerührt aussah, täuschte ihr Anblick. Sie war schrecklich durcheinander. Sie konnte Arnold Sherman nicht daran hindern, mit ihr zur Kirche zu kommen, aber sie fand, daß es zu weit ging. Wenn Leute in Grafton gemeinsam in die Kirche gingen und nebeneinander saßen, hieß das, daß ihre Verlobung bevorstand. Was, wenn das Ludovic zur Verzweiflung trieb, statt ihn wachzurütteln! Sie durchlitt den Gottesdienst und hörte kein Wort von der Predigt.

Aber Ludovics spektakuläre Auftritte waren noch nicht vorbei. Die Speeds ließen sich nur schwer zum Anfangen bewegen, aber wenn sie einmal angefangen hatten, hörten sie auch nicht so schnell wieder auf. Als Theodora und Mr. Sherman herauskamen, wartete Ludovic auf der Treppe. Er stand kerzengerade und streng da, den Kopf hoch erhoben und die Schultern gestrafft. Er warf seinem Rivalen einen herausfordernden Blick zu und nahm gebieterisch Theodoras Arm.

„Darf ich Sie nach Hause begleiten, Miss Dix?“ sagten seine Worte, aber sein Ton sagte: „Ich begleite Sie nach Hause, egal, ob Sie ja oder nein sagen.“

Theodora sah Arnold mit einem um Verständnis bittenden Blick an und ging mit Ludovic nach Hause. Zwischen ihnen herrschte eine Stille, die nicht einmal den an den Zaun gebundenen Pferden entging. Für Ludovic war es die glorreichste Stunde seines Lebens.

Am nächsten Tag legte Anne den ganzen Weg von Avonlea zu Fuß zurück, um die Neuigkeiten zu hören.

Theodora lächelte zufrieden. „Ja, es ist endlich geregelt, Anne. Gestern abend hat Ludovic mich ganz unumwunden gefragt, ob ich ihn heiraten wolle, obwohl Sonntag war – und zwar so schnell wie möglich. Ludovic will keine Woche länger warten als unbedingt nötig.“

„Also hat es sich gelohnt, Ludovic Speed ein wenig anzutreiben“, sagte Mr. Sherman, als Anne nach Echo Lodge kam und es kaum erwarten konnte, die Neuigkeit zu erzählen. „Sie freuen sich natürlich, und mein armer Stolz muß geopfert werden. Ich werde in Grafton für immer als der Mann aus Boston in Erinnerung bleiben, der Theodora Dix wollte und sie nicht bekommen hat.“

„Aber das stimmt ja nicht“, sagte Anne tröstend.

Arnold Sherman dachte an Theodoras reife Schönheit und die Liebenswürdigkeit, die er in ihrem kurzen Beisammensein erlebt hatte. „Da bin ich mir nicht ganz sicher“, sagte er mit einem kleinen Seufzer.

2. Die alte Lady Lloyd

I. Mai

Glaubte man dem Dorfklatsch von Spencervale, war „die alte Lady Lloyd“ reich, geizig und stolz. Wie immer bei Tratschgeschichten stimmte ein Drittel, und zwei Drittel waren falsch. Die alte Lady Lloyd war weder reich noch geizig; sie war sogar jämmerlich arm – so arm, daß sogar „der bucklige Jack“ Spencer, der ihren Garten umgrub und für sie Holz hackte, dagegen steinreich war, denn er konnte sich immerhin drei Mahlzeiten am Tag leisten, während die alte Lady manchmal nur auf eine kam. Aber sie war sehr stolz und wäre lieber gestorben, als die Leute von Spencervale, vor denen sie sich in ihrer Jugend aufgespielt hatte, merken zu lassen, wie arm sie war und was sie manchmal alles entbehrte. Es war ihr viel lieber, daß sie dachten, sei sei knauserig und sonderbar – eine merkwürdige alte Einsiedlerin, die nie irgendwo hinging, nicht einmal zur Kirche, und die von allen Gemeindemitgliedern den kleinsten Beitrag für das Gehalt des Pfarrers zahlte.

„Und dabei schwimmt sie doch im Geld!“ sagte man empört. „Also, von ihren Eltern hat sie den Geiz nicht – die waren wirklich großzügig und gute Nachbarn. Der alte Dr. Lloyd war ein wunderbarer Mann. Er war immer gütig zu allen, und wenn er jemandem einen Gefallen tat, gab er einem den Eindruck, als würde man *ihm* einen Gefallen tun statt umgekehrt. Nun ja, soll die alte Lady Lloyd für sich bleiben und ihr Geld behalten. Wenn sie nichts mit uns zu tun haben will, braucht sie es auch nicht. Wahrscheinlich ist sie trotz Geld und Stolz nicht glücklich."

Das stimmte leider. Man konnte nicht glücklich sein, wenn Einsamkeit und Leere die Seele auffraßen und der Körper nur durch das bißchen Geld, das die Hühner einbrachten, vor dem Verhungern gerettet wurde.

Die alte Lady lebte „dort hinten in dem alten Lloyd-Haus", wie es immer genannt wurde. Es war ein komisches Haus mit niedrigem Dach, großen Schornsteinen, quadratischen Fenstern und dicht umringt von Fichten. Die alte Lady lebte ganz allein dort, und es kam vor, daß sie wochenlang niemanden sah außer dem buckligen Jack. Was die alte Lady so ganz allein machte und wie sie die Zeit verbrachte, war ein Rätsel, das die Bewohner von Spencervale nicht lösen konnten. Die Kinder glaubten, sie würde sich damit amüsieren, daß sie das Gold in der großen schwarzen Truhe unter ihrem Bett zählte. Die Kinder von Spencervale hatten eine Todesangst vor der alten Lady; einige von ihnen – die „Kleinen aus der Spencer Road" – dachten, sie sei eine Hexe; alle rannten davon, wenn sie auf der Suche nach Beeren oder Harzklumpen durch den Wald streiften und in der Ferne die schmale, kerzengerade Gestalt der alten Lady sahen, die Reisig für ihr Feuer sammelte. Mary Moore war als einzige überzeugt, daß sie keine Hexe war.

„Hexen sind immer häßlich", sagte sie entschieden, „und die alte Lady Lloyd ist nicht häßlich. Sie ist sogar richtig hübsch – sie hat so weiches weißes Haar und große schwarze Augen und ein kleines weißes Gesicht.

Diese Kinder aus der Spencer Road wissen nicht, wovon sie reden. Mutter sagt, sie seien eine ahnungslose Bande."

„Na ja, sie geht aber nie zur Kirche, und sie murmelt und spricht die ganze Zeit vor sich hin, wenn sie Reisig aufsammelt", beharrte Jimmy Kimball.

Die alte Lady sprach mit sich selbst, weil sie Gesellschaft und Unterhaltungen liebte. Wenn man zwanzig Jahre mit niemandem außer sich selbst gesprochen hat, wird es natürlich mit der Zeit etwas eintönig, und es gab Momente, in denen die alte Lady alles außer ihrem Stolz für etwas menschliche Gesellschaft geopfert hätte. In solchen Momenten haderte sie mit dem Schicksal, weil es ihr alles genommen hatte. Es gab nichts, das sie liebte, und das ist das Ärgste, was einem Menschen passieren kann.

Im Frühling war es immer am schlimmsten. Einst – als sie noch nicht die alte Lady, sondern die hübsche, eigensinnige, lebenslustige Margaret Lloyd gewesen war – hatte sie den Frühling geliebt. Jetzt haßte sie ihn, und dieses Jahr war es noch schrecklicher als sonst. Die alte Lady hatte das Gefühl, den Schmerz nicht ertragen zu können. Alles tat ihr weh – die neuen grünen Spitzen der Fichten, der feine Nebel unten in der Senke mit den Buchen, der frische Geruch der roten Erde, die der bucklige Jack in ihrem Garten umgrub. Die alte Lady lag eine ganze Nacht im Mondschein wach und weinte vor Kummer. Über dem Hunger ihrer Seele vergaß sie sogar den Hunger ihres Körpers, und das wollte etwas heißen, denn sie hatte die ganze Woche mehr oder weniger gefastet. Sie hatte von Crackern und Wasser gelebt, damit sie den buckligen Jack für die Gartenarbeit bezahlen konnte. Als die blasse, schöne Farbe der Morgendämmerung sich langsam am Himmel ausbreitete, vergrub die alte Lady das Gesicht in ihrem Kissen. Sie wollte sie nicht sehen.

„Ich hasse den neuen Tag“, sagte sie rebellisch. „Er wird genauso schwer werden wie alle anderen Tage. Ich will nicht aufstehen und ihn durchleben. Und oh – was für ein Gedanke, daß ich mich vor langer Zeit auf jeden neuen Tag gefreut habe wie auf einen Freund, der gute Nachrichten bringt! Damals habe ich die Morgen geliebt – sonnig oder grau, sie waren so herrlich wie ein ungelesenes Buch – und jetzt hasse ich sie – hasse sie – hasse sie!“

Aber die alte Lady stand trotzdem auf, denn sie wußte, daß der bucklige Jack kommen würde, um den Garten fertigzumachen. Sie frisierte ihr schönes, dichtes weißes Haar sehr sorgfältig und zog ihr purpurfarbenes Seidenkleid mit den goldenen Pünktchen an. Die alte Lady trug immer Seide – aus Gründen der Sparsamkeit. Es war viel günstiger, ein Seidenkleid zu tragen, das ihrer Mutter gehört hatte, als ein neues, selbst ein billiges, im Laden zu kaufen. Die alte Lady besaß eine Menge Seidenkleider, die ihrer Mutter gehört hatten. Sie trug sie morgens, mittags und abends, und die Leute in Spencervale hielten es für einen weiteren Beweis ihres Stolzes. Was die Mode betraf, so war sie natürlich nur zu geizig, sie ändern zu lassen. Niemand ahnte, daß die alte Lady jedesmal, wenn sie eins der Seidenkleider anzog, Qualen litt, weil sie so unmodern war. Selbst die Blicke, die der bucklige Jack auf ihre uralten Volants und Überröcke warf, waren ihr beinahe unerträglich.

Obwohl die alte Lady den neuen Tag nicht willkommengeheißen hatte, war sie nicht blind für seine Schönheit, als sie nach dem Mittagessen – oder richtiger, nach ihrem Mittagskeks – zu einem Spaziergang aufbrach. Die Luft war frisch und duftete, und in den Fichtenwäldern, die das alte Haus der Lloyds umgaben, regte sich neues Leben. Ein bißchen von dieser Pracht fand seinen Weg in das verbitterte Herz der alten Lady, und als sie zu der kleinen Holzbrücke kam, die über den Bach unter den Buchen führte, war sie milder gestimmt als sonst. Dort stand eine große Buche, die die alte Lady besonders liebte – aus Gründen, die nur sie kannte –, eine gewaltige, hohe Buche mit einem Stamm wie eine graue Marmorsäule und Ästen mit dichtem Laub über dem stillen, goldbraunen Teich. Die Buche war ein junger Schößling gewesen, damals, in den Tagen, die der alten Lady heilig waren. Aber der Glanz war schon lange aus ihrem Leben verschwunden.

Die alte Lady hörte Kinderstimmen und -lachen auf der Straße, die zu William Spencers Haus gleich hinter dem Wald führte. Wenn man in die entgegengesetzte Richtung ging, kam man zur Hauptstraße, aber dieser „Hinterweg" diente als Abkürzung, und die Kinder nutzten sie immer, wenn sie zur Schule gingen.

Die alte Lady versteckte sich eiligst hinter einer Gruppe junger Fichten. Sie mochte die Spencer-Kinder nicht, weil sie immer solche Angst vor ihr zu haben schienen. Durch die Fichtenzweige sah sie sie vergnügt vorbeigehen – die beiden ältesten vorneweg, die Zwillinge hinterher. Die Zwillinge gingen an der Hand eines großen, schlanken jungen Mädchens – das war wahrscheinlich die neue Musiklehrerin. Die alte Lady hatte vom Eierhändler gehört, daß sie bei William Spencer zur Miete wohnte, aber sie wußte ihren Namen nicht.

Sie sah sie mit einiger Neugier an, als sie näherkamen – und dann, ganz plötzlich, machte das Herz der alten Lady einen riesigen Satz und begann zu schlagen, wie es seit Jahren nicht mehr geschlagen hatte. Ihr Atem ging schneller, und sie zitterte heftig. Wer – wer war dieses Mädchen?

Unter dem Strohhut der neuen Musiklehrerin schaute dichtes, schönes kastanienbraunes Haar hervor. Es hatte genau die gleiche Farbe und war ebenso wellig wie das Haar, das die alte Lady in versunkenen Jahren auf einem anderen Kopf gesehen hatte. Und unter diesen Haaren – große veilchenblaue Augen mit schwarzen Wimpern und Brauen. Die alte Lady kannte diese Augen so gut wie ihre eigenen, denn das Gesicht der neuen Musiklehrerin mit all seiner zarten jugendlichen Schönheit war ein Gesicht aus ihrer Vergangenheit – eine vollkommene Ähnlichkeit mit nur einer Ausnahme: Das Gesicht, an das sich die alte Lady erinnerte, war trotz allem Charme schwach gewesen, aber das Gesicht dieses Mädchens offenbarte eine Mischung aus Sanftmut und Kraft. Als sie am Versteck der alten Lady vorbeikam, lachte sie über etwas, das eins der Kinder gesagt hatte, und oh, die alte Lady kannte dieses Lachen nur zu gut. Sie hatte es genau unter dieser Buche gehört.

Sie sah ihnen nach, bis sie hinter dem Hügel verschwunden waren, und ging dann nach Hause wie eine Schlafwandlerin. Der bucklige Jack stocherte eifrig im Garten herum. Normalerweise sprach die alte Lady nicht viel mit ihm, denn sie mochte seinen Hang zum Klatsch nicht, aber jetzt ging sie in den Garten, eine majestätische Erscheinung in ihrer purpurfarbenen, goldgesprenkelten Seide, und der Sonnenschein glänzte auf ihrem weißen Haar.

Der bucklige Jack hatte sie weggehen sehen und sich gesagt, daß die alte Lady abbaute, denn sie hatte blaß und verkniffen ausgesehen. Jetzt dachte er, daß er sich geirrt haben mußte. Die Wangen der alten Lady waren rosig, und ihre Augen leuchteten. Unterwegs hatte sie mindestens zehn Jahre abgeschüttelt. Der bucklige Jack stützte sich auf seinen Spaten und entschied, daß es nur wenige schönere Frauen gab als die alte Lady Lloyd. Ein Jammer, daß sie so ein alter Geizkragen war!

„Mr. Spencer“, sagte die alte Lady liebenswürdig – sie redete immer sehr liebenswürdig mit geringeren Sterblichen, wenn sie überhaupt mit ihnen sprach –,

„können Sie mir sagen, wie die neue Musiklehrerin heißt, die bei Mr. William Spencer zur Miete wohnt?“

„Sylvia Gray“, sagte der bucklige Jack.

Das Herz der alten Lady machte noch einen Sprung. Aber sie hatte es gewußt – sie hatte gewußt, daß das Mädchen mit Leslie Grays Haaren, Augen und Lachen Leslie Grays Tochter sein mußte.

Der bucklige Jack spuckte in die Hände und nahm seine Arbeit wieder auf, aber seine Zunge leistete mehr als sein Spaten, und die alte Lady lauschte andächtig. Zum ersten Mal segnete sie die Geschwätzigkeit des buckligen Jack. Jedes Wort, das er äußerte, war Balsam für ihre wunde Seele.

Er hatte an dem Tag, als die neue Musiklehrerin gekommen war, bei William Spencer gearbeitet, und was der bucklige Jack innerhalb eines Tages nicht über eine Person herausfand – jedenfalls, was den äußeren Schein betraf –, war meistens nicht wissenswert. Gleich nach seiner Begeisterung dafür, Dinge herauszufinden, kam sein Eifer, sie weiterzuerzählen, und man kann kaum sagen, wer von den beiden diese halbe Stunde mehr genoß – der bucklige Jack oder die alte Lady.

In abgespeckter Form kam beim Redeschwall des buckligen Jack folgendes heraus: Miss Grays Eltern waren beide gestorben, als sie noch ein Baby gewesen war, sie war bei einer Tante aufgewachsen, sie war sehr arm und sehr ehrgeizig.

„Sie träumt von einer musikalischen Ausbildung“, schloß der bucklige Jack, „und die sollte sie auch bekommen, denn eine Stimme wie die ihre habe ich noch nie gehört. Sie hat uns nach dem Abendessen etwas vorgesungen, und es klang wie ein Engel. Für mich ging die Sonne auf. Die Spencer-Kinder sind schon ganz verrückt nach ihr. Sie hat zwanzig Schüler – hier, in Grafton und Avonlea.“

Als die alte Lady alles herausgefunden hatte, das der bucklige Jack ihr erzählen konnte, ging sie ins Haus und setzte sich in ihrem kleinen Wohnzimmer ans Fenster, um nachzudenken. In ihrem Körper kribbelte es von Kopf bis Fuß vor Aufregung.

Leslies Tochter! Diese alte Dame hatte einst eine Romanze erlebt. Vor langer Zeit – vor vierzig Jahren – war sie mit Leslie Gray verlobt gewesen, einem jungen College-Studenten, der einen Sommer in Spencervale unterrichtet hatte – in dem goldenen Sommer von Margaret Lloyds Leben. Leslie war ein schüchterner, verträumter, hübscher Junge gewesen, der Schriftsteller werden wollte. Er und Margaret glaubten fest daran, daß er zu Ruhm und Reichtum kommen würde.

Dann war es am Ende des goldenen Sommers zu einem albernen, bitteren Streit gekommen. Leslie war im Zorn gegangen; später hatte er ihr geschrieben, aber Margaret Lloyd hatte ihren Groll gepflegt und eine schroffe Antwort geschickt. Danach kam kein Brief mehr, Leslie Gray kehrte nie zurück, und eines Tages erwachte Margaret mit der Erkenntnis, daß sie die Liebe für immer aus ihrem Leben verbannt hatte. Sie wußte, daß es nie eine neue Liebe geben würde, und von diesem Augenblick an begann ihr Weg von der Jugend in das schattige Dasein einer einsamen, schrulligen alten Jungfer.

Viele Jahre später hörte sie von Leslies Heirat, dann kam die Nachricht von seinem Tod – nach einem Leben, das ihm seine Träume nicht erfüllt hatte. Mehr hatte sie nicht gehört oder erfahren – nichts –, bis heute, als sie seine Tochter gesehen hatte.

„Seine Tochter! Und sie hätte auch meine Tochter sein können“, murmelte die alte Lady. „Oh, könnte ich sie nur kennenlernen und lieben – und vielleicht ihre Liebe gewinnen! Aber das kann ich nicht. Leslie Grays Tochter darf nicht wissen, wie arm ich bin – wie tief ich gesunken bin. Ich könnte es nicht ertragen. Und sich vorzustellen, daß sie ganz in meiner Nähe wohnt, das liebe Mädchen – nur die Straße hinauf und über den Hügel. Ich kann sie jeden Tag vorbeigehen sehen – wenigstens die Freude bleibt mir. Aber ach, wenn ich nur etwas für sie tun könnte – ihr eine kleine Freude machen! Das wäre herrlich!"

Als die alte Lady an jenem Abend in ihr Gästezimmer ging, sah sie ein Licht, das durch die Bäume auf dem Hügel fiel. Sie wußte, daß es aus dem Gästezimmer der Spencers kam. Also war es Sylvias Licht. Die alte Lady stand im Dunkeln da und starrte es an, bis es erlosch. Ihr Herz war erfüllt von Rosenduft. Sie stellte sich vor, wie Sylvia durch ihr Zimmer ging, ihr langes, schimmerndes Haar bürstete und flocht – ihren mädchenhaften Schmuck ablegte – und sich zum Schlafengehen bereitmachte. Als das Licht ausging, sah die alte Lady vor ihrem inneren Auge eine schmale Gestalt in weißem Nachthemd, die im milden Schein der Sterne am Fenster kniete, und die alte Lady kniete an Ort und Stelle nieder und sprach ihre eigenen Gebete. Sie gebrauchte einfache Worte wie immer, aber ein neuer Geist wohnte ihnen inne, und sie schloß mit einer neuen Bitte: „Gib mir eine Idee, was ich für sie tun kann, lieber Vater – eine kleine, kleine Sache, die ich für sie tun kann."

Die alte Lady schlief zeit ihres Lebens in demselben Zimmer – dem in Richtung Norden mit Blick auf die Fichten – und liebte es, aber am nächsten Tag zog sie ohne jedes Bedauern ins Gästezimmer um. Das würde fortan ihr Zimmer sein, sie mußte dort sein, wo sie Sylvias Licht sehen konnte. Sie schob das Bett an eine Stelle, von der aus sie im Liegen den Stern sehen konnte, der so plötzlich in der Dämmerung ihres Herzens aufgeleuchtet war. Zum ersten Mal seit vielen Jahren war sie glücklich – ein seltsames, neues, träumerisches Interesse, fern der harten Wirklichkeit ihres Daseins, aber gerade deshalb tröstlich, war in ihr Leben getreten. Außerdem war ihr etwas eingefallen, das sie für Sylvia tun konnte – „eine kleine, kleine Sache“[1], die ihr Freude machen würde.

Die Leute in Spencervale pflegten mit Bedauern zu sagen, daß es in Spencervale keine Maiblumen gebe; die Kinder glaubten, sie müßten sechs Meilen bis nach Avonlea laufen, um welche zu finden. Die alte Lady Lloyd wußte es besser. Auf ihren vielen langen, einsamen Streifzügen hatte sie tief in den Wäldern eine kleine Lichtung entdeckt – einen sandigen Abhang, der zu einem Stück Wald gehörte. Der Besitzer lebte in der Stadt. Im Frühling war diese Stelle übersät von weißen und rosa Blüten.

An diesem Nachmittag ging die alte Lady durch den Wald wie eine Frau, die etwas Schönes vorhat. Auf einmal freute sie sich wieder am Frühling, denn die Liebe war in ihr Herz zurückgekehrt, und ihre ausgehungerte Seele labte sich daran.

Die alte Lloyd fand reichlich Maiblumen auf dem sandigen Hügel. Sie füllte ihren Korb und weidete sich an ihrer Schönheit, die Sylvia solche Freude machen würde. Zu Hause schrieb sie auf einen Zettel: „Für Sylvia“. Niemand in Spencervale würde ihre Handschrift erkennen, aber um sicherzugehen, verstellte sie sie und schrieb in großen runden Buchstaben wie ein Kind. Sie trug ihre Maiblumen in die Senke und legte sie zusammen mit der Notiz zwischen die Wurzeln der großen alten Buche.

Dann versteckte sich die alte Lady hinter der Fichtengruppe. Sie hatte extra ihr dunkelgrünes Seidenkleid angezogen, um sich unsichtbar machen zu können. Sie

1 Joseph Addison (1762 – 1719): „Why, a spirit is such a little, little thing, that I have heard man, who was a great scholar, say that he'll dance ye a hornpipe upon the point of a needle.“

mußte nicht lange warten. Bald kam Sylvia Gray mit Mattie Spencer den Hügel hinunter. Als sie die kleine Brücke erreichte, entdeckte sie die Maiblumen und stieß einen Freudenschrei aus. Dann sah sie ihren Namen und wunderte sich. Die alte Lady schielte durch die Zweige und hätte vor Vergnügen über den Erfolg ihrer kleinen Verschwörung am liebsten gelacht.

„Für mich!“ sagte Sylvia und hob die Blumen hoch. „Können die wirklich für mich sein, Mattie? Wer kann sie hier abgestellt haben?“

Mattie kicherte. „Ich glaube, es war Chris Stewart“, sagte sie. „Ich weiß, daß er gestern abend drüben in Avonlea war. Und Ma sagt, er habe ein Auge auf dich geworfen – das hat sie daran gesehen, wie er dich angeschaut hat, als du vorgestern abend gesungen hast. Es würde ihm ähnlich sehen, so etwas Komisches zu machen – er ist ja so schüchtern Mädchen gegenüber.“

Sylvia runzelte ein wenig die Stirn. Sie mochte Matties Ausdrucksweise nicht, aber sie mochte Maiblumen, und sie hatte auch nichts gegen Chris Stewart. Er war für sie ein netter, bescheidener Junge vom Land. Sie hob den Strauß hoch und vergrub das Gesicht darin.

„Jedenfalls bin ich dem Spender zu Dank verpflichtet, wer auch immer er oder sie ist“, sagte sie fröhlich. „Ich liebe nichts so sehr wie Maiblumen. Oh, wie schön sie sind!“

Als sie weitergegangen waren, kam die alte Lady aus ihrem Hinterhalt hervor. Ihr Gesicht war vom Triumphgefühl gerötet. Es machte ihr nichts aus, daß Sylvia dachte, Chris Stewart habe ihr die Blumen geschenkt, ja, es war sogar besser, denn dann würde erst recht niemand die wahre Spenderin erraten. Die Hauptsache war, daß Sylvia sich darüber freute; das reichte der alten Dame. Sie ging in ihr einsames Haus zurück, und ihr Herz tanzte.

Bald tratschte ganz Spencervale darüber, daß Chris Stewart der Musiklehrerin jeden Tag einen Blumenstrauß hinlegte. Chris selbst leugnete es hartnäckig, aber niemand glaubte ihm. Erstens gab es in Spencervale keine Maiblumen, zweitens mußte Chris jeden zweiten Tag nach Carmody, um Milch zur Butterfabrik zu bringen, und in Carmody wuchsen Maiblumen, und drittens hatten die Stewarts schon immer eine romantische Ader gehabt. Waren das nicht genug Indizien?

Was Sylvia betraf, so störte es sie nicht, daß Chris auf jungenhafte Art für sie schwärmte und es so zartfühlend zum Ausdruck brachte. Sie fand es sehr liebenswürdig von ihm, daß er sie nicht mit anderen Avancen belästigte, und gab sich sehr gern mit seinen Maiblumen zufrieden.

Die alte Lady Lloyd hörte all den Klatsch darüber vom Eierhändler, und als sie lauschte, funkelte das Lachen in ihren Augen. Der Eierhändler ging und schwor, daß er die alte Lady noch nie so lebenslustig wie in diesem Frühling gesehen habe; sie schien sich wirklich dafür zu interessieren, was die jungen Leute machten.

Die alte Lady behielt ihr Geheimnis für sich und wurde dabei wieder jung. Sie ging auf den Hügel, solange die Maiblumen wuchsen, und versteckte sich immer hinter den Fichten, um Sylvia Gray vorbeigehen zu sehen. Jeden Tag gewann sie sie lieber und sehnte sich immer mehr nach ihr. Die ganze, lang unterdrückte Zärtlichkeit in ihr galt nun diesem Mädchen, das nichts davon ahnte. Sie war stolz auf Sylvias Anmut und Schönheit, auf ihre sanfte Stimme und ihr Lachen. Sie begann die Spencer-Kinder zu mögen, weil sie Sylvia vergötterten, sie beneidete Mrs. Spencer, weil der sich um Sylvia kümmern konnte. Sogar der Eierhändler wurde ihr sympathisch, weil er Nachrichten über Sylvia brachte – über ihre Beliebtheit im Dorf, ihren Erfolg bei der Arbeit, all die Liebe und Bewunderung, die sie schon gewonnen hatte.

Die alte Lady dachte nicht im Traum daran, sich Sylvia zu offenbaren. Bei ihrer Armut war das undenkbar. Es wäre schön gewesen, sie zu kennen – schön, wenn sie in das alte Haus käme – schön, mit ihr zu reden – an ihrem Leben teilzuhaben. Aber es konnte nicht sein. Der Stolz der alten Lady war immer noch viel stärker als ihre Liebe. Es war das eine, das sie nie aufgegeben hatte und – wie sie glaubte – nie aufgeben würde.

II. Juni

Im Juni gab es keine Maiblumen, aber dafür blühten viele andere im Garten der alten Lady, und Sylvia fand jeden Morgen einen Strauß unter der Buche – duftende weiße Narzissen, leuchtendrote Tulpen, Tränende Herzen, kleine dornige Rosen. Die alte Lady hatte keine Angst, überführt zu werden, denn die Blumen in ihrem Garten wuchsen auch in allen anderen Gärten von Spencervale, den der Stewarts eingeschlossen. Wenn Chris Stewart mit der Musiklehrerin aufgezogen wurde, lächelte er nur und schwieg. Chris wußte genau, von dem die Blumen wirklich kamen. Er hatte sich vorgenommen, es herauszufinden, als der Klatsch deswegen anfing. Aber da die alte Lady Lloyd offensichtlich nicht wollte, daß es bekannt wurde, erzählte Chris es niemandem. Chris mochte die alte Lady Lloyd seit dem Tag vor zehn Jahren, an dem sie ihn weinend im Wald gefunden hatte. Er hatte sich den Fuß verletzt, und sie hatte ihn mit zu sich nach Hause genommen, ihm den Fuß verbunden und ihm zehn Cent gegeben, damit er sich Süßigkeiten im Laden kaufen konnte. Die alte Lady hatte deshalb auf ihr Abendessen verzichtet, aber das erfuhr Chris nie.

Für die alte Lady war es ein herrlicher Juni. Sie haßte nicht mehr jeden neuen Tag, im Gegenteil, sie hieß ihn willkommen. „Jetzt ist jeder Tag besonders“, sagte sie zu sich selbst – denn brachte ihr nicht jeder Tag einen Blick auf Sylvia? Sogar an Regentagen ignorierte die alte Lady tapfer ihr Rheuma und stand hinter den triefenden Fichten, um Sylvia vorbeigehen zu sehen. Sie sah sie jeden Tag außer sonntags, und nie waren Sonntage der alten Lady Lloyd so lang vorgekommen wie in diesem Juni.

Eines Tages hatte der Eierhändler Neuigkeiten für sie. „Die Musiklehrerin singt morgen ein Solo während der Kollekte“, erzählte er ihr.

Die schwarzen Augen der alten Lady funkelten vor Neugier. „Ich wußte nicht, daß Miss Gray Mitglied im Chor ist“, sagte sie.

„Seit dem vorletzten Sonntag. Ich sage Ihnen, daß es sich jetzt lohnt, unsere Musik zu hören. Die Kirche wird morgen brechend voll sein, glaube ich – sie hat sich mit ihrem Gesang schon weit und breit einen Namen gemacht. Sie sollten hingehen und es sich anhören, Miss Lloyd.“

Der Eierhändler sagte das nur, um zu zeigen, daß er keine Angst vor der alten Lady hatte, obwohl sie so vornehm tat. Sie antwortete nicht, und er dachte, er hätte sie gekränkt. Er ging und wünschte, er hätte nichts gesagt. Er ahnte nicht, daß die alte Lady vergessen hatte, daß Eierhändler überhaupt existierten. Mit seinem letzten Satz hatte er sich selbst aus ihrem Bewußtsein gelöscht. All ihre Gedanken, Gefühle und Wünsche flossen zusammen und wurden eins – die Sehnsucht, Sylvia singen zu hören. Sie ging ins Haus und versuchte, den Aufruhr in ihrer Seele zu bändigen. Es gelang ihr nicht, obwohl sie all ihren Stolz zu Hilfe rief. Der Stolz sagte: „Um sie zu hören, mußt du in die Kirche gehen, aber du hast keine Kleider für den Kirchgang. Stell dir nur vor, was für einen Anblick du ihnen bieten wirst!“

Aber zum ersten Mal sprach eine Stimme zu ihrer Seele, die hartnäckiger war als der Stolz – und zum ersten Mal hörte die alte Lady darauf. Es war nur allzu wahr, daß sie lange nicht mehr in die Kirche gegangen war – seit dem Tag, an dem sie anfangen mußte, die Seidenkleider ihrer Mutter zu tragen. Die alte Lady fand das schlimm und versuchte, es gutzumachen, indem sie die Regeln des Sonntags sehr genau einhielt und immer einen eigenen kleinen Gottesdienst zelebrierte, morgens und abends. Sie sang drei Choräle mit ihrer brüchigen Stimme, betete laut und las eine Predigt. Aber sie brachte es nicht fertig, in ihren unmodernen Kleider zur Kirche zu gehen – sie, die sie einst in Spencervale den Ton angegeben hatte, was Mode betraf, und je länger sie wegblieb, desto unmöglicher schien es, daß sie je wieder hingehen würde. Jetzt war das Unmögliche nicht nur möglich geworden, sondern unvermeidlich. Sie mußte in die Kirche gehen und Sylvia singen hören, egal, wie lächerlich sie aussah, egal, wie die Leute über sie reden und lachen würden.

Am nächsten Nachmittag erlebte die Gemeinde von Spencervale eine kleine Sensation. Kurz vor Beginn des Gottesdienste stolzierte die alte Lady Lloyd den Gang hinauf und nahm direkt vor der Kanzel auf der Kirchenbank der Lloyds Platz, die lange unbesetzt gewesen war.

Die alte Lady litt Höllenqualen. Sie dachte an das Bild, das ihr der Spiegel gezeigt hatte, bevor sie aus dem Haus gegangen war – das alte schwarze Seidenkleid, das vor dreißig Jahren modern gewesen war, und die komische kleine Haube aus schwarzem Satin. Sie stellte sich vor, wie absurd sie in den Augen der Welt aussehen mußte.

Tatsächlich sah sie aber nicht im geringsten absurd aus. Einige Frauen hätten es getan, aber die alte Lady war eine so majestätische Erscheinung, daß man gar nicht auf ihre Kleidung achtete.

Die alte Lady ahnte nichts davon. Aber sie merkte, daß Mrs. Kimball, die Frau des Ladeninhabers, nach der neuesten Mode gekleidet in der nächsten Kirchenbank thronte. Sie und Mrs. Kimball waren gleich alt, und es hatte eine Zeit gegeben, in der letztere sich damit zufriedengegeben hatte, Margaret Lloyds Stil auf bescheidene Weise nachzumachen. Aber dann hatte der Ladenbesitzer seinen Antrag gemacht, und nun war alles anders. Die arme alte Lady Lloyd saß da, empfand die Veränderung mit Bitterkeit und wünschte sich halbwegs, sie wäre gar nicht in die Kirche gegangen.

Doch dann berührte der Engel der Liebe diese dummen Gedanken, die aus Eitelkeit und krankhaftem Stolz geboren waren, und sie schmolzen dahin wie Schnee in der Sonne. Sylvia Gray hatte die Kirche betreten und saß genau an der Stelle, an der die Nachmittagssonne auf ihr prächtiges Haar fiel wie ein Heiligenschein. Die alte Lady starrte sie hingerissen an, und von diesem Moment an war der Gottesdienst ihr heilig, wie alles heilig ist, das selbstloser Liebe entspringt, sei es nun menschlich oder göttlich. Nun, ist es nicht dasselbe und unterscheidet sich nur in der Ausprägung, nicht in der Art?

Die alte Lady hatte nie zuvor die Gelegenheit gehabt, Sylvia so ungeniert anzusehen. Bisher waren es nur flüchtige Blicke gewesen. Jetzt saß sie da und starrte, bis ihr hungriges Herz satt war, und weidete sich an jeder schönen Kleinigkeit – die Wellen in Sylvias glänzendem Haar, die Art, wie sie rasch die Augen mit den langen Wimpern niederschlug, wenn jemand sie zu ungeniert musterte, und die schmalen schönen Hände – die denen von Leslie Gray so sehr glichen –, die das Gesangbuch hielten. Sie war sehr schlicht gekleidet – schwarzer Rock, weiße Bluse –, aber keins der anderen Mädchen im Chor, die alle aufgeputzt waren, konnte ihr das Wasser reichen. Das sagte der Eierhändler zu seiner Frau, als sie von der Kirche nach Hause gingen.

Die alte Lady lauschte andächtig dem ersten Choral. Sylvias Stimme übertönte alle anderen. Aber als die Kollekte eingesammelt wurde, durchlief ein aufgeregtes Gemurmel die Gemeinde. Sylvia erhob sich und ging zu Janet Moore, die hinter der Orgel saß. Im nächsten Augenblick hallte ihre wunderschöne Stimme durch das Gebäude – wahr, klar, kraftvoll und lieblich. Niemand in Spencervale hatte je eine solche Stimme gehört, außer der alten Lady Lloyd, die in ihrer Jugend genug guten Gesang gehört hatte, um es beurteilen zu können. Sie erkannte sofort, daß dieses Mädchen, das sie ins Herz geschlossen hatte, eine große Gabe hatte – eine Gabe, die ihr eines Tages Ruhm und Reichtum bringen würde, wenn sie richtig entwickelt und ausgebildet wurde.

Oh, ich bin so froh, daß ich in die Kirche gegangen bin, dachte die alte Lady Lloyd.

Als das Solo zu Ende war, sah sich die alte Lady aus Gewissensgründen gezwungen, ihre Augen und Gedanken von Sylvia zu lösen und sie dem Pfarrer zuzuwenden. Der glaubte nämlich, die alte Lady Lloyd sei seinetwegen in die Kirche gekommen. Er war neu in Spencervale und hatte sein Amt erst vor ein paar Monaten angetreten, er war ein schlauer kleiner Kerl und dachte wirklich, daß seine berühmten Predigten die alte Lady Lloyd in die Kirche gelockt hätten.

Als der Gottesdienst vorbei war, kamen alle Nachbarn der alten Lady zu ihr, um mit ihr zu sprechen. Sie lächelten freundlich und schüttelten ihr die Hand. Sie meinten, sie müßten sie ermutigen, jetzt, da sie einen Schritt in die richtige Richtung getan hatte. Die alte Lady freute sich über ihre Herzlichkeit – nicht zuletzt deshalb, weil man ihr noch den gleichen unbewußten Respekt entgegenbrachte wie in den alten Tagen – sie erweckte Achtung bei allen, die sich ihr näherten. Die alte Lady war überrascht, daß sie immer noch diese Wirkung auf die Leute hatte – selbst mit ihrer unmodernen Haube und der altertümlichen Aufmachung.

Janet Moore und Sylvia Gray gingen zusammen nach Hause.

„Hast du die alte Lady Lloyd gesehen?“ fragte Janet. „Ich bin aus allen Wolken gefallen, als sie hereinkam. Ich erinnere mich nicht, sie jemals in der Kirche gesehen zu haben. Was für eine komische alte Schachtel sie ist! Sie ist sehr reich, aber sie trägt die Kleider ihrer Mutter und kauft sich nie etwas Neues. Manche Leute halten sie für geizig, aber“, schloß Janet gnädig, „ich glaube, sie ist einfach nur exzentrisch.“

„Ich habe mir gleich gedacht, daß es Miss Lloyd war, obwohl ich sie noch nie gesehen hatte“, sagte Sylvia verträumt. „Ich wollte sie immer einmal sehen – aus einem bestimmten Grund. Sie hat ein faszinierendes Gesicht. Ich möchte sie treffen – sie kennenlernen.“

„Das wird wohl nie passieren“, sagte Janet gleichgültig. „Sie mag junge Leute nicht und geht nie irgendwohin. Ich glaube nicht, daß ich sie gern kennenlernen würde. Ich habe Angst vor ihr – sie tritt so erhaben auf und hat so einen komischen durchdringenden Blick.“

„Ich hätte keine Angst vor ihr“, sagte Sylvia zu sich selbst, als sie in die Straße zum Haus der Spencers einbog. „Aber ich denke nicht, daß ich je ihre Bekanntschaft machen werden. Wenn sie wüßte, wer ich bin, würde sie mich ablehnen. Sie ahnt sicher nicht, daß ich Leslie Grays Tochter bin.“

Der Pfarrer hielt es für ersprießlich, das Eisen zu schmieden, solange es heiß war. Er besuchte die alte Lady Lloyd am nächsten Nachmittag. Er ging bebenden Herzens, denn er hatte alles Mögliche über die alte Lloyd gehört, aber zu seiner Freude war sie sehr liebenswürdig. Als er nach Hause kam, sagte er zu seiner Frau, daß die Leute von Spencervale Miss Lloyd nicht verstünden. Das stimmte vollkommen, aber es war keineswegs sicher, daß der Pfarrer sie besser verstand.
Er beging nur eine Taktlosigkeit, aber da die alte Lady sich nichts anmerken ließ, erfuhr er es nie. Beim Abschied sagte er: „Ich hoffe, wir werden Sie auch nächsten Sonntag in der Kirche sehen, Miss Lloyd."
„Das werden Sie in der Tat", versicherte die alte Lady überschwenglich.

III. Juli

Am ersten Juli fand Sylvia ein kleines Rindenboot voller Erdbeeren unter der Buche. Es waren die ersten der Saison; die alte Lady hatte sie an einem ihrer geheimen Plätze entdeckt. Sie wären ein guter Nachtisch für die kargen Mahlzeiten der alten Lady gewesen, aber sie dachte nicht daran, sie selbst zu essen. Es machte ihr viel mehr Freude, sich vorzustellen, daß Sylvia die Erdbeeren zum Tee aß. Danach wechselten sich die Erdbeeren mit Blumen ab, solange sie wuchsen, und danach kamen Blaubeeren und Himbeeren. Die Stelle, an der die Blaubeeren wuchsen, war weit weg, und die alte Lady legte viele lange Fußwege zurück. Manchmal taten ihr deshalb nachts die Knochen weh, aber was machte das schon? Schmerzen in den Knochen sind leichter zu ertragen als Schmerzen in der

Seele, und die Seele tat der alten Lady zum ersten Mal seit vielen Jahren *nicht* mehr weh. Sie labte sich an himmlischem Manna.

Eines Abends kam der bucklige Jack, um etwas an dem Brunnen der alten Lady in Ordnung zu bringen. Die alte Lady ging freundlich auf ihn zu, denn sie wußte, daß er den ganzen Tag bei den Spencers gearbeitet hatte. Vielleicht hatte er ein paar Neuigkeiten über Sylvia.

„Ich glaube, die Musiklehrerin ist heute abend sehr traurig“, bemerkte der bucklige Jack, nachdem er endlos über William Spencers neue Pumpe, Mrs. Spencers neue Waschmaschine und Amelia Spencers neuen Verehrer geredet und damit die Geduld der alten Lady beinahe überstrapaziert hatte.

„Warum?“ fragte die alte Lady und wurde blaß. War Sylvia etwas passiert?

„Nun, sie ist zu einem großen Fest bei Mrs. Moores Bruder in der Stadt eingeladen und hat nichts anzuziehen“, sagte der bucklige Jack. „Das wird eine riesige Sache! Mrs. Spencer hat mir davon erzählt. Sie sagte, Miss Gray könne sich kein neues Kleid leisten, weil sie ihre Tante beim Bezahlen der Arztrechnungen unterstützt. Mrs. Spencer ist sicher, daß Miss Gray furchtbar enttäuscht ist, auch wenn sie sich nichts anmerken läßt. Aber Mrs. Spencer weiß, daß Miss Gray gestern abend im Bett geweint hat.“

Die alte Lady wandte sich abrupt um und ging ins Haus. Das war schrecklich. Sylvia mußte auf dieses Fest gehen – unbedingt. Aber wie war das zu bewerkstelligen? Der alten Lady gingen wirre Gedanken an die Seidenkleider ihrer Mutter durch den Kopf. Aber keins davon war geeignet, selbst wenn genug Zeit gewesen wäre, eins zu ändern. Nie hatte die alte Lady ihren verlorenen Reichtum so bitter betrauert.

„Ich habe nur zwei Dollar im Haus“, sagte sie, „und davon muß ich leben, bis der Eierhändler das nächste

Mal vorbeikommt. Gibt es etwas, das ich verkaufen kann – irgend etwas? Ja, ja, den Weintraubenkrug!“

Bis zu diesem Augenblick hätte die alte Lady eher ihren eigenen Kopf verkauft als den Weintraubenkrug. Der Krug war zweihundert Jahre alt und ebenso lange im Besitz der Familie Lloyd. Er war ein großes, bauchiges Etwas, verziert mit rosa-goldenen Weintrauben und einem Gedicht auf einer Seite. Die Urgroßmutter der alten Lady hatte ihn zur Hochzeit bekommen. Soweit die alte Lady zurückdenken konnte, stand er im obersten Fach des Wohnzimmerschranks und war viel zu wertvoll, um je benutzt zu werden.

Zwei Jahre zuvor hatte eine Frau, die altes Porzellan sammelte, Spencervale erkundet. Als sie von dem Krug gehört hatte, war sie kühn in das Haus der Lloyds vorgedrungen und hatte angeboten, ihn zu kaufen. Den Empfang, den die alte Lady ihr bereitet hatte, vergaß sie ein Leben lang nicht mehr, aber sie war klug genug, ihre Visitenkarte zu hinterlassen und zu sagen, daß Miss Lloyd es sich vielleicht noch anders überlegen würde. Leute, die Erbstücke aus Porzellan sammeln, müssen Abfuhren demütig hinnehmen, und diese Frau hatte noch nie etwas gesehen, das sie sich so sehr wünschte wie diesen Krug.

Die alte Lady hatte die Karte zerrissen, aber sie erinnerte sich an den Namen und die Adresse. Sie ging zum Schrank und nahm den geliebten Krug herunter.

„Ich hätte nie gedacht, daß ich mich einmal von ihm trennen würde“, sagte sie traurig, „aber Sylvia braucht ein Kleid, und es gibt keinen anderen Ausweg. Und außerdem – wenn ich sterbe, wer sollte ihn dann bekommen? Fremde würden ihn bekommen – und dann kann es genauso gut jetzt passieren. Ich muß morgen früh in die Stadt, denn es ist keine Zeit zu verlieren, wenn das Fest am Freitagabend stattfindet. Ich war zehn Jahre nicht in der Stadt – der Gedanke, hinzugehen, macht mir mehr angst, als mich von dem Krug zu trennen. Aber ich tue es für Sylvia!“

Die Nachricht, daß die alte Lady Lloyd in die Stadt gegangen war und eine Schachtel dabeigehabt hatte, die sie sorgsam hütete, machte am nächsten Morgen die Runde durch ganz Spencervale. Alle fragten sich, was sie in der Stadt gewollt hatte; die meisten Leute nahmen an, daß es ihr zu riskant geworden war, ihr Geld in einer schwarzen Truhe unter dem Bett zu verwahren, nachdem es drüben in Carmody zwei Einbrüche gegeben hatte, und daß sie es auf die Bank gebracht hatte.

Die alte Lady machte die Adresse der Porzellansammlerin ausfindig und zitterte vor Furcht, sie könnte verstorben oder weggezogen sein. Aber sie war noch da, quicklebendig und ebenso versessen auf den Krug wie eh und je. Die alte Lady war kreidebleich vor gekränktem Stolz. Sie verkaufte den Weintraubenkrug und dachte, daß ihre Urgroßmutter sich im Grab umdrehte. Sie fühlte sich wie eine Verräterin.

Aber sie ging äußerlich ungerührt in ein großes Kaufhaus, und dank der besonderen Vorsehung, die über schlichte alte Gemüter bei ihren gefährlichen Ausflügen in die Welt wacht, traf sie auf einen hellsichtigen Verkäufer, der sofort verstand, was sie wollte. Die alte Lady wählte ein sehr elegantes Musselinkleid mit Handschuhen und Schuhen und ordnete an, daß es sofort auf ihre Rechnung verschickt wurde – an Miss Sylvia Gray, zu Händen von William Spencer, Spencervale.

Dann bezahlte sie das Geld – den ganzen Preis des Kruges, minus anderthalb Dollar für das Zugticket – mit dem Anschein erhabener Gleichgültigkeit und ging. Als sie kerzengerade aus dem Laden stolzierte, traf sie auf einen eleganten Herrn. Ihre Blicke begegneten sich, und sein ausdrucksloses Gesicht lief rot an; er zog den Hut und verbeugte sich verwirrt. Aber die alte Lady sah durch ihn hindurch, als sei er nicht da, und ging ohne ein Zeichen des Wiedererkennens an ihm vorbei. Er machte einen Schritt in ihre Richtung, hielt dann aber inne und wandte sich ab, mit einem verunglückten Lächeln und einem Schulterzucken.

Als die alte Lady davonrauschte, hätte niemand geahnt, daß es in ihr brodelte. Sie hätte es nicht über sich gebracht, in die Stadt zu gehen – nicht einmal um Sylvias willen –, wenn sie gewußt hätte, daß sie Andrew Cameron begegnen würde. Sein bloßer Anblick brachte einen Vulkan der Bitterkeit in ihrer Seele zum Ausbruch, aber der Gedanke an Sylvia dämmte den Lavafluß, und die alte Lady lächelte geradezu triumphierend, weil sie zu Recht glaubte, daß sie bei der unerwünschten Begegnung eine bessere Figur gemacht habe als er. Jedenfalls war sie weder verwirrt gewesen noch rot geworden und hatte auch nicht ihre Geistesgegenwart verloren.

Im Gegensatz zu ihm – kein Wunder, dachte die alte Lady rachsüchtig. Es freute sie, daß in ihrer Gegenwart die Maske fiel, die Andrew Cameron der Welt präsentierte. Er war ihr Cousin und das einzige Geschöpf, das sie haßte. Sie haßte und verachtete ihn mit der ganzen Heftigkeit ihres leidenschaftlichen Gemüts. Er hatte ihr und den Ihren bitteres Unrecht angetan, und die alte Lady war überzeugt, daß sie lieber sterben würde, als auch nur die geringste Notiz von ihm zu nehmen.

Vorerst verbannte sie Andrew Cameron entschlossen aus ihren Gedanken. Es war ein Sakrileg, gleichzeitig an ihn und Sylvia zu denken. Als sie an jenem Abend ihr müdes Haupt auf das Kissen bettete, war sie so glücklich, daß sogar der Gedanke an die leere Stelle im Wohnzimmerschrank, an der immer der Weintraubenkrug gestanden hatte, ihr nur kurz einen Stich gab.

Es ist schön, einem geliebten Menschen ein Opfer zu bringen – und schön, jemanden zu haben, für den man ein Opfer bringen kann, dachte die alte Lady.

Sehnsucht wächst, wenn man ihr Nahrung gibt. Die alte Lady glaubte, sie sei zufrieden, aber dann kam der Freitagabend, und sie brannte förmlich darauf, Sylvia in ihrem Festtagsstaat zu sehen. Es reichte nicht, sich den Anblick vorzustellen; die alte Lady mußte sie sehen.

Und ich *werde* sie sehen, dachte die alte Lady entschlossen und schaute aus dem Fenster. Sylvias Licht schien durch die Fichten. Sie hüllte sich in einen dunklen Umhang und schlich hinaus, pirschte auf leisen Sohlen durch die Senke und den Waldweg hinauf. Es war eine neblige, mondhelle Nacht, und der Wind duftete nach den Kleefeldern.

„Ich wünschte, ich könnte ihrem Leben deinen Duft und deine Seele einhauchen“, sagte die alte Lady laut zu dem Wind.

Sylvia Gray stand in ihrem Zimmer, bereit für das Fest. Vor ihr standen Mrs. Spencer, Amelia Spencer und all die kleinen Spencer-Mädchen im Halbkreis und bewunderten sie. Es war noch eine Zuschauerin da. Draußen unter dem Fliederbusch stand die alte Lady Lloyd. Sie konnte Sylvia sehen – in ihrem schönen Kleid, mit den hellrosa Rosen im Haar, die die alte Lady Lloyd an diesem Tag an der Buche für sie abgelegt hatte. Aber selbst die Blumen waren nicht so rosig wie ihre Wangen, und ihre Augen leuchteten wie Sterne. Amelia Spencer hob die Hand und zupfte eine Rose zurecht, die etwas verrutscht war, und die alte Lady beneidete sie glühend.

„Das Kleid paßt wie angegossen“, sagte Mrs. Spencer bewundernd. „Ist sie nicht bezaubernd, Amelia? Wer kann es nur geschickt haben?“

„Oh, ich bin sicher, daß Mrs. Moore die gute Fee war“, sagte Sylvia. „Niemand sonst würde so etwas tun. Es war sehr lieb von ihr – sie wußte, wie sehr ich mit Janet zu dem Fest gehen wollte. Ich wünschte, Tantchen könnte mich jetzt sehen.“ Trotz ihrer Freude entschlüpfte Sylvia ein kleiner Seufzer. „Sonst interessiert es ja niemanden."

Ah, Sylvia, du hast dich geirrt! Es interessierte jemanden sehr – eine alte Lady, mit eifriger Miene, die unter dem Fliederbusch stand und sich nun durch den mondbeschienenen Obstgarten davonstahl und wie ein Schatten im Wald verschwand. Auf dem Heimweg durch die Sommernacht begleitete sie der Gedanke an dich und deine mädchenhafte Schönheit.

IV. August

Eines Tages rauschte die Frau des Pfarrers den Pfad entlang, den die Leute von Spencervale kaum zu betreten wagten. Sie ging kühn zu der alten Lady Lloyd und fragte sie, ob sie zu ihrem Nähzirkel kommen wollte, der sich jeden zweiten Samstagnachmittag traf.

„Wir packen ein Paket, das wir an unsere Missionare in Trinidad schicken", sagte die Frau des Pfarrers, „und wir würden uns sehr freuen, wenn Sie kommen würden, Miss Lloyd."

Die alte Lady war nahe daran, recht hochmütig abzulehnen. Nicht, daß sie etwas gegen Missionsarbeit oder Nähzirkel hatte – ganz im Gegenteil –, aber sie wußte, daß jedes Mitglied des Zirkels pro Woche zehn Cent bezahlen sollte. Das Geld war für die Anschaffung von Nähmaterial bestimmt, und die arme alte Lady ahnte wirklich nicht, wie sie es aufbringen sollte. Aber ein plötzlicher Gedanke ließ sie innehalten, bevor das Nein über ihre Lippen kommen konnte.

„Werden welche von den jungen Mädchen dabeisein?" fragte sie taktisch geschickt.

„O ja, alle“, sagte die Frau des Pfarrers. „Janet Moore und Miss Gray sind unsere eifrigsten Mitglieder. Es ist sehr liebenswürdig von Miss Gray, ihre Samstagnachmittage für unsere Arbeit zu opfern – ihre einzige Zeit ohne Schüler. Aber sie ist wirklich ganz reizend.“

„Ich nehme an Ihrem Zirkel teil“, sagte die alte Lady prompt. Sie war fest entschlossen, auch wenn sie sich mit zwei Mahlzeiten am Tag begnügen mußte, um die Gebühr aufzubringen.

Sie ging am nächsten Samstag zum Nähzirkel bei Mrs. James Martin und fabrizierte die schönste Arbeit. Sie war eine solche Meisterin darin, daß sie nicht einmal nachdenken mußte, und das war ein Glück, denn ihre Gedanken waren bei Sylvia, die ihr gegenüber neben Janet Moore saß und mit ihren graziösen Händen an einem Karohemd für Jungen arbeitete. Niemand kam auf die Idee, Sylvia der alten Lady Lloyd vorzustellen, und die alte Lady war froh darüber. Sie nähte eifrig drauflos und lauschte dem Geplauder der Mädchen. Dabei erfuhr sie, daß Sylvia am zwanzigsten August Geburtstag hatte, und war sofort von dem Wunsch beseelt, ihr etwas zu schenken. Sie lag fast die ganze Nacht wach, zerbrach sich den Kopf darüber, wie sie es anstellen sollte, und kam bekümmert zu dem Schluß, daß es nicht in Frage kam, egal, wie sehr sie sich auch einschränkte. Die alte Lady grübelte geradezu zwanghaft und quälte sich bis zum nächsten Treffen des Nähzirkels.

Es fand bei Mrs. Moore statt, und Mrs. Moore war besonders liebenswürdig zu der alten Lady Lloyd und bestand darauf, daß sie auf dem Bambus-Schaukelstuhl im Salon Platz nahm. Die alte Lady hätte lieber bei den jungen Mädchen im Wohnzimmer gesessen, gab aber aus Höflichkeit nach – und sie wurde belohnt. Ihr Stuhl stand direkt hinter der Salontür, und nun kamen Janet Moore und Sylvia Gray und setzten sich auf die Veranda, wo ihnen der Duft des Ahorns um die Nase wehte. Sie sprachen über ihre Lieblingsdichter. Es stellte sich heraus, daß Janet Byron und Scott verehrte. Sylvia neigte mehr zu Tennyson und Browning.

„Wußtest du“, sagte Sylvia, „daß mein Vater Dichter war? Er hat einmal einen kleinen Band mit Versen veröffentlicht, aber ich habe nie ein Exemplar davon gesehen – und dabei würde ich es so gern! Es ist erschienen, als er auf dem College war – nur eine kleine, private Ausgabe für seine Freunde. Mehr hat er nie veröffentlicht – armer Vater! Ich glaube, er war vom Leben enttäuscht. Aber ich würde so gern sein Lyrikbändchen sehen. Ich habe keine Zeile von dem, was er geschrieben hat. Wenn ich etwas hätte, wäre mir, als hätte ich etwas von seinem Herzen, seiner Seele, seinem Innenleben. Er wäre mehr als nur ein Name für mich.“

„Hatte er keine Ausgabe von seinem eigenen Werk – oder hatte deine Mutter keine?“ fragte Janet.

„Mutter hatte keine. Sie starb bei meiner Geburt, aber Tantchen sagt, es sei kein Band von Vaters Gedichten unter den Büchern meiner Mutter gewesen. Tantchen sagt, meine Mutter hätte Lyrik nicht gemocht – und Tantchen mag auch keine Poesie. Vater ging nach Mutters Tod nach Europa und starb dort ein Jahr später. Nichts, was er dabei hatte, wurde an uns geschickt. Er hatte die meisten seiner Bücher verkauft, bevor er ging, aber ein paar seiner Lieblingsbücher gab er Tantchen – sie sollte sie für mich aufheben. Sein eigenes Buch war nicht dabei. Ich glaube, ich werde nie eine Ausgabe davon finden, aber es wäre zu schön!“

Als die alte Lady nach Hause kam, nahm sie ein Kästchen aus Sandelholz aus der obersten Schublade ihrer Kommode. Darin lag ein kleines, schmales, weiches Bändchen, eingehüllt in Seidenpapier – der wertvollste Schatz der alten Lady. Auf dem Vorsatzblatt stand „Für Margaret nebst der Liebe des Autors.“

Die alte Lady blätterte die vergilbten Seiten mit zitternden Fingern durch, und obwohl ihr die Augen überflossen, las sie die Verse – dabei kannte sie sie alle seit Jahren auswendig. Sie wollte Sylvia das Buch zum Geburtstag schenken – eines der kostbarsten Geschenke, das je gemacht wurde, wenn man den Wert eines Geschenks danach bemißt, wie groß das Opfer für den Spender ist. In dem kleinen Buch steckte unsterbliche Liebe – altes Lachen – alte Tränen – alte Schönheit, die ihren süßen Duft bewahrt haben, wie es verdorrte Rosenblätter tun.

Sie riß das verräterische Vorsatzblatt heraus, und am späten Abend vor Sylvias Geburtstag schlich sie im Schutz der Dunkelheit auf Umwegen und über Felder, als habe sie eine Schandtat vor, zu dem kleinen Laden in Spencervale, in dem das Postamt untergebracht war. Sie schob das schmale Päckchen durch den Schlitz in der Tür und ging dann wieder nach Hause. Dabei hatte sie ein sonderbares Gefühl von Verlust und Einsamkeit. Es war, als hätte sie die letzte Verbindung zu ihrer Jugend gekappt. Aber sie bereute es nicht. Es würde Sylvia Freude machen, und das war die überwältigende Leidenschaft im Herzen der alten Lady geworden.

Am nächsten Abend brannte in Sylvias Zimmer noch lange Licht, und die alte Lady sah es triumphierend, weil sie wußte, was es bedeutete. Sylvia las die Gedichte ihres Vaters, und die alte Lady las in der Dunkelheit mit und murmelte die Zeilen immer wieder vor sich hin. Das Buch wegzugeben, war nicht so schlimm gewesen. Sie hatte immer noch seine Seele – und das Vorsatzblatt mit dem Namen in Leslies Handschrift, bei dem sie jetzt niemand mehr nannte.

Die alte Lady saß beim nächsten Nähzirkel auf dem Sofa der Marshalls, als Sylvia Gray hereinkam und sich neben sie setzte. Die Hände der alten Lady zitterten ein wenig, und eine Kante des Taschentuchs, das später ein

Weihnachtsgeschenk für einen dunkelhäutigen Tagelöhner in Trinidad wurde, geriet nicht ganz so makellos wie die anderen drei Kanten.

Sylvia sprach erst über den Zirkel und Mrs. Marshalls Dahlien, und die alte Lady war im siebten Himmel. Sie achtete jedoch darauf, sich nichts anmerken zu lassen, und gab sich sogar etwas majestätischer und vornehmer als sonst. Als sie Sylvia fragte, ob es ihr in Spencervale gefiel, sagte Sylvia: „Sehr! Alle sind so gut zu mir. Außerdem“, Sylvia senkte die Stimme, so daß niemand außer der alten Lady es hören konnte, „habe ich eine gute Fee, die die wunderbarsten Dinge für mich tut.“ Sylvia hatte ein feines Gespür und sah die alte Lady nicht an, als sie das sagte. Aber sie hätte auch nichts gesehen, wenn sie hingeschaut hätte.

Die alte Lady war nicht umsonst eine Lloyd. „Wie interessant“, sagte sie gleichgültig.

„Nicht wahr? Ich bin ihr so dankbar und wünschte, sie wüßte, wie viel Freude sie mir macht. Ich habe den ganzen Sommer über wunderschöne Blumen und köstliche Beeren gefunden, und ich bin sicher, daß sie mir das Festkleid geschickt hat. Aber das schönste Geschenk kam letzte Woche an meinem Geburtstag – ein Band mit Gedichten meines Vaters. Ich kann nicht beschreiben, was es für ein Gefühl war, dieses Buch zu bekommen. Aber ich würde gern meine gute Fee kennenlernen und ihr danken.“

„Was für ein faszinierendes Geheimnis. Und Sie haben wirklich keine Ahnung, wer es ist?“ Die alte Lady stellte diese gefährliche Frage erstaunlich ungerührt. Das wäre ihr nicht gelungen, wenn sie nicht so sicher gewesen wäre, daß Sylvia keine Ahnung von ihrer alten Romanze mit Leslie Gray hatte. Aber so hatte sie die beruhigende Gewißheit, daß sie die letzte Person war, die Sylvia verdächtigen würde.

Sylvia zögerte für einen fast unmerklichen Moment. Dann sagte sie: „Ich habe nicht versucht, es herauszufinden, weil ich glaube, daß sie nicht will, daß ich es erfahre. Anfangs – bei den Blumen und dem Kleid – habe ich versucht, das Rätsel zu lösen, aber seit ich das Buch bekommen habe, bin ich sicher, daß all das von einer guten Fee kommt. Ich respektiere ihren Wunsch, unerkannt zu bleiben, und dabei bleibt es auch. Vielleicht wird sie sich eines Tages zu erkennen geben. Ich hoffe es wenigstens.“

„Ich würde nicht darauf hoffen“, war die entmutigende Antwort der alten Lady. „Gute Feen neigen dazu – jedenfalls in allen Märchen, die ich je gelesen habe –, verschrobene Leute zu sein, die viel liebenswerter sind, wenn sie geheimnisvolle Unbekannte bleiben, als wenn man ihnen persönlich begegnet.“

„Ich bin überzeugt, daß meine genau das Gegenteil ist – und je besser ich sie kennenlernen würde, desto liebenswerter würde ich sie finden“, sagte Sylvia fröhlich.

Mrs. Marshall kam auf sie zu und bat Miss Gray, für sie zu singen. Miss Gray stimmte freundlich zu, die alte Lady blieb allein zurück und war erleichtert. Sie hatte viel mehr Freude an ihrem Gespräch mit Sylvia, als sie es in Gedanken noch einmal durchlebte. Wenn eine alte Dame ein schlechtes Gewissen hat, macht es sie nervös und verdirbt ihr die Laune. Sie hatte das unbehagliche Gefühl, daß Sylvia sie vielleicht doch in Verdacht hatte. Dann kam sie zu dem Schluß, daß das nicht sein konnte. Wer würde sich schon träumen lassen, daß eine geizige, ungesellige alte Frau, die keine Freunde hatte und die nur fünf Cent für den Nähzirkel abzweigte, während alle anderen zehn oder fünfzehn spendeten, eine gute Fee sein konnte, die wunderschöne Festkleider verschenkte und die einst Gaben von einem romantischen jungen Dichter bekommen hatte?

V. September

Im September blickte die alte Lady auf den Sommer zurück und sagte sich, daß es ein sonderbar glücklicher gewesen sei – dank der Sonntage und Nähzirkel, die wie goldene Ausrufezeichen aus einem Gedicht des Lebens hervorstachen. Sie fühlte sich wie ein neuer Mensch, und auch andere dachten, daß sie sich verändert habe. Die Frauen aus dem Nähzirkel fanden sie so liebenswürdig und freundlich, daß sie sich fragten, ob sie sie falsch eingeschätzt hatten und daß sie vielleicht nur exzentrisch sei statt geizig und deshalb so abgeschieden lebte. Sylvia Gray unterhielt sich auf jedem Nähnachmittag mit ihr, und die alte Lady bewahrte jedes ihrer Worte in ihrem Herzen und sagte sie sich immer wieder vor, wenn sie nachts wachlag.

Sylvia sprach nie über sich oder ihre Plänen, es sei denn, man fragte sie danach, und die alte Lady war zu befangen, um persönliche Fragen zu stellen. Ihre Unterhaltungen blieben oberflächlicher Natur, und so erfuhr die alte Lady nicht von Sylvia, sondern von der Frau des Pfarrers, was der Herzenswunsch ihres Lieblings war.

Die Frau des Pfarrers kam eines Abends Ende September bei der alten Lady Lloyd vorbei. Ein kalter Wind pfiff aus Nordosten und ächzte im Gebälk des Hauses, als wolle er sagen: „Die Ernte ist vergangen, der Sommer ist dahin“[2]. Die alte Lady lauschte darauf, während sie einen kleinen Korb aus Mariengras für Sylvia flocht. Am Tag zuvor war sie den langen Weg zu den Dünen von Avonlea gegangen, um Mariengras zu finden, und sie war sehr müde. Und ihr Herz blutete. Dieser Sommer, der ihr Leben so sehr bereichert hatte,

2 Jeremia 8, 20.

war fast vorbei, und sie wußte, daß Sylvia Gray davon sprach, Spencervale Ende Oktober zu verlassen. Der alten Lady wurde das Herz schwer wie Blei bei dem Gedanken daran, und sie freute sich beinahe über die Ablenkung durch die Pfarrersgattin, obwohl sie fürchtete, daß der Grund des Besuchs die Bitte um eine Spende für den neuen Teppich in der Sakristei war, und die alte Lady konnte es sich einfach nicht leisten, auch nur einen Cent zu geben.

Aber die Frau des Pfarrers war nur auf dem Nachhauseweg von den Spencers und schaute vorbei, ohne unangenehme Forderungen zu stellen. Statt dessen sprach sie von Sylvia Gray, und ihre Worte waren Musik in den Ohren der alten Lady. Die Frau des Pfarrers hatte nur Gutes über Sylvia zu sagen – sie sei so liebenswert und schön und einnehmend.

„Und was für eine Stimme", sagte die Frau des Pfarrers überschwenglich und fügte mit einem Seufzer hinzu: „Es ist ein Jammer, daß sie sie nicht vernünftig ausbilden lassen kann. Sie würde sicher eine große Sängerin werden – namhafte Kritiker haben es ihr bestätigt. Aber sie ist so arm, daß sie es sich wahrscheinlich nie leisten kann – es sei denn, sie bekommt eines der sogenannten Cameron-Stipendien, und darauf macht sie sich nur wenig Hoffnung, obwohl ihr Musikprofessor ihren Namen auf die Liste gesetzt hat."

„Was sind die Cameron-Stipendien?" fragte die alte Lady.

„Ich nehme an, Sie haben von dem Millionär Andrew Cameron gehört?" fragte die Frau des Pfarrers, ohne zu ahnen, daß sie damit die Leiche im Keller der alten Lady auferstehen ließ.

Das weiße Gesicht der alten Lady bekam plötzlich einen leichten Rotstich, als habe sie eine Ohrfeige bekommen. „Ja, ich habe von ihm gehört", sagte sie.

„Nun, es scheint, daß er eine Tochter hatte – ein sehr schönes Mädchen –, die er vergötterte. Sie hatte eine wunderbare Stimme, und er wollte sie ins Ausland schicken und sie zur Sängerin ausbilden lassen. Und sie starb. Es hat ihm beinahe das Herz gebrochen, habe ich gehört. Aber seitdem schickt er jedes Jahr ein junges Mädchen nach Europa, damit es eine gründliche musikalische Ausbildung bei den besten Lehrern bekommt – als Andenken an seine Tochter. Er hat schon neun oder zehn ein Stipendium gegeben, aber ich fürchte, Sylvia Gray hat nur wenig Aussichten, und sie selbst glaubt auch nicht daran."

„Warum nicht?" fragte die alte Lady eifrig. „Ich bin sicher, daß nur wenige Stimmen es mit der von Miss Gray aufnehmen können."

„Sehr richtig. Aber sehen Sie, diese sogenannten Stipendien sind Privatangelegenheiten und hängen einzig und allein von Andrew Camerons Launen und seiner Wahl ab. Natürlich – wenn ein Mädchen Freunde hat, die ihren Einfluß auf ihn geltend machen, richtet er sich oft nach ihrer Empfehlung. Angeblich hat er letztes Jahr ein Mädchen geschickt, das gar keine besondere Stimme hatte, nur weil ihr Vater ein alter Geschäftsfreund von ihm war. Aber Sylvia weiß niemanden, der – wenn ich mal es so sagen darf – bei Andrew Cameron einen Stein im Brett hat, und sie kennt ihn nicht persönlich. Nun, ich muß gehen, wir sehen uns hoffentlich am Samstag bei uns im Pfarrhaus, Miss Lloyd. Der Zirkel trifft sich dort."

„Ja, ich weiß", sagte die alte Lady geistesabwesend. Als die Frau des Pfarrers gegangen war, ließ sie den Korb aus Mariengras sinken und saß lange da, die Hände untätig im Schoß, und starrte mit ihren großen schwarzen Augen die Wand an, ohne etwas zu sehen.

Die alte Lady Lloyd, die so jämmerlich arm war, daß sie pro Woche sechs Cracker einsparen mußte, damit sie die Gebühr für den Nähzirkel bezahlen konnte, wußte, daß es in ihrer – ihrer – Macht lag, Leslie Grays

Tochter nach Europa zu schicken! Wenn sie ihren „Stein im Brett“ bei Andrew Cameron nutzte – wenn sie zu ihm ging und ihn bat, nächstes Jahr Sylvia Gray ins Ausland zu schicken – sie hegte nicht den leisesten Zweifel, daß es gelingen würde. Es lag bei ihr – wenn – wenn – wenn sie ihren Stolz soweit überwinden konnte, den Mann um einen Gefallen zu bitten, der ihr und den Ihren so bitteres Unrecht zugefügt hatte.

Vor vielen Jahren hatte ihr Vater – auf Anraten und Drängen von Andrew Cameron – sein ganzes bescheidenes Vermögen in ein Unternehmen gesteckt, das gescheitert war. Abraham Lloyd verlor jeden Dollar, den er besessen hatte, und seine Familie verarmte völlig. Einen Fehler hätte man Andrew Cameron verzeihen können, aber es bestand der dringende Verdacht, der fast schon Gewißheit war, daß er etwas viel Schlimmeres als einen Fehler begangen hatte, als es um die Investition seines Onkels ging. Juristisch war ihm nichts nachzuweisen, aber es stand fest, daß Andrew Cameron, der schon für seine „rücksichtslosen Methoden“ bekannt war, mit Gewinn aus einem Unternehmen hervorging, das einen ehrenwerten Mann ruiniert hätte. Der alte Doktor Lloyd war an gebrochenem Herzen und in dem Glauben gestorben, daß sein Neffe ihn absichtlich ins Unglück gestürzt habe.

Das stimmte nicht ganz – Andrew Cameron hatte es anfangs wirklich gut mit seinem Onkel gemeint, und was er schließlich getan hatte, rechtfertigte er vor sich selbst damit, daß ein Mann vor allem an seine eigenen Interessen denken mußte.

Margaret Lloyd ließ solche Entschuldigungen nicht gelten, sie machte ihn verantwortlich – nicht nur für ihr verlorenes Vermögen, sondern auch für den Tod ihres Vaters, und verzieh ihm nie. Als Abraham Lloyd gestorben war, war Andrew Cameron – vielleicht wegen eines schlechten Gewissens – zu ihr gekommen und hatte ihr in geschliffenen Worten finanzielle Hilfe angeboten. Er würde dafür sorgen, sagte er, daß sie nie Mangel leiden müsse.

Margaret Lloyd wies sein Angebot in einer Weise zurück, die an Klarheit nichts zu wünschen übrigließ. Sie würde lieber sterben, schleuderte sie ihm entgegen, als einen Penny oder eine Gefälligkeit von ihm anzunehmen. Er hatte die Fassung bewahrt und sein tiefes Bedauern darüber zum Ausdruck gebracht, daß sie völlig zu Unrecht eine so schlechte Meinung von ihm habe. Beim Abschied hatte er ihr ölig versichert, daß er immer ihr Freund sein und sie mit Freuden in jeder Hinsicht unterstützen würde, wenn sie darum bitten sollte. Die alte Lady hatte zwanzig Jahre in dem festen Glauben gelebt, daß sie lieber im Armenhaus sterben würde – was nicht unwahrscheinlich war –, als Andrew Cameron um einen Gefallen zu bitten. Und an diesem Entschluß hätte sie auch festgehalten, wenn es um sie selbst gegangen wäre. Aber es ging um Sylvia! Konnte sie sich um Sylvias willen so tief erniedrigen?

Die Frage war nicht so leicht oder schnell zu beantworten wie die des Weintraubenkrugs oder des Gedichtbandes. Eine ganze Woche rang die alte Lady mit ihrem Stolz und ihrer Bitterkeit. Manchmal lag sie nachts wach, und in diesen Stunden, in denen alle menschlichen Vorbehalte und Rachegedanken nichtig und klein wirken, dachte sie, sie hätte es überwunden. Aber tagsüber, wenn das Bild ihres Vaters von der Wand auf sie hinunterschaute und ihre unmodernen Kleider raschelten, die sie wegen Andrew Camerons Doppelspiel trug, überkam es sie wieder.

Aber ihre Liebe zu Sylvia war so groß geworden, daß kein anderes Gefühl auf Dauer dagegen ankam. Liebe bewirkt Wunder, und der beste Beweis war der kalte, trostlose Herbstmorgen, an dem die alte Lady zum Bahnhof von Bright River ging und den Zug nach

Charlottetown nahm. Sie hatte etwas vor, das sie ganz krank machte. Der Stationsvorsteher, der ihr die Fahrkarte verkaufte, fand, daß die alte Lady Lloyd ungewöhnlich bleich und verkniffen aussah. „Als hätte sie eine Woche nicht geschlafen und nichts gegessen“, sagte er beim Mittagessen zu seiner Frau. „Ich glaube, sie hat Geldsorgen. Es ist schon das zweite Mal in diesem Sommer, daß sie in die Stadt fährt.“

Als die alte Lady in der Stadt ankam, nahm sie ein bescheidenes Mittagessen zu sich und machte sich dann zu Fuß auf den Weg in den Vorort, in dem sich die Cameron-Fabriken befanden. Es war ein langer Marsch, aber sie konnte es sich nicht leisten, zu fahren. Sie war sehr müde, als man sie in das blitzblanke, elegante Büro führte, in dem Andrew Cameron an seinem Schreibtisch saß.

Nach der ersten Schrecksekunde kam er strahlend und mit ausgestreckter Hand auf sie zu. „Oh, Cousine Margaret! Das ist aber eine freudige Überraschung! Setz dich – wenn du gestattest, dieser Stuhl ist viel bequemer. Bist du heute morgen gekommen? Und wie geht es allen in Spencervale?“

Die alte Lady war bei seinen ersten Worten errötet. Den Namen, bei dem ihr Vater, ihre Mutter und ihr Geliebter sie genannt hatten, aus Andrew Camerons Mund zu hören, kam ihr vor wie eine Entweihung. Aber sie sagte sich, daß jetzt nicht der Zeitpunkt für Zimperlichkeit war. Wenn sie Andrew Cameron um einen Gefallen bitten konnte, konnte sie auch kleinere Unannehmlichkeiten wegstecken. Um Sylvias willen schüttelte sie ihm die Hand, um Sylvias willen nahm sie auf dem Stuhl Platz, den er ihr anbot. Aber um niemandes willen hätte diese entschlossene alte Lady irgendwelche Herzlichkeit aufkommen lassen. Mit der Schlichtheit der Lloyds kam sie sofort zur Sache.

„Ich bin gekommen, um dich um einen Gefallen zu bitten“, sagte sie und sah ihm die Augen – keineswegs demütig und bescheiden, wie es einer Bittstellerin zukam, sondern herausfordernd und trotzig, als lege sie es darauf an, daß er ablehne.

„Ich bin hocherfreut, das zu hören, Cousine Margaret.“ Niemand konnte so liebenswürdig und unverbindlich klingen wie Andrew Cameron. „Alles, was ich für dich tun kann, werde ich nur zu gern tun. Ich fürchte, du hast in mir einen Feind gesehen, Margaret, und ich versichere dir, daß deine Ungerechtigkeit mir sehr wehgetan hat. Mir ist klar, daß einiges gegen mich zu sprechen schien, aber –“

Die alte Lady hob die Hand und brachte ihn damit zum Schweigen. „Ich bin nicht gekommen, um dieses Thema zu diskutieren“, sagte sie. „Laß uns bitte nicht von der Vergangenheit reden. Ich bin gekommen, um dich um einen Gefallen zu bitten, aber nicht für mich, sondern für eine liebe junge Freundin von mir – eine Miss Gray, die eine bemerkenswert schöne Stimme hat und sie gern ausbilden lassen würde. Sie ist arm, deshalb möchte ich dich fragen, ob du ihr eins deiner Musikstipendien geben würdest. Ich habe gehört, daß sie dir schon vorgeschlagen wurde – mit einer Empfehlung ihres Lehrers. Ich weiß nicht, was er über ihre Stimme gesagt hat, aber ich weiß, daß er sie kaum überschätzen kann. Wenn du sie ins Ausland schickst, machst du keinen Fehler.“

Die alte Lady hielt inne. Sie war sicher, daß Andrew Cameron ihrer Bitte zustimmen würde, aber sie hoffte, daß er es ruppig oder widerwillig tun würde. Sie könnte den Gefallen viel leichter ertragen, wenn er ihr zugeworfen würde wie ein Knochen einem Hund. Aber weit gefehlt – Andrew Cameron war liebenswürdiger denn je. Nichts konnte ihm größere Freude machen, als der Bitte seiner lieben Cousine Margaret zu entsprechen – er wünschte nur, es würde ihm mehr Mühe machen. Ihr kleiner Schützling sollte eine musikalische Ausbildung bekommen – sie würde nächstes Jahr ins Ausland gehen, und er war entzückt –

„Danke schön“, sagte die alte Lady und würgte ihn wieder ab. „Ich bin dir sehr verpflichtet – und bitte dich, Miss Gray nichts von meiner Einmischung zu sagen. Und ich werde deine kostbare Zeit nicht weiter beanspruchen. Guten Tag!“

„Oh, du darfst nicht gleich wieder gehen“, sagte er, und in seinem ihr so verhaßten herzlichen Ton schwang so etwas wie echte Güte und Familiensinn mit – denn Andrew Cameron fehlten nicht alle häuslichen Tugenden eines normalen Mannes. Er war ein guter Ehemann und Vater gewesen, einst hatte er auch seine Cousine Margaret sehr gerngehabt, und es tat ihm wirklich leid, daß die „Umstände“ ihn „gezwungen“ hatten, so zu handeln, wie er es bei der alten Geschichte mit ihrem Vater getan hatte. „Du sollst heute abend mein Gast sein.“

„Danke, aber ich muß heute abend wieder nach Hause“, sagte die alte Lady entschieden, und ihr Ton sagte Andrew Cameron, daß es keinen Sinn hatte, sie umstimmen zu wollen. Aber er bestand darauf, seine Kutsche per Telefon kommen zu lassen, damit sie zum Bahnhof gefahren wurde. Die alte Lady war einverstanden, denn sie fürchtete insgeheim, daß ihre Beine sie nicht soweit tragen würde; sie schüttelte ihm beim Abschied sogar die Hand und dankte ihm noch einmal.

„Keine Ursache“, sagte er. „Versuch bitte, etwas besser von mir zu denken, Cousine Margaret.“

Als die alte Lady am Bahnhof ankam, stellte sie bekümmert fest, daß ihr Zug soeben abgefahren war und sie zwei Stunden auf den nächsten warten mußte. Sie ging in den Wartesaal und setzte sich hin. Sie war sehr müde. Die Aufregung, die ihr Kraft gegeben hatte, war verflogen, und sie fühlte sich alt und schwach. Sie hatte nichts zu essen dabei, weil sie erwartet hatte, rechtzeitig zum Tee zu Hause zu sein, im Wartesaal war es kalt, und sie fröstelte in ihrer dünnen alten Seidenmantille. Kopf und Herz taten ihr weh. Sie hatte Sylvias Zuneigung gewonnen, aber Sylvia würde aus ihrem Leben verschwinden, und die alte Lady wußte nicht, wie sie danach weiterleben sollte. Und dennoch saß sie zwei Stunden regungslos da, eine kerzengerade, unbeugsame Gestalt, und kämpfte schweigend eine aussichtslose Schlacht gegen die Mächte körperlicher und seelischer Pein, während ringsum glückliche Menschen kamen und gingen, lachten und redeten.

Um acht Uhr abends stieg die alte Lady am Bahnhof von Bright River aus dem Zug und verschwand unbemerkt in der Dunkelheit der Nacht. Sie hatte zwei Meilen zurückzulegen, und ein kalter Regen fiel. Bald war die alte Lady naß bis auf die Haut und völlig durchgefroren. Sie fühlte sich wie in einem Alptraum. Nur blinder Instinkt führte sie auf der letzten Meile und den Weg zu ihrem Haus hinauf. Als sie die Türklinke zu fassen bekam, spürte sie, daß die Unterkühlung einer glühenden Hitze gewichen war. Sie taumelte über die Schwelle und schloß die Tür hinter sich.

VI. Oktober

Zwei Tage, nachdem die alte Lady Lloyd in die Stadt gefahren war, ging Sylvia Gray guter Laune durch den Wald. Es war ein wunderschöner Herbstmorgen, klar, frisch und sonnig; das gefrorene Farnkraut, durchweicht und zerzaust vom gestrigen Regen, verströmte einen herrlichen Duft, hier und da leuchtete ein dunkelrot verfärbter Ahornbaum im Wald auf, oder ein Birkenzweig schimmerte blaßgolden vor den dunklen, immer gleichen Fichten. Die Luft war frisch und belebend. Sylvia ging beschwingten Schrittes.

An der Buche hielt sie erwartungsvoll inne, aber zwischen den grauen alten Wurzeln lag nichts für sie. Sie wollte sich gerade abwenden, als der kleine Teddy Kimball, der neben dem Pfarrhaus wohnte, auf sie zu rannte. Er kam den Abhang hinunter, aus der Richtung der alten Lloyd-Villa, und sein sommersprossiges Gesicht war sehr blaß.

„Oh, Miss Gray!“ keuchte er. „Ich glaube, die alte Lady Lloyd ist nun doch verrückt geworden. Die Frau des Pfarrers wollte, daß ich zu ihr gehe und ihr eine Nachricht über den Nähzirkel bringe – und ich habe geklopft – und geklopft – und niemand kam – also dachte ich, ich gehe einfach rein und lege ihr den Zettel auf den Tisch. Aber als ich die Tür aufgemacht habe, hörte ich ein schreckliches sonderbares Lachen im Wohnzimmer, und im nächsten Augenblick erschien die alte Lady. Oh, Miss Gray, sie sah furchtbar aus – mit rotem Gesicht und wildem Blick – und sie murmelte vor sich hin und sprach mit sich selbst und lachte wie wahnsinnig. Ich hatte solche Angst, daß ich einfach weggerannt bin.“

Sylvia nahm sich keine Zeit zum Nachdenken, sondern ergriff Teddys Hand und rannte mit ihm den Hügel hinauf. Sie hatte keine Angst, obwohl sie ebenso wie Teddy fürchtete, daß die arme, einsame, exzentrische alte Lady wirklich den Verstand verloren hatte.

Die alte Lady saß auf der Küchenbank, als Sylvia eintrat. Teddy wagte sich nicht hinein und blieb draußen auf der Schwelle stehen. Die alte Lady trug immer noch das feuchte schwarze Seidenkleid, in dem sie vom Bahnhof gekommen war. Ihr Gesicht war gerötet, der Blick wild und ihre Stimme heiser. Aber sie erkannte Sylvia und kauerte sich zusammen.

„Sehen Sie mich nicht an", stöhnte sie. „Bitte gehen Sie – Sie dürfen nicht wissen, wie arm ich bin. Sie gehen nach Europa – Andrew Cameron schickt Sie – ich habe ihn gebeten – er konnte es nicht ablehnen. Aber bitte gehen Sie."

Sylvia ging nicht. Sie hatte sofort gesehen, daß die alte Dame krank war und phantasierte, aber nicht verrückt geworden war. Sie schickte Teddy eiligst los, damit er Mrs. Spencer holte, und als Mrs. Spencer kam, brachten sie die alte Lady dazu, ins Bett zu gehen, und ließen den Arzt kommen. Am gleichen Abend wußte ganz Spencervale, daß die alte Lady Lloyd eine Lungenentzündung hatte.

Mrs. Spencer verkündete, daß sie bleiben würde, um die alte Lady zu pflegen. Einige andere Frauen boten Hilfe an. Alle waren gütig und hilfsbereit, aber die alte Lady merkte nichts davon. Sie hatte hohes Fieber und phantasierte. Sie erkannte nicht einmal Sylvia Gray, die in jeder freien Minute kam und bei ihr saß. Sylvia Gray wußte nun, was sie vermutet hatte – die alte Lady war ihre gute Fee. Die alte Lady sprach unablässig von Sylvia, von ihrer Liebe zu ihr und den Opfern, die sie gebracht hatte. Sylvia tat das Herz weh, und sie betete inbrünstig, daß die alte Lady wieder gesund werden würde.

„Sie soll wissen, daß ich ihre Liebe erwidere", murmelte sie.

Jeder wußte jetzt, wie arm die alte Lady wirklich war. Sie plauderte all die sorgfältig gehüteten Geheimnisse ihres Daseins aus, bis auf die alte Liebe zu Leslie Gray. Selbst im Delirium schwieg sie darüber wie ein Grab. Aber alles andere kam heraus – die Scham über ihre unmoderne Kleidung, ihre Notlösungen und Tricks, die Demütigung, daß sie nur fünf Cent bezahlte, während alle anderen Mitglieder des Nähzirkels zehn gaben. Die gütigen Frauen, die sich um sie kümmerten, hörten mit Tränen in den Augen zu und bereuten die harten Urteile, die sie einst gefällt hatten.

„Aber wer hätte das gedacht?“ sagte Mrs. Spencer zu der Frau des Pfarrers. „Niemand hat sich je träumen lassen, daß ihr Vater all sein Geld verloren hatte, auch wenn die Leute den Verdacht hatten, daß er einiges eingebüßt hatte – bei dieser Geschichte mit der Silbermine im Westen. Es ist schockierend, sich vorzustellen, wie sie all diese Jahre lebte – oft ohne genug zu essen – und die Wintertage im Bett verbracht hat, um Brennholz zu sparen. Aber ich glaube, wenn wir es gewußt hätten, hätten wir auch nicht viel für sie tun können, sie ist ja so schrecklich stolz. Aber wenn sie überlebt und sich von uns helfen läßt, wird alles anders sein. Der bucklige Jack sagt, er werde sich nie verzeihen, daß er für die kleinen Dienste, die er für sie verrichtet hat, Geld von ihr genommen hat. Er sagt, er werde ab jetzt alles umsonst machen. Ist es nicht seltsam, daß sie so eine Vorliebe für Miss Sylvia hat? Denken Sie nur an alles, was sie den Sommer über für sie getan hat – sogar den Weintraubenkrug hat sie verkauft. Nun, die alte Lady ist sicher nicht geizig, aber daß sie seltsam ist, stimmt durchaus. Es ist alles ganz schrecklich. Miss Gray nimmt es sehr schwer. Offenbar hält sie genauso viel von der alten Lady wie umgekehrt. Sie ist so in Sorge, daß sie nicht einmal mehr an ihre Europareise nächstes Jahr denkt. Ja, sie fährt wirklich – Andrew Cameron hat es ihr versprochen. Ich freue mich sehr, denn sie ist das liebenswerteste Mädchen der Welt, aber sie sagt, der Preis sei zu hoch, wenn es die alte Lady das Leben koste.“

Andrew Cameron hatte gehört, daß die alte Lady krank war, und kam selbst nach Spencervale. Er durfte seine Cousine natürlich nicht sehen, aber er sagte, daß keine Kosten oder Mühen gescheut werden sollten. Der Arzt von Spencervale wurde angewiesen, die Rechnung an Andrew Cameron zu schicken und darüber Stillschweigen zu wahren. Und Andrew Cameron ließ eine Krankenschwester kommen, die die alte Lady pflegen sollte, eine fähige, freundliche Frau, die ihre Aufgabe bewältigte, ohne Mrs. Spencer zu kränken – ein größeres Lob für Taktgefühl kann man nicht aussprechen!

Die alte Lady starb nicht – die Verfassung der Lloyds ließ sie die Krankheit überstehen. Eines Tages, als Sylvia hereinkam, lächelte die alte Lady zu ihr auf – ein mattes, wissendes Lächeln – und murmelte ihren Namen, und die Krankenschwester sagte, die Krise sei überwunden.

Die alte Lady erwies sich als gute Patientin und verträgliche Rekonvaleszentin. Sie tat wie geheißen und nahm die Anwesenheit der Krankenschwester als selbstverständlich hin.

Aber eines Tages, als sie genug Kraft hatte, um ein wenig zu sprechen, sagte sie zu Sylvia: „Ich nehme an, Andrew Cameron hat Miss Hayes geschickt, nicht wahr?“

„Ja“, sagte Sylvia zaghaft.

Die alte Lady bemerkte ihre Vorsicht und lächelte, wobei etwas von ihrem alten Humor in ihren schwarzen Augen aufblitzte. „Es gab eine Zeit, in der ich jeden hinausgeworfen hätte, den Andrew Cameron zu mir schickt“, sagte sie. „Aber Sylvia, ich bin durch das schattige Tal des Todes gegangen und habe Stolz und Vorurteil hinter mir gelassen – für immer, wie ich hoffe. Ich sehe Andrew jetzt anders als vorher. Ich kann einen Gefallen von ihm annehmen. Jedenfalls kann ich ihm das Unrecht verzeihen, das er mir und den Meinen angetan hat. Sylvia, ich stelle fest, daß ich während meiner Krankheit alle möglichen Katzen aus dem Sack gelassen habe. Nun weiß jeder, wie arm ich bin – aber ich glaube, es macht mir gar nichts aus. Es tut mir nur leid, daß ich wegen meines dummen Stolzes meine

Nachbarn so lange aus meinem Leben verbannt habe. Alle waren so gut zu mir, Sylvia. Mein Leben – wenn ich es behalte – wird ganz anders werden. Ich werde es für alle Güte und Freundschaft öffnen, die ich bei Jung und Alt finden kann. Ich werde allen helfen, wenn ich kann, und sie mir helfen lassen. Ich kann Menschen helfen – ich habe gelernt, daß Geld nicht das einzige Mittel dazu ist. Jeder, der Mitgefühl und Verständnis kennt, hat einen Schatz ohne Geld und ohne Preis. Und o, Sylvia, du hast herausgefunden, was du nie erfahren solltest. Aber auch das macht mir jetzt nichts mehr aus."

Sylvia nahm die schmale weiße Hand der alten Lady und küßte sie. „Ich kann Ihnen nie genug dafür danken, was Sie für mich getan haben, liebste Miss Lloyd", sagte sie ernst. „Und ich bin so froh, daß keine Heimlichkeit mehr zwischen uns steht, und kann Sie ebenso sehr und offen liebhaben, wie ich es schon lange wollte. Ich bin dir so dankbar, meine gute Fee."

„Weißt du, warum ich dich so sehr liebe?" fragte die alte Lady bekümmert. „Habe ich das in meinem Delirium auch ausgeplaudert?"

„Nein, aber ich glaube, ich weiß es auch so. Es ist, weil ich Leslie Grays Tochter bin, nicht wahr? Ich weiß, daß Vater dich geliebt hat – sein Bruder, Onkel William, hat mir alles erzählt."

„Ich habe mein Leben ruiniert – mit meinem schrecklichen Stolz", sagte die alte Lady traurig. „Aber du liebst mich trotzdem, nicht wahr, Sylvia? Und du wirst mich ab und zu besuchen? Und mir schreiben, wenn du gegangen bist?"

„Ich werde dich jeden Tag besuchen", sagte Sylvia. „Ich bleibe noch ein Jahr in Spencervale, nur um in deiner Nähe zu sein. Und nächstes Jahr, wenn ich nach Europa gehe – dank dir, gute Fee –, schreibe ich dir jeden Tag. Wir werden die besten Freunde sein, und vor uns liegt ein schönes Jahr der Kameradschaft!“

Die alte Lady lächelte zufrieden. Draußen in der Küche sprach die Frau des Pfarrers, die ein Glas Marmelade gebracht hatte, mit Mrs. Spencer über den Nähzirkel. Durch das offene Fenster, vor dem der rote Wein wucherte, kam die warme Oktoberluft. Der Sonnenschein fiel auf Sylvias kastanienbraunes Haar wie ein Heiligenschein.

„Ich bin so überglücklich“, sagte die alte Lady mit einem langen seligen Atemzug.

3. Jeder in seiner eigenen Sprache[3]

Die Herbstsonne fiel auf die Ahornbäume vor der Tür des alten Abel Blair. Das Haus des alten Abel hatte nur eine Außentür, und die stand fast immer weit offen. Ein kleiner schwarzer Hund, der nur ein Ohr und eine gelähmte Vorderpfote hatte, schlief meistens auf dem ausgetretenen roten Sandsteinquader, der dem alten Abel als Stufe vor der Tür diente, und auf der noch ausgetreteneren Schwelle schlief meistens eine große graue Katze. Gleich hinter der Tür saß der alte Abel auf einem krummbeinigen Stuhl, der bessere Zeiten gesehen hatte.

Auch heute nachmittag saß er dort – ein kleiner alter Mann, gebeugt vom Rheuma. Sein Kopf war unnatürlich groß und mit langem, borstigem schwarzen Haar bedeckt, sein Gesicht war zerfurcht und sonnenverbrannt, die Augen schwarz und tiefliegend, aber gelegentlich blitzte ein goldener Funken in ihnen auf. Der alte Abel Blair sah nicht nur seltsam aus, sondern *war* auch seltsam, wie die Leute in Lower Carmody sagten.

Der alte Abel war jetzt, auf seine alten Tage, meistens nüchtern. So auch heute. Wie sein Hund und seine Katze saß er gern in der Sonne, und dann schaute er fast immer zur Tür hinaus – hinauf zum fernen, schönen blauen Himmel über den Kronen der dichtgedrängten

3 *Each In His Own Tongue*: Gedicht von William Herbert Carruth (1859 – 1924).

Ahornbäume. Aber heute schaute er nicht in den Himmel, sondern starrte die schwarzen, staubigen Balken in seiner Küche an. Dort hingen getrocknetes Fleisch, Zwiebeln, Kräuter, Angelwerkzeug, Gewehre und Felle.

Aber der alte Abel sah diese Dinge nicht; sein Gesicht war das eines Mannes, der Visionen hatte – Visionen himmlischer Freude und höllischer Pein, denn der alte Abel sah, was er hätte sein können – und was er war. So war es immer, wenn Felix Moore ihm etwas auf der Geige vorspielte. Und die qualvolle Freude, davon zu träumen, er sei wieder jung und hätte ein unverdorbenes Leben vor sich, war so überwältigend, daß es den Kummer darüber milderte, ein alter, aber nicht ehrenwerter Mann zu sein. Hinter ihm lagen Jahre, in denen er den Reichtum seiner Seele verschwendet hatte, weil die Stimme der Weisheit geschwiegen hatte.

Felix Moore stand ihm gegenüber vor einem unsauberen Kamin, in dem das nachmittägliche Feuer zu fahler Asche erstorben war. Er hatte sich Abels braune, abgenutzte Geige unters Kinn geklemmt, und auch sein Blick war auf die Decke gerichtet. Er sah ebenfalls Dinge, die man in keiner einzigen Sprache ungestraft sagen durfte – außer in der der Musik, und auch dann nur in dem klagenden Ton der Geige. Aber Felix war nur etwas über zwölf Jahre alt, und sein Gesicht war immer noch das eines Kindes, das weder Kummer noch Sünde noch Scheitern oder Reue kennt. Nur in seinen großen grauen Augen lag etwas, das nichts Kindliches an sich hatte – es war das Erbe vieler Herzen, die jetzt zu Staub zerfallen waren, die gelitten und gelacht hatten, gekämpft hatten, Siege und Niederlagen erlebt hatten. Ihre unartikulierten Rufe waren in die Seele dieses Kindes geflossen und fanden ihren Ausdruck in seiner Musik.

Felix war ein wunderschönes Kind. Die Leute in Carmody, die immer zu Hause waren, dachten so, der alte Abel Blair, der viele ferne Länder bereist hatte, dachte so, und sogar Reverend Stephen Leonard, der predigte – und versuchte, zu glauben –, daß Vorlieben trügerisch und Schönheit nichtig sei, dachte so.

Er war ein schmächtiger Junge mit schrägen Schultern und einem schmalen braunen Hals. Sein Kopf war anmutig wie der eines Hirsches. Sein Haar, das Janet, die Haushälterin des Pfarrers, nach einer Laune geschnitten hatte –, es hing ihm tief die Stirn und fiel über die Ohren –, war tiefschwarz. Sein Gesicht und seine Hände waren weiß wie Elfenbein, die Augen groß und von herrlich grauer Farbe, seine Züge fein wie die einer Gemme. Die Mütter in Carmody hielten ihn für schwächlich und hatten prophezeit, daß er nicht das Erwachsenenalter erreichen würde, aber der alte Abel zupfte seinen graumelierten Schnurrbart, wenn er solche düsteren Vorhersagen hörte, und lächelte.

„Felix Moore wird leben“, sagte er überzeugt. „Diese Sorte stirbt erst, wenn ihre Arbeit getan ist. Er hat eine Mission zu erfüllen – wenn der Pfarrer es ihm erlaubt. Und wenn der Pfarrer es *nicht* erlaubt, möchte ich am Jüngsten Tag nicht in seiner Haut stecken – sondern lieber in meiner eigenen. Es ist eine schreckliche Sünde, die Pläne des Allmächtigen zu durchkreuzen, sei es im eigenen Leben oder in dem eines anderen. Manchmal denke ich, daß das mit ‚Todsünde‘ gemeint ist – ja, das denke ich!“

Die Leute in Carmody fragten nie, was der alte Abel dachte. Sie hatten es schon lange aufgegeben, solche sinnlosen Fragen zu stellen. Wenn ein Mann den Großteil seines Lebens so verbracht hatte, war es kein Wunder, daß er komische Sachen sagte. Und anzudeuten, daß Mr. Leonard – ein Mann, der zu gut wahr, um wahr zu sein – irgendeiner Sühne schuldig sein konnte, noch dazu einer unverzeihlichen – nun ja! Was brachte es schon, sich um Abels sonderbares Gerede zu kümmern? Eine Geige war ja eigentlich harmlos, und vielleicht war Mr. Leonard etwas zu streng mit dem Kind, aber war das so merkwürdig? Man mußte bedenken, was für einen Vater der Junge gehabt hatte.

Endlich ließ Felix die Geige sinken und kehrte mit einem langen Seufzer in Abels Küche zurück. Der alte Abel lächelte ihn matt an. Es war das Lächeln eines Mannes, der in der Gewalt von Folterknechten gewesen war.

„Es ist furchtbar, wie du spielst“, sagte er mit einem Schaudern. „Ich habe noch nie so etwas gehört. Dabei hattest du keinen Unterricht mehr, seit du neun Jahre alt bist, und nicht viel Übung außer dem bißchen Spielen auf meiner alten abgenutzten Fiedel. Und was für ein Gedanke, daß du es einfach so aus dem Kopf spielst! Ich nehme an, dein Großvater will nichts davon hören, daß du Musik studierst – nicht wahr?“

Felix schüttelte den Kopf. „Nie im Leben, Abel. Er will, daß ich Pfarrer werde. Das ist auch nichts Schlechtes, aber ich fürchte, daß ich kein Pfarrer sein kann.“

„Jedenfalls keiner, der von der Kanzel predigt. Es gibt verschiedene Sorten von Pfarrern, und jeder muß in seiner eigenen Sprache mit den Leuten reden, wenn er ihnen etwas Gutes tun will“, sagte der alte Abel nachdenklich. „Deine Sprache ist die Musik. Seltsam, daß dein Großvater das nicht sieht, dabei ist er sonst so ein aufgeschlossener Mann! Er ist der einzige Pfarrer, mit dem ich etwas anfangen kann. Er ist ein echter Mann Gottes. Und er liebt dich – jawohl, er liebt dich wie seinen Augapfel.“

„Und ich liebe ihn“, sagte Felix warm. „Ich liebe ihn so sehr, daß ich seinetwegen sogar versuchen werde, Pfarrer zu werden, auch wenn ich keiner sein will.“

„Was willst du denn werden?“

„Ein großer Geiger“, antwortete das Kind, und sein elfenbeinweißes Gesicht rötete sich plötzlich. „Ich möchte vor Tausenden spielen – und dabei ihre Blicke sehen, so wie Ihren. Manchmal habe ich Angst vor

Ihrem Blick, aber oh, es ist eine herrliche Angst! Wenn ich Vaters Geige hätte, könnte ich besser spielen. Ich weiß noch, daß er einmal sagte, sie sei wie eine Seele, die im Fegefeuer für ihre Sünden büße. Ich weiß nicht, was er meinte, aber ich hatte das Gefühl, daß seine Geige lebendig war. Er hat mir Unterricht im Spielen gegeben, sobald ich alt genug war, die Geige zu halten."

„Hast du deinen Vater geliebt?" fragte der alte Abel mit neugierigem Blick.

Wieder wurde Felix rot, aber er sah seinen alten Freund unverwandt an. „Nein", sagte er, „das habe ich nicht. Aber", fügte er ernst und sehr betont hinzu, „ich finde, daß Sie mir nicht so eine Frage stellen sollten."

Jetzt war es an Abel, zu erröten. Niemand in Carmody hätte gedacht, daß sein wettergegerbtes Gesicht erröten könnte, und vielleicht hätte kein lebendes Wesen außer diesem grauäugigen Kind ihn dazu bringen können.

„Nein, das sollte ich wohl nicht", sagte er. „Aber ich mache immer Fehler. Ich habe noch nie etwas anderes gemacht. Darum bin ich für die Leute in Carmody nur ‚der alte Abel'. Niemand außer dir und deinem Großvater nennt mich jemals ‚Mr. Blair'. Aber William Blair da oben in seinem Laden – so reich und geachtet er auch ist –, war nicht halb so schlau wie ich, als wir am Anfang unseres Lebens standen. Du glaubst es vielleicht nicht, aber es stimmt. Und was am schlimmsten ist, Felix – die meiste Zeit kümmert es mich nicht, ob ich Mr. Blair oder der alte Abel bin. Nur wenn du spielst, kümmert es mich. Es erinnert mich an einen Blick, den ich vor Jahren in den Augen eines kleinen Mädchens gesehen habe. Sie hieß Anne Shirley und lebte bei den Cuthberts unten in Avonlea. Wir kamen in Blairs Laden ins Gespräch. Das Mädchen konnte reden wie ein Wasserfall, jawohl. Ich hatte gesagt, daß es für einen abgetakelten alten Sack von sechzig nicht mehr wichtig sei. Sie sah mich mit ihren großen unschuldigen Augen an, etwas vorwurfsvoll, als hätte ich etwas furchtbar Ketzerisches gesagt. ‚Meinen Sie nicht, Mr. Blair', sagte sie, ‚daß die Dinge uns um so wichtiger sein sollten, je älter wir werden?' So ernst, als wäre sie hundert und nicht elf gewesen! ‚Mir ist schon jetzt alles so wichtig', sagte sie und faltete die Hände so, ‚und ich bin sicher: Wenn ich sechzig bin, werden sie mir noch fünfmal wichtiger sein!' Nun, sie hat mich richtig beschämt, weil mir nichts mehr wichtig war. Aber egal – meine elenden alten Gefühle haben nichts zu bedeuten. Was ist mit der Geige deines Vaters passiert?"

„Großvater hat sie mir weggenommen, als ich herkam. Ich denke, er hat sie verbrannt. Und ich vermisse sie so oft."

„Nun, dir bleibt ja immer meine alte braune Fiedel, auf die du zurückgreifen kannst, wenn du mußt."

„Ja, ich weiß, und ich bin froh darüber. Aber ich sehne mich die ganze Zeit nach einer Violine. Und ich komme nur hierher, wenn die Sehnsucht unerträglich wird. Ich habe das Gefühl, daß ich selbst dann nicht kommen sollte – ich sage immer, daß ich es nicht wieder tun werde, denn ich weiß genau, daß es Großvater nicht gefallen würde, wenn er es wüßte."

„Er hat es dir doch nicht verboten, oder?"

„Nein, aber das liegt nur daran, daß er nicht weiß, warum ich herkomme. Er kommt einfach nicht darauf. Ich bin sicher, daß er es mir verbieten würde, wenn er es wüßte. Und das macht mich unglücklich. Und trotzdem muß ich herkommen. Mr. Blair, wissen Sie, warum Großvater es nicht ertragen kann, daß ich Geige spiele? Er liebt Musik und hat nichts dagegen, daß ich Orgel spiele, solange ich nicht andere Dinge vernachlässige. Ich verstehe es nicht – verstehen Sie es?"

„Ich verstehe es sehr gut, aber ich kann es dir nicht sagen. Es ist nicht *mein* Geheimnis. Vielleicht erzählt er es dir eines Tages selbst. Aber denk daran, kleiner Felix, er hat gute Gründe für all das. Da ich weiß, was ich weiß, kann ich es ihm eigentlich nicht vorwerfen, obwohl ich denke, daß er sich irrt. Komm, spiel noch etwas für mich, bevor du gehst – etwas Fröhliches diesmal, damit ein gutes Gefühl zurückbleibt. Das letzte Stück, das du gespielt hast, hat mich direkt in den Himmel katapultiert – aber der Himmel ist der Hölle schrecklich nah, und du hast mich hineingestürzt!"

„Das verstehe ich nicht", sagte Felix und runzelte seine feinen schwarzen Brauen.

„Nein – das sollst du auch gar nicht. Du könntest es nur verstehen, wenn du ein alter Mann wärst, der das Zeug dazu hatte, etwas Sinnvolles zu tun und ein Mann zu werden – und der sich nur furchtbar zum Narren gemacht hat. Aber es muß etwas in dir stecken, das alles versteht – alles –, sonst könntest du nicht so spielen. Wie machst du das? Wie – wie machst du das, kleiner Felix?"

„Ich weiß nicht. Aber ich spiele auf verschiedene Arten, je nachdem, wer zuhört. Ich weiß nicht, woran es liegt. Wenn ich mit Ihnen allein bin, muß ich auf eine bestimmte Art spielen, und wenn Janet zum Zuhören kommt, wird es ganz anders – nicht so aufregend, aber glücklicher und einsamer. Und als Jessie Blair hier war, war mir nach Lachen und Singen zumute – und der Geige auch."

Der seltsame goldene Glanz blitzte in Abels tiefliegenden Augen auf. „Gott", murmelte er, „ich glaube, der Junge schlüpft irgendwie in die Seelen anderer Menschen und spielt, was er dort sieht."

„Was sagen Sie?" fragte Felix und tätschelte seine Geige.

„Nichts – gar nichts – spiel weiter. Jetzt aber etwas Lebhaftes, Felix, mein Junge. Hör auf, in meiner Seele zu forschen – du hast dort nichts zu suchen, Kleiner! Spiel mir etwas vor, das du dir selbst ausgedacht hast – etwas Schönes, Glückliches, Reines."

„Dann spiele ich so, wie ich mich an einem sonnigen Morgen fühle – wenn die Vögel singen und ich vergesse, daß ich Pfarrer werden muß“, sagte Felix schlicht.

Ein gurgelnder, fröhlicher Klang, wie eine Mischung aus Vogelgezwitscher und dem Plätschern eines Baches, strömte in die stille Luft hinaus, den Pfad entlang, auf den die roten und goldenen Blätter fielen, eins nach dem anderen. Reverend Stephen Leonard hörte es, als er vorbeikam, und lächelte. Wenn Stephen Leonard lächelte, rannten Kinder auf ihn zu, und Erwachsenen war es, als würden sie vom Berg Nebo[4] aus in das gelobte Land blicken, das jenseits der Sorgen und Nöte ihres mühseligen irdischen Daseins lag.

Mr. Leonard liebte Musik, weil er alle schönen Dinge liebte, seien sie geistiger oder weltlicher Natur, auch wenn ihm nicht bewußt war, wie sehr er sie nur wegen ihrer Schönheit liebte – dann wäre er entsetzt und voller Reue gewesen. Er war selbst schön. Sein Gang war aufrecht und jugendlich, trotz seiner siebzig Jahre. Sein Gesicht war lebhaft und bezaubernd wie das einer Frau, aber mit all der erprobten Kraft und Stärke eines Mannes. Seine dunkelblauen Augen funkelten wie die eines Einundzwanzigjährigen, und nicht einmal das silberne Haar konnte einen alten Mann aus ihm machen. Alle, die ihn kannten, verehrten ihn, und er hatte – soweit es einem Sterblichen möglich war – diese Verehrung verdient. Der Abel spielt wieder Geige, dachte er. Was für ein herrliches Stück er spielt! Er hat wirklich Talent. Aber wie kann er ein solches Stück spielen – dieser mitgenommene alte Mann, der so tief gesunken ist und fast jeder erdenklichen Sünde gefrönt hat? Vor drei Tagen war er noch auf einer Sauftour – der ersten seit über einem Jahr – und lag sturzbetrunken zwischen den Hunden auf dem Marktplatz von Charlot-

4 Mose 5, 48-52.

tetown. Und jetzt spielt er etwas, das nur ein junger Erzengel auf den Hügeln des Himmels spielen sollte! Nun, es macht meine Aufgabe leichter. Abel ist immer voller Reue, wenn er Geige spielen kann."

Mr. Leonard stand auf der Türschwelle. Der kleine Hund war ihm entgegengehumpelt, und die graue Katze strich ihm um die Beine. Der alte Abel bemerkte ihn nicht; er schlug mit erhobener Hand den Takt und lächelte zu Felix' Musik. Seine Augen waren wieder jung, in ihnen leuchtete Lachen und Glücklichsein.

„Felix! Was soll das heißen?"

Felix fiel der Geigenbogen aus der Hand, er fuhr herum und sah seinen Großvater. Als er den Kummer und die Gekränktheit in den Augen des alten Mannes sah, verdüsterte sich sein Blick und verriet tiefe Reue. „Großvater – es tut mir leid", rief er mit gebrochener Stimme.

„Nun, nun!" Der alte Abel erhob sich mißbilligend. „Es ist alles meine Schuld, Mr. Leonard. Machen Sie dem Jungen keine Vorwürfe. Ich habe ihn überredet, ein bißchen für mich zu spielen. Ich hatte nicht genug Kraft, selber zu spielen – es war zu kurz nach dem Freitag, Sie verstehen. Also habe ich ihn überredet – und ihm keine Ruhe gelassen, bis er gespielt hat. Es ist alles meine Schuld."

„Nein", sagte Felix und warf den Kopf in den Nacken. Sein Gesicht war weiß wie Marmor und dennoch schien es zu glühen – vor verzweifelter Wahrheitsliebe und Verachtung für Abels Notlüge. „Nein, Großvater, es ist nicht Abels Schuld. Ich bin hergekommen, um zu spielen, weil ich dachte, du wärst zum Hafen gegangen. Ich war schon oft hier, seit ich bei dir lebe."

„Seit du bei mir lebst, hintergehst du mich so, Felix?" Aus Mr. Leonards Ton sprach kein Ärger, nur grenzenloser Kummer.

Die empfindsamen Lippen des Jungen zitterten. „Verzeih mir, Großvater“, flüsterte er bittend.

„Sie haben ihm nie verboten, herzukommen“, fiel der alte Abel ärgerlich ein. „Seien Sie gerecht, Mr. Leonard – seien Sie gerecht!“

„Ich bin gerecht. Felix weiß, daß er mir ungehorsam war, wenn auch nicht im Wortsinn. Oder weißt du es nicht, Felix?“

„Doch, Großvater, ich habe Unrecht getan – ich wußte, daß ich Unrecht tue, jedes Mal, wenn ich hergekommen bin. Verzeih mir, Großvater.“

„Felix, ich verzeihe dir, aber ich verlange von dir das Versprechen – hier und jetzt –, daß du nie wieder, solange du lebst, eine Geige anrühren wirst.“

Eine dunkle Röte überzog das Gesicht des Jungen. Er stieß einen Schrei aus, als habe er einen Schlag mit einer Peitsche bekommen.

Der alte Abel sprang auf die Füße. „Verlangen Sie nicht so ein Versprechen von ihm, Mr. Leonard“; rief er zornentbrannt. „Das ist eine Sünde, jawohl! Was macht Sie so blind, Mann? Denn Sie sind blind. Sehen Sie nicht, was in dem Jungen steckt? Die Musik ist seine Seele. Es wird sein Tod sein – oder noch Schlimmeres –, wenn er nicht mehr Geige spielen darf.“

„In solcher Musik steckt der Teufel“, sagte Mr. Leonard heftig.

„Ja, vielleicht, aber vergessen Sie nicht, daß auch Christus drinsteckt“, erwiderte der alte Abel leise, aber eindringlich.

Mr. Leonard machte ein entsetztes Gesicht. Für ihn war die Äußerung des alten Abel Gotteslästerung. Er wandte sich mißbilligend von ihm ab. „Felix, versprich es mir!“ Sein Gesicht und seine Stimme verrieten keinerlei Nachgiebigkeit. Er war gnadenlos in seiner Macht über die junge, liebende Seele.

Felix begriff, daß es kein Entkommen gab, aber seine Lippen waren sehr weiß, als er sagte: „Ich verspreche es, Großvater.“

Mr. Leonard stieß einen langen Seufzer der Erleichterung auf. Er wußte, daß Felix das Versprechen halten würde, und der alte Abel wußte es auch. Letzterer durchquerte das Zimmer und nahm Felix mürrisch die Geige aus der schlaffen Hand. Ohne ein Wort oder einen Blick verschwand er in dem kleinen Schlafzimmer hinter der Küche und knallte in gerechter Empörung die Tür zu. Aber aus dem Fenster beobachtete er heimlich, wie seine Besucher weggingen. Als sie den Ahornpfad erreichten, legte Mr. Leonard Felix die Hand auf den Kopf und schaute auf ihn hinunter. Der Junge schlang ihm den Arm um die Schulter und lächelte ihn an. In dem Blick, den sie wechselten, lagen grenzenlose Liebe und Vertrauen – und gute Kameradschaft.

Dem verächtlichen Blick des alten Abel entging es nicht. „Wie sehr die beiden sich lieben!“ murmelte er neidisch. „Und wie sie einander quälen!“

Mr. Leonard ging zum Beten in sein Arbeitszimmer, als er nach Hause kam. Er wußte, daß Felix zu Janet Andrews gelaufen war, um sich von ihr trösten zu lassen. Janet Andrews war die kleine, dünne Frau mit dem freundlichen Gesicht und dem verkniffenen Mund, die ihnen den Haushalt führte. Mr. Leonard wußte, daß Janet sein Handeln ebensowenig gutheißen würde wie der alte Abel. Sie würde nichts sagen, sie würde ihn nur beim Abendessen vorwurfsvoll über die Teetassen hinweg ansehen. Aber Mr. Leonard glaubte, daß er das Richtige getan hatte, und sein Gewissen machte ihm nicht zu schaffen, auch wenn sein Herz es tat.

Dreizehn Jahre zuvor war dieses Herz beinahe gebrochen, als seine Tochter Margaret einen Mann geheiratet hatte, mit dem er nicht einverstanden gewesen war. Martin Moore war Geiger von Beruf. Er war ein populärer, wenn auch kein großer Künstler. Er lernte die schlanke, goldhaarige Tochter des Pfarrers in Toronto kennen, als sie eine College-Freundin besucht hatte, und verliebte sich sofort in sie. Margaret hatte ihn mit ihrem ganzen jungfräulichen Herzen wiedergeliebt und ihn geheiratet, obwohl ihr Vater dagegen gewesen war. Mr. Leonard war nicht Martin Moores Beruf ein Dorn im Auge gewesen, sondern der Mann selbst. Er wußte, daß die Vergangenheit des Geigers nicht so war, wie es sich für einen Bewerber um Margaret Leonards Hand gehörte, und seine Menschenkenntnis sagte ihm, daß Martin Moore keine Frau auf Dauer glücklich machen würde.

Margaret Leonard schlug seine Warnungen in den Wind. Sie heiratete Martin Moore und lebte ein Jahr im Paradies. Vielleicht wurden die nächsten drei bitteren Jahre dadurch erträglich – und durch ihr Kind. Sie starb, wie sie gelebt hatte, loyal und klaglos. Sie starb allein, denn ihr Mann war auf einer Konzertreise, und es ging so schnell, daß ihr Vater nicht rechtzeitig kommen konnte. Man brachte sie nach Hause, wo sie neben ihrer Mutter auf dem kleinen Friedhof von Carmody beerdigt wurde. Mr. Leonard wollte das Kind zu sich nehmen, aber Martin Moore lehnte ab.

Sechs Jahre später starb auch Moore, und Mr. Leonard bekam endlich, was er sich so sehr gewünscht hatte – die Vormundschaft für Margarets Sohn. Der Großvater sah der Ankunft des Kindes mit gemischten Gefühlen entgegen. Sein Herz sehnte sich nach ihm, aber er fürchtete, eine zweite Ausgabe von Martin Moore anzutreffen. Wenn nun Margarets Sohn seinem Vater ähnlich sah, diesem gutaussehenden Vagabunden! Oder schlimmer noch – vielleicht lag auf ihm der Fluch der fehlenden Grundsätze seines Vaters, seine Labilität, seine künstlerischen Neigungen. Mit solchen Befürchtungen quälte sich Mr. Leonard, bevor Felix ankam.

Das Kind sah weder seinem Vater noch seiner Mutter ähnlich. Stattdessen erkannte Mr. Leonard ein Gesicht wieder, das er vor dreißig Jahren unter die Erde gebracht hatte – das Gesicht seiner jungen Frau, die bei Margarets Geburt gestorben war. Da waren sie wieder – die prächtigen grauen Augen, die elfenbeinweiße Haut, die feinen Augenbrauen –, und in diesen Augen sah er auch Margarets Geist. Von diesem Moment an war die Seele des alten Mannes mit der des Kindes verbunden, und sie hingen mit einer Liebe aneinander, die über die von Frauen hinausging.

Von seinem Vater erbte Felix nur die Liebe zur Musik. Aber während der Vater nur Talent gehabt hatte, war das Kind ein Genie. Zu Martin Moores Vermögen, Geige zu spielen, gesellte sich das Geheimnis und die Intensität seiner Mutter, und hinzu kam noch etwas Subtileres, die er vielleicht von der Großmutter hatte, der er so ähnlich sah. Moore hatte erkannt, für welche Laufbahn das Kind geschaffen war, und hatte ihn in dieser Kunst unterrichtet, sobald die kleinen Finger den Bogen halten konnten. Als der neunjährige Felix das Pfarrhaus von Carmody betrat, hatte er eine Fähigkeit im Geigenspiel erworben, für die neun von zehn Musikern ein Leben lang brauchen, und er brachte die Geige seines Vaters mit. Das war das einzige, was Martin Moore seinem Sohn hinterließ – aber es war eine Amati, deren wahren Wert niemand in Carmody ahnte. Mr. Leonard hatte sie an sich genommen, und Felix hatte sie seitdem nicht mehr zu Gesicht bekommen. Er weinte sich in vielen Nächten in den Schlaf, weil er sie verloren hatte. Mr. Leonard wußte nichts davon, und falls Janet Andrews etwas ahnte, hielt sie den Mund – eine Kunst, in der *sie* brillierte. Sie selbst „fand nichts Schlimmes an einer Geige" und hielt Mr. Leonards Strenge in dieser Sache für absurd, aber ein Außenstehender hätte es ihr nie sagen dürfen. Sie hatte Felix'

Besuche beim alten Abel geduldet und die Sache mit ihrem presbyterianischen Gewissen auf eine seltsame Weise vereinbart, die sie nur selbst verstand.

Als Janet von dem Versprechen hörte, das Mr. Leonard Felix abgerungen hatte, kochte sie vor Empörung, und auch wenn sie „wußte, wo ihr Platz war" und deshalb nichts zu Mr. Leonard sagte, bekundete sie ihre Unzufriedenheit unmißverständlich durch ihr Auftreten. Der strenge und zugleich sanftmütige alte Mann empfand die Atmosphäre in seinem bisher so friedlichen Pfarrhaus für eine ganze Weile als frostig und feindselig.

Es war sein Herzenswunsch, daß Felix Pfarrer würde. Das hätte er sich auch für seinen eigenen Sohn gewünscht, wenn er einen gehabt hätte. Mr. Leonard dachte zu Recht, daß die höchste Berufung eines Menschen ein Leben im Dienst an seinem Nächsten war, aber er beging einen Fehler – er hielt das Gebiet dieses Dienstes für viel kleiner, als es tatsächlich ist. Er sah nicht, daß ein Mann den Menschen auf viele verschiedene und doch gleichermaßen wirksame Arten dienen kann.

Janet hoffte, Mr. Leonard würde nicht darauf bestehen, daß Felix das Versprechen einhielt. Aber Felix wußte, daß keine Aussicht darauf bestand – sein Großvater würde seine Meinung nicht ändern. Er verschrieb sich der Aufgabe, das Versprechen einzuhalten. Er ging nie mehr zum alten Abel, er spielte nicht einmal Orgel, obwohl das nicht verboten war, denn jede Musik weckte in ihm eine Sehnsucht, die unerträglich war. Er stürzte sich mit grimmigem Eifer in seine Schularbeit und büffelte Latein und Griechisch mit einer Ausdauer, die ihn bald zum Klassenbesten machte.

In dem langen Winter war er nahe daran, sein Versprechen zu brechen. Eines Abends gegen Ende März, als der der April sich näherte und sich die ersten Anzeichen des Frühlings unter den letzten Schneewehen regten, ging er allein von der Schule nach Hause. Als er durch die kleine Senke ging, die zum Pfarrhaus führte, hörte er plötzlich Musik. Sie stammte nur von einer Mundharmonika, gespielt von einem kleinen frankokanadischen Laufburschen mit schwarzen Augen, der auf dem Zaun am Bach saß. Aber der zerlumpte kleine Kerl war musikalisch, und sein einfaches Instrument brachte es zum Ausdruck. Felix überlief eine Gänsehaut. Leon hielt ihm die Mundharmonika mit einem kameradschaftlichen, einladenden Grinsen hin, und Felix riß sie an sich, wie ein Verhungernder sich auf etwas zu essen stürzt. Dann hielt er inne. Er hatte ja nur versprochen, nie eine Geige anzurühren, aber er hatte das Gefühl, daß er seiner Sehnsucht kein bißchen nachgeben durfte – denn dann würde er sich nicht mehr beherrschen können. Wenn er auf Leon Buotes Mundharmonika spielte, hier in diesem nebligen Frühlingstal, würde er am gleichen Abend zum alten Abel gehen – er wußte, daß er es tun würde. Zu Leons Überraschung warf Felix ihm die Mundharmonika in den Schoß und rannte den Hügel hinauf, als sei der Teufel hinter ihm her. Etwas in seinem jungenhaften Gesicht erschreckte Leon – und auch Janet Andrews, als Felix in die Halle des Pfarrhauses stürmte und an ihr vorbeieilte.

„Kind, was ist mit dir los?“ rief sie. „Bist du krank? Was hat dir so einen Schrecken eingejagt?“

„Nein, nein. Laß mich in Ruhe, Janet“, stieß Felix mit erstickter Stimme hervor und hastete die Treppe zu seinem Zimmer hinauf.

Als er eine Stunde später zum Tee herunterkam, war er ganz gefaßt, auch wenn er ungewohnt blaß war und rote Ringe unter seinen großen Augen hatte.

Mr. Leonard musterte ihn besorgt. Dem alten Pfarrer fiel plötzlich auf, daß Felix in diesem Frühling noch zarter wirkte als sonst. Nun, er hatte auch den ganzen

Winter hindurch fleißig gelernt und wuchs wirklich sehr schnell. In den Ferien sollte er verreisen.

„Es heißt, Naomi Clark sei schwer krank“, sagte Janet. „Sie kränkelte ja schon den ganzen Winter und ist nun ans Bett gefesselt. Mrs. Murphy glaubt, sie liege im Sterben, aber niemand wagt es ihr zu sagen. Sie will nicht zugeben, daß sie krank ist, und auch keine Medizin nehmen. Und es ist niemand da, der sich um sie kümmert – bis auf diese einfältige Maggie Peterson.“

„Ich frage mich, ob ich ihr einen Besuch abstatten sollte“, sagte Mr. Leonard unbehaglich.

„Warum sollten Sie sich diese Mühe machen? Sie wissen, daß sie Sie nicht sehen will – sie würde Ihnen die Tür vor der Nase zuschlagen, so wie früher. Sie ist eine schlechte Frau – aber es ist doch furchtbar, sich vorzustellen, daß sie krank daliegt und sich niemand um sie kümmert.“

„Naomi Clark ist eine schlechte Frau und hat ein schändliches Leben geführt, aber ich mag sie trotzdem“, bemerkte Felix in dem feierlichen Ton, in dem er manchmal überraschende Dinge sagte.

Mr. Leonard sah Janet Andrews vorwurfsvoll an, als wolle er fragen, wie Felix in ihrer Obhut zu diesem zweifelhaften Wissen über Gut und Böse gekommen war. Und Janet warf einen säuerlichen Blick zurück, der übersetzt bedeutete, daß es nicht ihre Schuld sei, wenn Felix auf der öffentlichen Schule nicht nur Mathematik und Latein lernte.

„Was weißt du über Naomi Clark?“ fragte sie neugierig. „Hast du sie einmal gesehen?“

„O ja“, antwortete Felix und widmete sich mit gesundem Appetit seinem Kirschkompott. „Letzten Sommer war ich eines Abends unten in Spruce Cove, als ein Unwetter ausbrach, und da bin ich zu Naomi gegangen. Die Tür stand offen, also ging ich hinein, weil niemand auf mein Klopfen antwortete. Naomi Clark stand am Fenster und sah zu, wie die Wolken über dem Meer aufzogen. Sie schaute mich nur an, sagte aber nichts und beobachtete weiter die Wolken. Ich mochte mich nicht hinsetzen, weil sie mich nicht dazu aufgefordert hatte, also bin ich zum Fenster gegangen und habe auch hinausgeschaut. Es war ein schrecklicher Anblick – die Wolken waren so schwarz und das Wasser so grün, und es schien so ein sonderbares Licht – aber es war auch irgendwie schön. Zuerst betrachtete ich den Sturm – und dann Naomis Gesicht. Es sah schrecklich aus, genau wie der Sturm, und trotzdem habe ich es gern angeschaut. Als das Gewitter vorbei war, regnete es noch eine Weile, und Naomi setzte sich hin und sprach mit mir. Sie fragte, wer ich sei, und als ich meinen Namen sagte, bat sie mich, ihr auf ihrer Geige etwas vorzuspielen", Felix warf Mr. Leonard einen anklagenden Blick zu, „denn sie hatte gehört, daß ich gut darin sei. Sie wollte etwas Fröhliches hören, und ich habe mein Bestes versucht, aber es ging nicht. Ich spielte etwas Schreckliches – es spielte sich wie von selbst –, als sei etwas verlorengegangen und könne nicht wiedergefunden werden. Und ich war noch nicht fertig, da stürzte Naomi auf mich zu, entriß mir die Geige und – fluchte. Und sie sagte: ‚Du kuhäugiges Balg, wo hast du das her?' Dann packte sie mich am Arm – und es tat weh, sage ich euch – und stieß mich hinaus in den Regen und knallte die Tür zu."

„Diese Frau hat keine Manieren!" sagte Janet empört.

„Oh doch, sie hatte völlig recht", sagte Felix gelassen. „Es geschah mir recht, weil ich so etwas gespielt hatte. Sie wußte ja nicht, daß ich nicht anders konnte. Sie dachte wohl, ich hätte es absichtlich getan."

„Was in aller Welt hast du gespielt, Kind?"

„Ich weiß nicht.“ Felix schauderte. „Es war schrecklich – furchtbar. Herzzerreißend! Aber ich mußte es spielen – es ging nicht anders.“

„Ich weiß nicht, was du meinst – wirklich nicht“, sagte Janet entgeistert.

„Ich denke, wir sollten das Thema wechseln“, sagte Mr. Leonard.

Einen Monat später stand „die einfältige Maggie“ eines Abends vor der Tür und fragte nach dem Pfarrer. „Naomi möchte Sie sehen“, murmelte sie. „Naomi hat Maggie geschickt. Sie sollen sofort kommen.“

„Natürlich komme ich“, sagte Mr. Leonard milde. „Ist sie sehr krank?“

„Sie liegt im Sterben“, sagte Maggie mit einem breiten Grinsen. „Und sie hat solche Angst vor der Hölle. Sie weiß erst seit heute, daß sie sterben wird. Maggie hat es ihr gesagt – den Frauen am Hafen hat sie nicht geglaubt, aber Maggie schon. Sie hat schrecklich gekreischt.“ Maggie kicherte beim Gedanken an die schreckliche Szene.

Mr. Leonard war voller Mitgefühl. Er rief nach Janet und sagte ihr, daß sie dem armen Geschöpf etwas Erfrischendes geben solle.

Aber Maggie schüttelte den Kopf. „Nein, nein, Prediger, Maggie muß gleich wieder zu Naomi. Maggie sagt ihr, daß der Prediger kommt und sie vor der Hölle rettet.“ Sie stieß einen unheimlichen Schrei aus und rannte davon, so schnell sie konnte.

„Gott bewahre!“ sagte Janet entsetzt. „Ich wußte, daß das arme Mädchen ein schlichtes Gemüt hat, aber ich wußte nicht, daß sie so ist! Und gehen Sie hin, Sir?“

„Ja, natürlich. Gott gebe, daß ich der armen Seele helfen kann“, sagte Mr. Leonard. Er war ein Mann, der sich nie vor dem drückte, was er für seine Pflicht hielt – aber es gab angenehmere Pflichten, als an Naomi Clarks Sterbebett gerufen zu werden.

Die Frau war seit einer Generation das Kreuz von Lower Carmody und Carmody Harbour. In den ersten Tagen seiner Amtszeit hatte Mr. Leonard versucht, sie zu bekehren, aber Naomi hatte ihm nur ins Gesicht gelacht. Dann hatte er um der Menschen willen, die in ihre Falle tappten und denen sie das Herz brach, versucht, rechtliche Schritte gegen sie einzuleiten, aber Naomi hatte auch darüber nur gelacht. Zuletzt war ihm nichts anderes übriggeblieben, als sie in Ruhe zu lassen.

Aber Naomi war nicht immer eine Außenseiterin gewesen. Ihre Mädchenzeit war unschuldig gewesen, aber zwei Dinge waren ihr zum Verhängnis geworden – ihre Schönheit und der Tod ihrer Mutter. Ihr Vater war berüchtigt für seine Strenge und sein cholerisches Temperament. Als Naomi den fatalen Fehler beging, sich in den falschen Mann zu verlieben, der sie sitzenließ, jagte ihr Vater sie unter Flüchen aus dem Haus.

Naomi ließ sich in einem leerstehenden kleinen Haus in Spruce Cove nieder. Wenn ihr Kind am Leben geblieben wäre, hätte es sie vielleicht gerettet. Aber es starb kurz nach der Geburt, und mit seinem kleinen Leben war auch ihre letzte Chance auf weltliche Erlösung verloren. Von dieser Zeit an beschritt sie den Weg, der in Richtung Hölle führt.

In den letzten fünf Jahren hatte Naomi allerdings ein halbwegs respektables Leben geführt. Als Janet Peterson gestorben war, hatte ihre schwachsinnige Tochter Maggie ohne eine Menschenseele dagestanden. Niemand wußte, was aus ihr werden sollte, denn keiner wollte sich um sie kümmern. Naomi Clark nahm das Mädchen bei sich zu Hause auf. Die Leute sagten, sie sei nicht geeignet, die Verantwortung für Maggie zu tragen, aber alle schreckten vor der unangenehmen Aufgabe zurück, sich in die Angelegenheit einzumischen – bis auf Mr. Leonard. Er ging zu Naomi und stellte sie zur Rede, aber sie schlug ihm die Tür vor der Nase zu.

Doch seit dem Tag, an dem Maggie Peterson bei ihr einzog, war Naomi die Maria Magdalena der Gemeinde.

Die Sonne war schon untergegangen, als Mr. Leonard Spruce Cove erreichte, und der Hafen hüllte sich in ein wunderbares Zwielicht. In der Ferne pulsierte das Meer, und das Rauschen der Flut ertönte in der süßen kühlen Frühlingsluft. Am Himmel blinkten die ersten Sterne, im Osten ging der Mond auf, und in der Tiefe schimmerte die See. Ein kleines Segelboot verwandelte sich in eine elfenhafte Schaluppe auf dem Weg ins Märchenland.

Mr. Leonard seufzte, wandte sich von der unschuldigen Schönheit der See und des Himmels ab und Naomi Clarks Türschwelle zu. Es war ein sehr kleines Haus – ein Zimmer und darüber eine Schlafkammer, aber man hatte für die kranke Frau ein Bett an das Fenster gestellt, von dem aus man den Hafen sehen konnte. Dort lag Naomi. Am Kopfende brannte eine Lampe, obwohl es noch nicht dunkel war. Zu Naomis Eigenheiten gehörte seit jeher die Angst vor der Dunkelheit.

Sie wälzte sich unruhig auf ihrem kümmerlichen Sofa hin und her, und Maggie kauerte auf einem Kasten am Fußende. Mr. Leonard hatte sie seit fünf Jahren nicht gesehen und war erschrocken darüber, wie sehr sie sich verändert hatte. Sie war ausgezehrt; ihre scharfgeschnittenen, ausgeprägten Gesichtszüge waren dazu verdammt, im Alter hexenhaft zu werden. Naomi Clark war knapp sechzig und sah aus wie hundert. Ihr Haar breitete sich in weißen, ungepflegten Strähnen auf dem Kissen aus, und die Hände, die sich an die Bettdecke klammerten, waren runzlige Klauen. Nur ihre Augen hatten sich nicht verändert; sie waren blau und funkelnd wie immer, aber jetzt von solcher Todesangst erfüllt, daß Mr. Leonard fast das weiche Herz stehenblieb. Es waren die Augen einer gequälten Kreatur, von Furien gehetzt und von Panik überwältigt.

Naomi setzte sich auf und packte ihn am Arm. „Können Sie mir helfen? Können Sie mir helfen?" keuchte sie flehend. „Oh, ich dachte schon, Sie würden nie kommen! Ich hatte Angst, ich würde sterben, bevor Sie kommen – sterben und in die Hölle kommen! Ich weiß erst seit heute, daß ich sterben werde. Keiner dieser Feiglinge wollte es mir sagen. Können Sie mir helfen?"

„Wenn ich es nicht kann, so kann es Gott", sagte Mr. Leonard milde. Er fühlte sich hilflos und unzulänglich angesichts dieses Schreckens. Er hatte schon viele Sterbeszenen gesehen – traurige, sorgenvolle – und ach, verzweifelte –, aber noch nie eine solche.

„Gott!" Naomis Stimme klang schrill, als sie den Namen hervorstieß. „Ich kann mich nicht an Gott wenden. Oh, ich habe Angst vor der Hölle, aber ich habe noch mehr Angst vor Gott. Ich möchte tausendmal lieber in die Hölle kommen, als Gott gegenüberzutreten – nach dem Leben, das ich gelebt habe. Ich sage Ihnen, es tut mir leid, daß ich ein schlechtes Leben geführt habe – es tat mir immer leid, die ganze Zeit über. Es gab keinen Moment, in dem ich es nicht bereut habe, auch wenn es keiner glaubt. Die Dämonen der Hölle haben mich getrieben. Oh, Sie verstehen es nicht – Sie können es nicht verstehen – aber ich habe es immer bereut!"

„Wenn Sie bereuen, reicht das völlig. Gott wird Ihnen verzeihen, wenn Sie ihn darum bitten."

„Das kann er nicht! Sünden wie die meinen kann man nicht verzeihen. Er kann es nicht – und wird es auch nicht."

„Er kann und er wird. Er ist ein Gott der Liebe, Naomi."

„Nein", sagte Naomi mit hartnäckiger Überzeugung. „Er ist *kein* Gott der Liebe! Darum habe ich Angst vor ihm. Nein, nein. Er ist ein Gott des Zorns, der Rache und der Strafe. Liebe! Es gibt keine Liebe! Ich habe auf Erden keine erlebt und glaube nicht, bei Gott welche zu finden."

„Naomi, Gott liebt uns wie ein Vater."

„Wie mein Vater?" Naomis schrilles Lachen, das durch das schrille Zimmer hallte, klang schrecklich.

Der alte Pfarrer schauderte. „Nein – nein! Wie ein gütiger, allwissender Vater, Naomi – wie Sie Ihr Kind geliebt hätten, wenn es am Leben geblieben wäre."

Naomi kauerte sich zusammen und stöhnte. „Oh, ich wünschte, ich könnte das glauben. Dann hätte ich jetzt keine Angst. Überzeugen Sie mich – machen Sie mich glauben, daß Gott liebt und verzeiht, wenn Sie es selbst glauben."

„Jesus Christus hat Magdalena verziehen und sie geliebt, Naomi."

„Jesus Christus? Oh, vor ihm habe ich keine Angst. Ja, er könnte verstehen und verzeihen. Er war ein halber Mensch. Ich sage Ihnen ja, es ist Gott, vor dem ich Angst habe."

„Sie sind ein und dasselbe", sagte Mr. Leonard hilflos. Er konnte es Naomi nicht begreiflich machen. Dieses angsterfüllte Sterbebett war nicht der richtige Ort für theologische Vorträge über die Dreieinigkeit. „Christus ist für Sie gestorben, Naomi. Am Kreuz hat er Ihre Sünden auf sich genommen und getragen."

„Wir tragen alle unsere eigenen Sünden", sagte Naomi heftig. „Ich habe meine ein Leben lang selbst getragen – und werde das bis in alle Ewigkeit tun. Ich kann nichts anderes glauben. Ich kann nicht glauben, daß Gott mir verzeiht. Ich habe Menschen an Körper und Seele ruiniert – ich habe Herzen gebrochen und Familien zerstört – ich bin schlimmer als eine Mörderin. Nein – nein – nein, es gibt keine Hoffnung für mich." Ihre Stimme erhob sich wieder zu dem unerträglichen Kreischen. „Ich muß in die Hölle kommen. Ich habe nicht solche Angst vor dem Feuer, sondern vor der Dunkelheit. Ich hatte immer solche Angst vor der Dunkelheit – sie ist so voller scheußlicher Dinge und Gedanken. Oh, es gibt niemanden, der mir helfen kann! Die Menschen taugen nichts, und ich habe zu große Angst vor Gott.“ Sie rang die Hände.

Mr. Leonard ging im Zimmer auf und ab und war verzweifelt wie noch nie im Leben. Was sollte er tun? Was sollte er sagen? Seine Religion bot Heilung und Frieden für diese Frau, ebenso wie für alle anderen, aber er konnte es in keiner Sprache erklären, die diese gequälte Seele verstand. Er schaute in ihr verzerrtes Gesicht, er sah das schwachsinnige Mädchen, das am Fußende des Bettes in sich hineinkicherte, er blickte durch die offene Tür in die ferne, sternenklare Nacht – und ein schreckliches Gefühl völliger Hilflosigkeit überwältigte ihn. Er konnte nichts tun – nichts! In seinem ganzen Leben hatte er noch nicht solche Bitterkeit empfunden wie jetzt, als es ihm klarwurde.

„Wozu sind Sie nutze, wenn Sie mir nicht helfen können?“ stöhnte die sterbende Frau. „Beten Sie – beten Sie – beten Sie!“ kreischte sie plötzlich.

Mr. Leonard sank vor dem Bett auf die Knie. Er wußte nicht, was er sagen sollte. Kein Gebet, das er je gesprochen hatte, war hier angebracht. Die schönen alten Formeln, die vielen Seelen den Abschied aus dem Leben erleichtert hatten, waren für Naomi Clark leere, nichtssagende Worte. In seiner Beklemmung stieß Stephen Leonard das kürzeste und aufrichtigste Gebet hervor, das ihm je über die Lippen gekommen war. „O Gott, unser Vater! Hilf dieser Frau! Sprich mit ihr in einer Sprache, die sie versteht.“

Ein wunderschönes weißes Gesicht erschien für einen Moment in dem Licht, das durch die Tür in die Nacht hinausschien. Niemand bemerkte es, und es verschwand schnell wieder im Schatten. Plötzlich sank Naomi in ihr Kissen zurück, die Lippen blau, das Gesicht furchtbar verzerrt, die Augen verdreht. Maggie sprang auf, schubste Mr. Leonard beiseite und verabreichte Naomi überraschend schnell und geschickt eine Arznei.

Mr. Leonard glaubte, daß Naomi jetzt sterben würde. Er ging zur Tür und fühlte sich sterbenselend.

Plötzlich erschien eine kleine Gestalt in dem Licht.

„Felix, bist du das?“ sagte Mr. Leonard überrascht.

„Ja.“ Felix trat über die Schwelle. „Janet hat sich Sorgen gemacht, daß du in der Dunkelheit auf der holprigen Straße hinfallen würdest, also hat sie mich mit einer Laterne losgeschickt. Ich habe erst hinter der Landzunge gewartet, aber dann dachte ich, ich sehe lieber nach, ob du noch lange wegbleibst. Wenn ja, gehe ich wieder nach Hause und lasse dir die Laterne hier.“

„Ja, das ist wohl am besten. Ich komme wohl noch eine ganze Weile nicht nach Hause“, sagte Mr. Leonard und dachte, daß dieses Totenbett einer Sünderin kein Anblick für Felix’ junge Augen war.

„Sprechen Sie mit Ihrem Enkel?“ Naomis Stimme klang kräftig und klar. Der Anfall war vorüber. „Wenn ja, bringen Sie ihn herein. Ich möchte ihn sehen.“

Widerwillig bedeutete Mr. Leonard Felix, er solle hereinkommen.

Der Junge stand an Naomis Bett und schaute mitfühlend auf sie hinunter.

Aber zuerst sah sie ihn gar nicht an – ihr Blick ging an ihm vorbei und fiel auf den Pfarrer. „Ich hätte an dem Anfall sterben können“, sagte sie. Es klang vorwurfsvoll. „Und dann wäre ich jetzt in der Hölle. Sie können mir nicht helfen – ich bin fertig mit Ihnen. Es gibt keine Hoffnung für mich, das weiß ich jetzt.“ Sie wandte sich an Felix. „Nimm die Geige dort von der Wand und spiel mir etwas vor“, sagte sie gebieterisch.

„Ich liege im Sterben – und ich komme in die Hölle – und will nicht daran denken. Spiel etwas für mich, das mich ablenkt – egal, was es ist. Ich habe Musik immer geliebt – sie hat etwas, das ich nie irgendwo anders gefunden habe.“

Felix sah seinen Großvater an. Der alte Mann nickte, er war zu beschämt, um zu sprechen. Er vergrub seinen silberhaarigen Kopf in den Händen, während Felix die alte Geige von der Wand nahm und stimmte, auf denen so viele gottlose Lieder in wilder Ekstase gespielt worden waren. Leonard hatte das Gefühl, daß er mit seiner Religion versagt hatte. Er konnte Naomi nicht die Hilfe zuteil werden lassen, die sie in der Musik fand.

Felix zog den Bogen langsam und nachdenklich über die Saiten. Er hatte keine Ahnung, was er spielen sollte. Dann fiel sein Blick auf Naomis brennende, magnetische blaue Augen und blieb daran hängen, als sie auf ihrem zerknautschten Kissen lag. Dann machte er ein Gesicht, als sei ihm eine Erleuchtung gekommen. Er fing an zu spielen, als spiele nicht er selbst, sondern eine höhere Macht, deren Instrument er war.

Süß und mild und wunderbar war die Musik, die im Zimmer erklang.

Mr. Leonard vergaß seinen Kummer und lauschte entgeistert. So etwas hatte er noch nie gehört. Wie konnte das Kind so spielen? Er sah Naomi an und wunderte sich über die Veränderung in ihrem Gesicht. Die Panik war verschwunden, sie hörte atemlos zu und ließ Felix nicht aus den Augen. Am Fußende des Bettes saß, mit Tränen auf den Wangen, das schwachsinnige Mädchen.

In dieser seltsamen Musik steckte die Freude unschuldiger, fröhlicher Kindheit, gemischt mit dem Lachen der Wellen und dem Ruf des Windes. Dann folgten die wilden, unberechenbaren Träume der Jugend, die trotzdem rein und schön waren. Und die Seligkeit junger Liebe – ergebener, alles aufopfernder

Liebe. Die Musik änderte sich. Jetzt erzählte sie von der Qual ungeweinter Tränen, der Pein eines Herzens, das getäuscht und verlassen worden war.

Mr. Leonard hätte sich fast die Ohren zugehalten, um ihre unerträgliche Klarheit auszusperren.

Aber auf dem Gesicht der sterbenden Frau malte sich eine seltsame Erleichterung, als sei ein dumpfer, lange verborgener Schmerz dadurch geheilt worden, daß er zum Ausdruck gekommen war.

Als nächstes kam die mürrische Gleichgültigkeit der Verzweiflung, die Bitterkeit schwelenden Widerstandes und Unglücks, das leichtsinnige Verschleudern alles Guten. Es steckte jetzt etwas unbeschreibliches Böses in der Musik – so böse, daß Mr. Leonards reine Seele schauderte und Maggie sich zusammenkauerte und wie ein verängstigtes Tier wimmerte. Wieder änderte sich die Musik. Nun schwangen Schmerz und Furcht in ihr mit – und Reue und eine Bitte um Verzeihung.

Mr. Leonard kam es sonderbar bekannt vor. Er zerbrach sich den Kopf darüber, wo er das schon einmal gehört hatte, dann fiel es ihm plötzlich ein – in Naomis schrecklichen Worten, bevor Felix hereingekommen war! Er sah seinen Enkel beinahe ehrfürchtig an. Der Junge hatte eine Macht, von der er nichts wußte – eine seltsame, schreckliche Macht. Kam sie von Gott oder vom Teufel?

Ein letztes Mal änderte sich die Musik. Und nun war es gar keine Musik mehr – es war ein großes, unendliches Verzeihen, eine alles verstehende Liebe. Es war die Heilung für eine kranke Seele, es war Licht, Hoffnung und Frieden. Ein Text aus der Bibel, anscheinend völlig unpassend, kam Mr. Leonard in den Sinn: „Hier ist nichts anderes als das Haus Gottes und das Tor des Himmels.“[5]

---

5 Genesis 28, 17.

Felix ließ die Geige sinken und fiel erschöpft auf einen Stuhl, der neben dem Bett stand. Das Licht der Inspiration auf seinem Gesicht war erloschen, er war nur noch ein müder Junge.

Aber Stephen Leonard lag auf den Knien und schluchzte wie ein Kind, und Naomi Clark lag still da, die Hände über der Brust gefaltet.

„Jetzt verstehe ich es“, sagte sie milde. „Früher konnte ich es nicht sehen – und nun ist es so offenbar. Ich fühle es einfach – Gott ist ein Gott der Liebe. Er kann jedem verzeihen – sogar mir – sogar mir. Er weiß alles darüber. Ich habe keine Angst mehr. Er liebt mich und verzeiht mir, so wie ich meine Tochter geliebt und ihr alles verziehen hätte, wäre sie am Leben geblieben, egal, wie schlecht sie gewesen wäreoder was sie getan hätte. Der Pfarrer hat es mir gesagt, aber ich konnte es nicht glauben. Jetzt weiß ich es. Und er hat dich heute abend zu mir geschickt, mein Junge, damit du es mir auf eine Weise sagst, auf die ich es fühlen kann.“

Naomi Clark starb, als der Morgen über dem Meer dämmerte.

Mr. Leonard erhob sich von seinem Platz an ihrem Bett und ging zur Tür. Vor ihm lag der Hafen, grau und streng in dem matten Licht, aber in der Ferne zerschnitt die Sonne den milchig weißen Nebel, und darunter funkelte das Wasser.

Die Fichten auf der Landzunge wiegten sich im Wind und tuschelten miteinander. Die ganze Welt sang vom Frühling, der Auferstehung und dem Leben. Auf Naomi Clarks Gesicht lag jener Frieden, der sich menschlichem Verstehen entzieht.

Der alte Pfarrer und sein Enkel gingen gemeinsam nach Hause. Sie schwiegen, und keiner wollte das Schweigen brechen.

Janet Andrews hielt ihnen eine Strafpredigt und servierte ihnen ein köstliches Frühstück. Dann befahl sie ihnen, ins Bett zu gehen, aber Mr. Leonard lächelte sie an und sagte: „Gleich, Janet, gleich. Aber jetzt nehmen Sie bitte diesen Schlüssel, gehen Sie auf den Dachboden und holen Sie das, was Sie in der schwarzen Truhe finden.“ Als Janet gegangen war, wandte er sich an Felix. „Felix, möchtest du Musik studieren und zu deinem Beruf machen?“

Felix blickte auf, sein blasses Gesicht war gerötet. „Oh, Großvater! Oh, Großvater!“

„Du darfst es tun, mein Kind. Nach dieser Nacht wage ich nicht mehr, dir Steine in den Weg zu legen. Du hast meinen Segen, und möge Gott dich leiten und stark machen, damit du seine Arbeit tun kannst und den Menschen seine Botschaft auf deine Art überbringst. Es ist nicht die Art, die ich mir für dich gewünscht hatte – aber ich sehe, daß ich mich geirrt habe. Der alte Abel hatte recht, als er sagte, daß sowohl Christus als auch der Teufel in deiner Geige steckten. Ich verstehe jetzt, was er gemeint hat.“

Er ging Janet entgegen, die das Arbeitszimmer betrat und eine Geige in der Hand hatte.

Felix’ Herz schlug heftig;, er erkannte sie.

Mr. Leonard nahm Janet die Geige ab und hielt sie dem Jungen hin. „Das ist die Geige deines Vaters, Felix. Achte darauf, daß deine Musik nie den Mächten des Bösen dient – erniedrige sie nie für unwürdige Zwecke. Denn deine Gabe ist eine große Verantwortung, und du mußt Gott Rechenschaft darüber ablegen, wie du sie nutzt. Sprich in deiner eigenen Sprache zu der Welt, und sei ehrlich und aufrichtig, dann ist alles mehr als erfüllt, was ich mir je für dich erhofft habe.“

4. Die kleine Joscelyn

Das ist einfach undenkbar, Tantchen Nan“, sagte Mrs. William Morrison entschieden. Sie war einer der Menschen, die immer entschieden klangen. Wenn diese Leute nur ankündigen, die Kartoffeln für das Mittagessen schälen zu wollen, weiß man sofort, daß es für die Kartoffeln kein Entkommen gibt. Außerdem nennt jeder diese Leute immer bei ihrem vollständigen Titel. William Morrison wurde meistens Billy genannt, aber wenn man nach Mrs. Billy Morrison gefragt hätte, hätte niemand in Avonlea sofort gewußt, wer gemeint war.

„Du mußt es doch selbst einsehen, Tantchen“, fuhr Mrs. William fort. Während sie sprach, entstielte sie gewandt Erdbeeren mit ihren langen weißen Fingern. Mrs. William machte jeden glanzvollen Moment noch besser. „Es sind zehn Meilen nach Kensington, und stell dir vor, wie spät du zurückkommen würdest. Du bist einer solchen Fahrt nicht gewachsen – du würdest einen Monat brauchen, um dich davon zu erholen. Du weißt, daß du diesen Sommer alles andere als kräftig bist.“

Tantchen Nan seufzte und streichelte das winzige, pelzige graue Kätzchen auf ihrem Schoß mit zitternden Fingern. Sie wußte besser als alle anderen, daß sie in diesem Sommer nicht bei Kräften war. Tief in ihrer Seele hatte Tantchen Nan, die unter der Last ihrer siebzig Jahre schwach und ängstlich und doch immer noch liebenswürdig war, eine geheimnisvolle, unmißverständliche Vorahnung, daß es ihr letzter Sommer auf der Gull Point Farm sein würde. Aber das war um so mehr Grund, daß sie die kleine Joscelyn singen hören wollte – sie würde bald keine Gelegenheit mehr dazu haben. Und oh, die kleine Joscelyn nur einmal singen zu hören – Joscelyn, deren Stimme Tausende in der großen weiten Welt begeisterte, ebenso wie sie in vergangenen Jahren Tantchen Nan und die Bewohner der Gull Point Farm entzückt hatte. Es war ein langer goldener Sommer voller Gesang gewesen.

„Oh, ich weiß, daß ich nicht bei Kräften bin, Maria", sagte Tantchen Nan bittend, „aber ich bin kräftig genug dafür. Das bin ich wirklich. Ich könnte in Kensington bei George und seiner Familie übernachten, dann würde es mich nicht so sehr anstrengen. Ich möchte Joscelyn so gern singen hören. Oh, ich liebe die kleine Joscelyn so sehr!"

„Es geht über meinen Verstand, daß du dich so nach diesem Kind verzehrst", rief Mrs. William ungeduldig. „Sie war eine Fremde für dich, als sie herkam, und sie war doch auch nur einen Sommer hier!"

„Aber oh, was für ein Sommer!" sagte Tantchen Nan sanft. „Wir haben die kleine Joscelyn alle geliebt. Sie schien eine von uns zu sein. Sie war eins der Kinder Gottes, die überall Liebe mit sich bringen. In mancher Hinsicht erinnert sie mich an die kleine Anne Shirley, die oben bei den Cuthberts auf Green Gables lebt, obwohl sie in anderer Hinsicht ganz verschieden sind. Joscelyn war eine Schömheit."

„Nun, das ist dieser dürre Shirley-Fratz sicher nicht", sagte Mrs. William sarkastisch. „Und wenn Joscelyns Zunge nur ein Drittel so lang gewesen war wie die von Anne Shirley, wundert es mich, daß sie euch nicht alle zu Tode geredet hat!"

„Die kleine Joscelyn war gar nicht so redselig“, sagte Tante Nan verträumt. „Sie war ein eher ruhiges Kind. Aber man hat behalten, was sie sagte. Und ich habe die kleine Joscelyn nie vergessen.“

Mrs. William zuckte ihre runden, wohlgeformten Schultern. „Nun, das ist fünfzehn Jahre her, Tantchen Nan, und Joscelyn kann nicht mehr sehr ‚klein‘ sein. Sie ist eine berühmte Frau und hat dich vollkommen vergessen, dessen kannst du sicher sein.“

„Joscelyn gehörte nicht zu den Leuten, die vergessen“, sagte Tantchen Nan. Sie war loyal. „Und außerdem geht es darum, daß ich sie nicht vergessen habe. Oh, Maria, ich sehne mich seit so vielen Jahren danach, sie noch einmal singen zu hören. Mir ist, als müßte ich meine kleine Joscelyn noch einmal singen hören, bevor ich sterbe. Die Gelegenheit bekomme ich nie wieder. Bitte sag William, daß er mich nach Kensington fahren soll.“

„Lieber Himmel, Tantchen Nan, das ist wirklich kindisch“, sagte Mrs. William und brachte ihre Schüssel Erdbeeren in die Speisekammer. „Du mußt jetzt andere Menschen entscheiden lassen, was das Beste für dich ist. Du bist nicht kräftig genug für eine Fahrt nach Kensington, und selbst wenn du es wärst, weißt du sehr gut, daß William morgen abend nicht nach Kensington kann. Er muß zu dieser politischen Versammlung in Newbridge. Die kann nicht ohne ihn stattfinden.“

„Jordan könnte mich nach Kensington fahren“, bat Tantchen Nan mit sehr ungewohnter Hartnäckigkeit.

„Unsinn! Du kannst nicht mit dem Laufburschen nach Kensington! Tantchen Nan, nun sei vernünftig. Sind William und ich nicht gut zu dir? Tun wir nicht alles für dein Wohlergehen?“

„Ja, o ja“, gab Tantchen Nan widerstrebend zu.

„Nun, dann solltest du dich danach richten, was wir sagen. Und schlag dir das Konzert in Kensington aus dem Kopf, Tantchen, und mach dir und mir nicht weiter das Leben schwer. Ich gehe jetzt auf das Feld und rufe William zum Tee. Hab ein Auge auf das Baby, falls es aufwacht, und achte darauf, daß der Teekessel nicht überkocht.“

Mrs. William rauschte aus der Küche und tat so, als sähe sie die Tränen nicht, die Tantchen Nan über die runzligen rosa Wangen rollten. Tantchen Nan wurde wirklich sehr kindisch, dachte Mrs. William, als sie zum Feld an der Küste marschierte. Sie weinte neuerdings wegen jeder Kleinigkeit! Und was für eine Idee, nach Kensington zum Konzert der *Old Timers* fahren zu wollen und so eigensinnig darauf zu beharren! Es war wirklich schwer, ihre Launen hinzunehmen, seufzte Mrs. William tugendhaft.

Tantchen Nan saß allein in der Küche und weinte so bitterlich, wie man es nur in einem einsamen Alter tun kann. Ihr war, als könne sie es nicht ertragen – sie mußte unbedingt nach Kensington. Aber sie wußte, daß es nicht ging, weil Mrs. William sich dagegen ausgesprochen hatte. Mrs. Williams Wort war auf der Gull Point Farm Gesetz.

„Was ist mit meinem alten Tantchen Nan los?“ rief eine fröhliche Stimme im Türrahmen. Es war Jordan Sloane, und sein rundes, sommersprossiges Gesicht sah so besorgt und mitfühlend aus, wie es einem sehr runden, sehr sommersprossigen Gesicht möglich ist. Jordan war in diesem Sommer der Laufbursche der Morrisons, und er vergötterte Tantchen Nan.

„Oh, Jordan!“ schluchzte Tantchen Nan. Sie sah es nicht als unter ihrer Würde an, einem Gehilfen ihre Sorgen anzuvertrauen, obwohl Mrs. William fand, daß sie es so sehen sollte. „Ich kann nicht morgen abend nach Kensington, um die kleine Joscelyn auf dem Konzert der *Old Timers* singen zu hören. Maria sagt, daß es nicht geht.“

„Das ist ein Jammer“, sagte Jordan. „Alte Katze“, murmelte er hinter der verschwindenden und nichtsahnenden Mrs. William her. Dann watschelte er hinein und setzte sich neben Tantchen Nan aufs Sofa. „Nun, nun, wein doch nicht“, sagte er und tätschelte ihre schmale kleine Schulter mit seiner großen, sonnenverbrannten Pranke. „Du wirst noch krank, wenn du weiter weinst, und wie sollen wir hier ohne dich auskommen?“

Tantchen Nan lächelte matt. „Ich fürchte, das werdet ihr bald müssen, Jordan. Ich werde nicht mehr lange unter euch weilen. Nein, Jordan, ich weiß es. Etwas sagt es mir ganz deutlich. Ich wäre bereit, zu gehen – nur allzu bereit, denn ich bin sehr müde, Jordan –, wenn ich nur vorher die kleine Joscelyn noch einmal singen hören könnte.“

„Warum bist du so versessen darauf, sie zu hören?“ fragte Jordan. „Sie ist keine Verwandte von dir, oder?“

„Nein, aber ich liebe sie mehr – mehr als viele meiner Angehörigen. Maria findet das albern, aber du würdest es verstehen, wenn du sie gekannt hättest, Jordan. Sogar Maria würde es verstehen, wenn sie sie gekannt hätte. Es ist fünfzehn Jahre her, daß sie einen Sommer hier verbrachte. Sie war damals ein Kind von dreizehn Jahren und hatte keine Verwandten bis auf einen alten Onkel. Er hat sie im Winter zur Schule geschickt und im Sommer irgendwo hin als Feriengast, und er machte sich gar nichts aus ihr. Das Kind war buchstäblich ausgehungert nach Liebe, Jordan, und die hat sie hier bekommen. William und seine Brüder waren noch Kinder und hatten keine Schwester. Wir haben sie alle vergöttert. Sie war so liebenswert, Jordan. Und so hübsch! Wie ein kleines Mädchen auf einem Bild, mit langen schwarzen, seidigen Locken und großen dunklen Augen und rosigen Wangen! Und sie konnte singen! Himmel! Wie sie singen konnte! Sie hat immer gesungen, den ganzen Tag hat man ihre Stimme auf dem alten Hof gehört. Ich habe den Atem angehalten, um es zu hören. Sie sagte immer, sie wolle eines Tages eine berühmte Sängerin werden, und ich hatte nie den leisesten Zweifel. Es lag ihr im Blut. Jeden Sonntagabend hat sie Kirchenlieder für uns gesungen. Oh, Jordan, mein altes Herz wird wieder jung, wenn ich daran denke. Was für ein süßes Kind sie war – meine kleine Joscelyn! Sie schrieb mir noch drei oder vier Jahre, nachdem sie gegangen war, aber jetzt habe ich lange nichts mehr von ihr gehört. Ich fürchte, sie hat mich vergessen, wie Maria sagt. Das wäre ja auch kein Wunder. Aber ich habe sie nicht vergessen, und oh, ich möchte sie so gern sehen und hören. Sie wird morgen abend auf dem Konzert der *Old Timers* in Kensington auftreten. Die Leute, die das Konzert veranstalten, sind Freunde von ihr – natürlich, sonst würde sie nie in so ein kleines Dorf kommen. Es sind nur sechzehn Meilen – und ich kann nicht hin!“

Jordan wußte nicht, was er sagen sollte. Er sinnierte grimmig, daß er, wenn er nur ein eigenes Pferd hätte, Tantchen Nan nach Kensington bringen würde, Mrs. William hin oder her. Aber es wäre wirklich eine lange Fahrt für sie, und sie sah diesen Sommer sehr zerbrechlich aus.

„Das dauert nicht mehr lange“, murmelte Jordan und flüchtete durch die Hintertür, als Mrs. William zur anderen Seite hereinkeuchte. „Die netteste alte Dame, die es je gab, sollte zu dem Konzert dürfen! Ja, Sie altes Weib, ich würde Ihnen gern mal die Meinung sagen!“

Letzteres galt Mrs. William, wurde aber sehr leise gesagt. Jordan verabscheute Mrs. William, doch sie war eine Macht, mit der man rechnen mußte. Der sanftmütige, unkomplizierte Billy Morrison tat immer, was seine Frau ihm sagte.

Also konnte Tantchen Nan nicht nach Kensington, um die kleine Joscelyn singen zu hören. Sie unternahm nichts weiter deswegen, aber nach diesem Abend ging es schnell bergab mit ihr. Mrs. William sagte, es liege an der Hitze und daran, daß Tantchen Nan sich zu sehr gehen lasse. Aber Tantchen Nan konnte sich nicht mehr zusammennehmen; sie war sehr, sehr müde. Sogar das Stricken strengte sie an. Sie saß stundenlang in ihrem Schaukelstuhl, das graue Kätzchen auf dem Schoß, und schaute verträumt aus dem Fenster, ohne wirklich etwas zu sehen. Sie sprach viel mit sich selbst, meistens über die kleine Joscelyn. Mrs. William erzählte allen in Avonlea, daß Tantchen Nan furchtbar kindisch geworden sei – immer mit einem Seufzer, der klarmachte, wie sehr sie, Mrs. William, darunter zu leiden hatte.

Aber man mußte Mrs. William Gerechtigkeit widerfahren lassen. Sie behandelte Tantchen Nan keineswegs schlecht, im Gegenteil – was Äußerlichkeiten anging, war sie sehr gütig zu ihr. Sie tat alles für sie und war taktvoll genug, sich nicht in Gegenwart der alten Frau zu beklagen. Falls Tantchen Nan merkte, daß Mrs. Williams Fürsorge nicht von Herzen kam, so jammerte sie nicht darüber.

Eines Tages, als das reife Korn auf Avonleas Feldern leuchtete, stand Tantchen Nan nicht auf. Sie hatte keinen Grund zur Klage, außer daß sie sehr müde sei. Mrs. William sagte zu ihrem Mann: „Wenn ich jedesmal im Bett bleiben würde, wenn ich müde bin, würde hier gar nichts getan werden.“ Aber sie bereitete ein ausgezeichnetes Frühstück zu und trug es geduldig zu Tantchen Nan hinauf, die nur sehr wenig davon aß.

Nach dem Mittagessen schlich Jordan die Hintertreppe hinauf, um nach ihr zu sehen.

Tantchen Nan lag da und schaute die hellrosa Kletterrosen an, die zum Fenster hereinschauten. Als sie Jordan sah, lächelte sie. „Diese Rosen erinnern mich so an die kleine Joscelyn“, sagte sie milde. „Sie hat Rosen so geliebt. Wenn ich Joscelyn nur sehen könnte! Oh,

Jordan, wenn ich sie nur sehen könnte! Maria sagt, es sei furchtbar kindisch, ständig auf diesem Thema herumzureiten, und vielleicht ist es das auch. Aber – oh, Jordan, ich habe solche Sehnsucht nach ihr!“

Jordan hatte ein sonderbares Gefühl in der Kehle und zerknautschte seinen ohnehin mitgenommenen Strohhut mit seinen großen Händen. Eine vage Idee, die den ganzen Tag in seinem Kopf geschlummert hatte, erwachte zum Leben und wurde zu einem Entschluß. Aber er sagte nur: „Ich hoffe, daß es dir bald wieder bessergeht, Tantchen Nan.“

„O ja, mein lieber Jordan, es wird mir bald wieder bessergehen“, sagte Tantchen Nan mit ihrem eigenen liebenswürdigen Lächeln. „‚Und kein Einwohner wird sagen: Ich bin schwach.‘[6] Aber wenn ich nur vorher die kleine Joscelyn sehen könnte!“

Jordan ging hinaus und eilte nach unten. Billy Morrison war im Stall, als Jordan den Kopf hereinsteckte. „Sagen Sie, kann ich mir für den Rest des Tages freinehmen, Sir? Ich möchte nach Kensington.“

„Ja, von mir aus“, sagte Billy Morrison freundlich. „Amüsieren Sie sich ruhig, bevor die Ernte anfängt! Und hier, Jord – nehmen Sie diese Münze und kaufen Sie ein paar Apfelsinen für Tantchen Nan. Die oberste Heeresleitung braucht es nicht zu erfahren.“

Billy Morrison machte ein ernstes Gesicht, aber Jordan zwinkerte, als er das Geld einsteckte. „Wenn ich Glück habe, bringe ich ihr etwas Besseres als Apfelsinen“, murmelte er und eilte auf die Weide. Jordan hatte jetzt ein eigenes Pferd, ein recht knochiges Tier, das auf den Namen Dan hörte. Billy Morrison war damit einverstanden, daß das Pferd auf seiner Weide graste, wenn Jordan es für die Arbeit auf dem Hof einsetzte.

---

6 Jesaja 33, 24.

Mrs. William hatte keinen Hehl daraus gemacht, was sie von dieser Vereinbarung hielt.

Jordan spannte Dan vor die zweitbeste Kutsche, zog seine Sonntagskleidung an und fuhr los. Unterwegs las er noch einmal einen Artikel, den er am Tag zuvor aus der Zeitung *Charlottetown Daily Enterprise* ausgeschnitten hatte.

„Die berühmte Alt-Sängerin Joscelyn Burnett verbringt auf der Rückkehr von ihrer Konzerttournee in den Seeprovinzen ein paar Tage in Kensington. Sie logiert bei Mr. und Mrs. Bromley auf dem Landsitz *The Beeches*."

„Wenn ich nur rechtzeitig da bin", sagte Jordan inbrünstig.

Jordan kam nach Kensington, stellte Dan in einem Mietstall ab und fragte, wie man zu dem Landsitz *The Beeches* kam. Er wurde nervös, als er es gefunden hatte – es war so ein majestätisches, eindrucksvolles Haus, ein Stück von der Straße entfernt und umgeben von einem smaragdgrünen Park.

„Man stelle sich vor, daß ich zur Tür gehe und nach Miss Joscelyn Burnett frage", grinste Jordan dümmlich. „Vielleicht sagen sie mir, daß ich zur Hintertür gehen und nach der Köchin fragen soll! Aber du tust es trotzdem, Jordan Sloane – keine Feigheit vor dem Feind! Vorwärts! Denk an Tantchen Nan, und laß dich nicht von all der Pracht einschüchtern!"

Ein frech aussehendes Dienstmädchen öffnete auf Jordans Klingeln hin die Tür und starrte ihn an, als er nach Miss Burnett fragte. „Ich glaube nicht, daß sie Zeit für sie hat", sagte sie und musterte seine ländliche Aufmachung sehr von oben herab. „Was wollen Sie von ihr?"

Die Verächtlichkeit des Dienstmädchens machte Jordan „sauer", wie er es genannt hätte. „Das sage ich ihr, wenn ich sie sehe", erwiderte er kühl. „Teilen Sie ihr einfach mit, daß ich eine Nachricht für sie habe – von Tante Nan Morrison aus Avonlea. Wenn sie es nicht vergessen hat, wird sie kommen. Sie dürfen sich auch gern beeilen, denn ich habe nicht allzu viel Zeit."

Das freche Dienstmädchen entschied sich endlich, doch höflich zu sein, und forderte Jordan auf, einzutreten. Aber sie ließ in der Halle stehen, während sie sich auf die Suche nach Miss Burnett machte. Jordan sah sich staunend um. Er war noch nie in einem solchen Haus gewesen. Die Halle an sich war schon wunderschön, und hinter den offenen Türen zu beiden Seiten erstreckten sich lange Reihen prächtiger Zimmer, die in Jordans Augen aussahen wie die eines Palastes.

„Himmel! Hier kann man sich ja nicht rühren, ohne etwas umzustoßen!"

Dann kam Joscelyn Burnett, und Jordan vergaß alles andere. Diese große, schöne Frau in seidenen Gewändern und mit einem Gesicht, wie er es noch nie gesehen hatte – konnte das Tantchen Nans kleine Joscelyn sein? Jordans rundes sommersprossiges Gesicht lief dunkelrot an. Er brachte vor Verlegenheit keinen Ton heraus. Was sollte er zu ihr sagen? Wie konnte er es sagen?

Joscelyn Burnett sah ihn mit ihren großen dunklen Augen an. Es waren die Augen einer Frau, die viel gelitten und viel gelernt hatte und durch Kämpfen alles erreicht hatte. „Sie kommen von Tantchen Nan?" sagte sie. „Oh, ich freue mich so, von ihr zu hören. Geht es ihr gut? Kommen Sie herein und erzählen Sie mir alles von ihr."

Sie wandte sich einem der prächtigen Zimmer zu, aber Jordan unterbrach sie verzweifelt. „Oh, lassen Sie uns bitte nicht da hineingehen, Ma'am – ich würde keinen Ton herausbringen. Lassen Sie es mich einfach hier irgendwie sagen. Nein, Ma'am, Tantchen Nan geht es nicht gut. Sie – sie liegt im Sterben, fürchte ich. Und sie sehnt sich Tag und Nacht nach Ihnen. Ich glaube, daß sie nicht in Frieden sterben kann, ohne Sie gesehen zu haben. Sie wollte nach Kensington, um Sie singen zu hören, aber diese alte Katze Mrs. William – entschuldigen Sie bitte, Ma'am – hat es nicht erlaubt. Sie redet ständig von Ihnen. Wenn Sie auf die Gull Point Farm kommen und sie besuchen würden, wäre ich Ihnen sehr dankbar, Ma'am."

Joscelyn Burnett sah bekümmert aus. Sie hatte die Gull Point Farm und Tantchen Nan nicht vergessen, aber die Erinnerung war jahrelang verschwommen gewesen. Aufregendere Ereignisse in ihrem hektischen Leben hatten sie in den Hintergrund gedrängt. Jetzt kam alles mit einem Schlag zurück. Ihr fiel alles wieder ein – der Frieden, die Schönheit und die Liebe jenes goldenen Sommers, und das gute Tantchen Nan, das alles wußte. In diesem Augenblick war Joscelyn Burnett wieder ein einsames kleines Mädchen mit hungrigem Herzen, das sich nach Liebe sehnte und sie nur bei Tantchen Nan fand.

„Oh, ich weiß nicht", sagte sie verwirrt. „Wenn Sie früher gekommen wären – ich fahre heute abend mit dem Zug um 11.30 Uhr. Den muß ich erreichen, sonst bin ich nicht rechtzeitig in Montreal – ich habe dort einen sehr wichtigen Auftritt. Aber ich muß auch Tantchen Nan sehen! Ich war gedankenlos und nachlässig. Ich hätte sie eher besuchen können. Wie können wir es einrichten?"

„Ich bringe Sie rechtzeitig nach Kensington zurück, damit Sie den Zug erreichen", sagte Jordan eifrig. „Ich würde alles für Tantchen Nan tun – ich und Dan. Ja, Sir, wir schaffen es rechtzeitig. Stellen Sie sich nur Tantchen Nans Gesicht vor, wenn sie Sie sieht!"

„Ich komme mit", sagte die große Sängerin milde.

Die Sonne ging schon unter, als sie die Gull Point Farm erreichten. Über den Fichten hinter dem Haus leuchtete ein Bogen aus warmem Gold. Mrs. William war im Stall beim Melken, und das Haus war leer, bis auf das Baby, das in der Küche schlief, und die kleine alte Frau mit den wachen Augen, die oben lag.

„Hier entlang, Ma'am“, sagte Jordan und gratulierte sich im stillen dazu, daß die Luft rein war. „Ich führe Sie direkt in ihr Zimmer.“

Oben klopfte Joscelyn an die angelehnte Tür und ging hinein. Bevor sich die Tür hinter ihr schloß, hörte Jordan Tantchen Nan sagen: „Joscelyn! Kleine Joscelyn!“, und bei ihrem Ton mußte er schlucken. Er wankte erleichtert die Treppe hinunter, und in der Küche stürzte sich Mrs. William auf ihn.

„Jordan Sloane, wer war die elegante Frau, mit der Sie in den Hof gefahren sind? Und was haben Sie mit ihr gemacht?“

„Das war Miss Joscelyn Burnett“, sagte Jordan und reckte sich stolz. Dieser Augenblick war sein Triumph über Mrs. William. „Ich bin nach Kensington gefahren und habe sie geholt, damit sie Tantchen Nan besuchen kann. Sie ist jetzt oben bei ihr.“

„Lieber Himmel“, sagte Mrs. William hilflos. „Und ich in meinen Melksachen! Jordan, halten Sie das Baby, während ich mein schwarzes Seidenkleid anziehen gehe. Sie hätten mich vorwarnen können. Ich weiß nicht, wer der größere Dummkopf ist, Sie oder Tantchen Nan!“

Als Mrs. William aus der Küche segelte, gestattete sich Jordan ein zufriedenes leises Lachen.

Oben in dem kleinen Zimmer waren zwei Menschen glücklich. Joscelyn kniete vor dem Bett und hatte die Arme um Tantchen Nan gelegt, und Tantchen Nan strahlte und strich ihr über das dunkle Haar.

„Oh, kleine Joscelyn“, murmelte sie, „das ist zu schön, um wahr zu sein! Wie ein wunderbarer Traum! Ich habe dich in dem Moment erkannt, als du zur Tür hereingekommen bist, meine Liebe. Du hast dich kein bißchen verändert. Und jetzt bist du eine berühmte Sängerin, kleine Joscelyn! Ich wußte immer, daß du das werden würdest. Oh, ich möchte, daß du mir ein Lied vorsingst – nur ein einziges! Tust du das, meine Kleine? Sing mir das Lied vor, das die Leute am liebsten hören. Ich habe den Namen vergessen, aber ich habe in der Zeitung davon gelesen. Sing es mir vor, kleine Joscelyn."

Und Joscelyn stand im Licht der untergehenden Sonne an Tantchen Nans Bett und sang das Lied, das sie so oft vor großem Publikum auf vielen großen Bühnen gesungen hatte. Sie hatte es noch nie so gesungen wie jetzt, während Tantchen Nan dalag und selig lauschte. Unten hielt sogar Mrs. William den Atem an, verzaubert von der Melodie, die in dem alten Bauernhaus ertönte.

„Oh, kleine Joscelyn!" hauchte Tantchen Nan entzückt, als das Lied zu Ende war.

Joscelyn kniete sich wieder hin, und sie sprachen lange über die alten Zeiten. Nach und nach kamen alle Erinnerungen aus jenem versunkenen Sommer zurück, Tränen und Lachen. Tante Nan war rundum glücklich. Und dann erzählte Joscelyn ihr die ganze Geschichte ihrer Kämpfe und Triumphe, seit sie einander nicht mehr gesehen hatten.

Als sich das Mondlicht durch das niedrige Fenster ins Zimmer stahl, legte Tantchen Nan die Hand auf Joscelyns gesenkten Kopf. „Kleine Joscelyn", flüsterte sie, „wenn es nicht zu viel verlangt ist, möchte ich, daß du noch ein Lied singst. Weißt du noch, wie wir jeden Sonntagabend im Salon Kirchenlieder gesungen haben? Mein Lieblingslied war *The Sands of Time are Sinking.* Ich habe nie vergessen, wie du das gesungen hast, und ich möchte es noch ein einziges Mal hören, Liebes. Sing es für mich, kleine Joscelyn."

Joscelyn stand auf und ging zum Fenster. Sie zog den Vorhang zur Seite, stand im Mondschein da und sang das herrliche alte Lied. Anfangs schlug Tantchen Nan matt den Takt auf der Bettdecke, aber als Joscelyn zu der Strophe *„With mercy and with judgment“* kam, faltete sie die Hände über der Brust und lächelte.

Als das Lied zu Ende war, ging Joscelyn zum Bett hinüber. „Ich fürchte, ich muß jetzt auf Wiedersehen sagen, Tantchen Nan“, sagte sie. Dann sah sie, daß Tantchen Nan eingeschlafen war. Sie wollte sie nicht aufwecken, aber sie nahm das Rosensträußchen, das sie an der Brust trug, ab und steckte es sanft zwischen die abgearbeiteten Finger. „Auf Wiedersehen, liebes Tantchen Nan“, murmelte sie.

Unten traf sie auf Mrs. William, die sie in eleganter schwarzer Seide, lächelnd willkommenhieß, aber Joscelyn wies sie kühl zurück. „Danke, Mrs. Morrison, aber ich kann leider nicht länger bleiben. Nein, danke, ich möchte nichts trinken. Jordan bringt mich gleich nach Kensington zurück. Ich bin nur hergekommen, um Tantchen Nan zu besuchen.“

„Ich bin sicher, daß sie sich sehr gefreut hat“, sagte Mrs. William überschwenglich. „Sie hat seit Wochen nur noch von Ihnen gesprochen.“

„Ja, es hat sie sehr glücklich gemacht“, sagte Joscelyn ernst. „Und mich hat es auch glücklich gemacht. Ich liebe Tantchen Nan, Mrs. Morrison, und verdanke ihr viel. Ich habe nie im Leben eine Frau getroffen, die so gütig und selbstlos war wie sie.“

„Was Sie nicht sagen“, sagte Mrs. William. Sie war entgeistert, von dieser großen Sängerin ein solches Loblied auf das ruhige, ängstliche Tantchen Nan zu hören.

Jordan fuhr Joscelyn zurück nach Kensington, und oben in ihrem Zimmer schlief Tantchen Nan mit einem seligen Lächeln auf dem Gesicht und Joscelyns roten Rosen in der Hand. So fand Mrs. William sie am nächsten Morgen, als sie ihr das Frühstück bringen wollte. Das Sonnenlicht breitete sich auf dem Kissen aus, es ließ das freundliche alte Gesicht und das silberne Haar aufleuchten und stahl sich langsam zu den verwelkten roten Rosen auf ihrer Brust. Lächelnd, friedlich und glücklich lag Tantchen Nan da, denn als Joscelyn sang, war sie in den Schlaf gefallen, aus dem es auf Erden kein Erwachen gibt.

5. Lucindas Eroberung

Die Heirat eines Penhallow war immer das Signal für eine Versammlung der Penhallows. Sie kamen aus den entlegensten Teilen der Erde – geborene Penhallows, angeheiratete Penhallows und Nachfahren von Penhallows. East Grafton war der Stammsitz des Geschlechts, und Penhallow Grange, wo der „alte“ John Penhallow lebte, war ihr Mekka.

Was die Familie selbst betraf, so waren die genauen Verwandtschaftsverhältnisse nicht leicht zu entschlüsseln. Der alte Onkel Julius Penhallow galt als Genie, weil er alles im Kopf hatte und immer aus dem Stegreif wußte, wer wie mit wem verwandt war. Die anderen rieten einfach, und die jüngeren Penhallows sprachen von Um-drei-Ecken-Cousins oder -Cousinen.

Diesmal würde Alice Penhallow, die Tochter des „jungen“ John Penhallow, heiraten. Alice war ein nettes Mädchen, aber sie und ihre Hochzeit dienen in dieser Geschichte nur als Hintergrund für Lucinda, also muß nichts weiter über sie gesagt werden.

Am Nachmittag vor der Hochzeit – die Penhallows wahrten die gute altmodische Sitte, Hochzeiten abends zu feiern und danach ausgiebig zu tanzen – wimmelte es auf Penhallow Grange von Gästen, die gekommen waren, um Tee zu trinken und sich auszuruhen, bevor sie zum „alten“ John hinuntergingen. Viele von ihnen waren fünfzig Meilen gefahren. In dem großen herbstlichen Obstgarten kamen die jüngeren Leute zusammen, schwatzten und flirteten. Oben saß die „alte" Mrs. John in ihrem Schlafzimmer und hielt mit ihren verheirateten Töchtern ein Konklave ab. Der „alte" John thronte mit seinen Söhnen und Schwiegersöhnen im Salon, und die drei Schwiegertöchter fühlten sich im blauen Wohnzimmer wie zu Hause und waren in Familientratsch vertieft. Lucinda und Romney Penhallow waren auch da.

Die dünne Mrs. Nathaniel Penhallow saß in einem Schaukelstuhl und röstete ihre Zehen am Feuer, denn der sonnige Herbstnachmittag war etwas kühl, und Lucinda hatte wie immer das Fenster offengelassen. Sie und die rundliche Mrs. Frederick Penhallow bestritten den Großteil der Unterhaltung, Mrs. George Penhallow blieb mehr oder weniger außen vor, weil sie neu in der Familie war. Sie war George Penhallows zweite Frau und erst seit einem Jahr mit ihm verheiratet. Deshalb beschränkte sie sich auf gelegentliche Einwürfe, die manchmal angebracht waren, aber manchmal auch nicht ganz den Penhallowschen Standpunkten entsprachen.

Romney Penhallow saß in einer Ecke und lauschte dem Geplauder der Frauen – mit dem unergründlichen Lächeln, das Mrs. Frederick immer irritierte. Mrs. George fragte sich im stillen, was er dort bei den Frauen zu suchen hatte. Sie fragte sich auch, wo sein Platz im Stammbaum war. Er war keiner der Onkel, konnte aber nicht viel jünger als George sein.

„Mindestens vierzig", war Mrs. Georges Einschätzung, „aber ein sehr gutaussehender, faszinierender Mann! So ein prächtiges Kinn und solche Grübchen habe ich noch nirgendwo gesehen!"

Lucinda hatte bronzefarbenes Haar, und ihrer weißen Haut konnte selbst gnadenlose Sonne nichts anhaben. Sie saß auf der Bank des offenen Fensters hinter den feuerroten Weinblättern, genoß die frische Luft und schaute in den Garten hinaus, in dem die Dahlien und Astern prangten. Das rötliche Licht des Herbstnachmittags ließ ihr welliges Haar aufleuchten und brachte ihre griechischen Formen zur Geltung.

Mrs. George wußte, wer Lucinda war – eine Cousine aus der zweiten Generation und trotz ihrer fünfunddreißig Jahre die unbestrittene Schönheit der Penhallow-Sippe.

Sie war eine der wenigen Frauen, deren Schönheit den Jahren trotzte. Sie war gereift, aber nicht gealtert. Die älteren Penhallows neigten aus reiner Gewohnheit immer noch dazu, sie als Mädchen zu betrachten, und die jüngeren Penhallows betrachteten sie als eine von ihnen. Aber Lucinda legte nie mädchenhaftes Getue an den Tag; ihr guter Geschmack und ein ausgeprägter Sinn für Humor bewahrten sie oft vor der Versuchung. Sie war einfach eine schöne, entwickelte Frau, mit der die Zeit einen Pakt geschlossen hatte – einen Pakt über eine ewige reife Jugend, die nichts mit den Jahren zu tun hatte.

Mrs. George mochte und bewunderte Lucinda, und wenn Mrs. George jemanden mochte und bewunderte, mußte sie es unbedingt jemandem erzählen, der gerade verfügbar war. In diesem Fall war es Romney Penhallow, und Mrs. George bemerkte liebenswürdig: „Wirklich, findest du nicht, daß unsere Lucinda diesen Herbst auffallend gut aussieht?“

Es schien eine völlig harmlose, unbedeutende, gutgemeinte Frage zu sein, und es sei der armen Mrs. George verziehen, wenn sie von der Wirkung frappiert war.

Romney entwirrte seine langen Beine, stand auf und machte eine vernichtend elegante Verbeugung vor der unglücklichen Sprecherin. „Es liegt mir fern, einer Dame zu widersprechen – besonders, wenn es um eine andere Dame geht“, sagte er und verließ das blaue Zimmer.

Mrs. George war entgeistert von der beißenden Ironie in seinem Ton. Sprachlos starrte sie Lucinda an. O je – Lucinda hatte den anderen den Rücken gekehrt und starrte hinaus in den Garten. Eine unverkennbare Röte überzog ihre Wangen und den Hals. Dann sah Mrs. George ihre Schwägerinnen an. Sie musterten sie mit der belustigten Nachsicht, die man einem taktlosen Kind gegenüber walten läßt. Mrs. George ahnte, daß sie ins Fettnäpfchen getreten war, und ihr stieg das Blut ins Gesicht. Welche Leiche im Keller der Penhallows hatte sie unwissentlich auferstehen lassen? Warum, oh, warum war es so ein Verstoß gegen die guten Sitten, etwas Lobendes über Lucinda zu sagen?

Mrs. George war zutiefst erleichtert, daß sie zum Tee gerufen wurden und sie der Peinlichkeit entfliehen konnte. Ihr war die Teezeit jedoch gründlich verdorben, die quälende Erinnerung an ihren geheimnisvollen Patzer und die gleichzeitige Neugier verdarben ihr den Appetit. Nach dem Tee lotste sie sobald wie möglich Mrs. Frederick in den Garten, und auf dem Dahlienweg verlangte sie feierlich eine Erklärung.

Mrs. Frederick gestattete sich ein Lachen, das die Nähte ihres braunen Seidenkleides auf die Probe stellte. „Meine liebe Cecilia, es war so lustig“, sagte sie ein wenig herablassend.

„Aber warum?“ rief Mrs. George. Sie ärgerte sich über den gönnerhaften Ton und über die Geheimnistuerei. „Was war so schrecklich an dem, was ich gesagt habe? Oder so komisch? Und wer ist dieser Romney Penhallow, mit dem man nicht reden darf?“

„Oh, Romney ist einer von den Penhallows aus Charlottetown“, erklärte Mrs. Frederick. „Er ist dort als Anwalt tätig. Er ist ein Cousin ersten Grades von Lucinda und zweiten Grades von George – oder nicht?

Ach, was soll's! Frag Onkel Julius, wenn du den genauen Stammbaum brauchst. Ich bringe die Familienbande der Penhallows immer durcheinander. Und was Romney betrifft – natürlich darfst du mit ihm über alles reden, nur nicht über Lucinda. Oh, du heilige Einfalt! Ihn zu fragen, ob Lucinda nicht gut aussehe! Und noch dazu in ihrer Gegenwart! Er dachte natürlich, du hättest es absichtlich getan, um ihn zu ärgern. Deshalb hat er so bissig reagiert."

„Aber warum?" beharrte Mrs. George. Sie ließ sich nicht so leicht vom Thema abbringen.

„Hat George dir das nicht erzählt?"

„Nein", sagte Georges Frau mit einem Hauch Ungeduld. „Seit wir verheiratet sind, verbringt George die meiste Zeit damit, mir merkwürdige Geschichten über die Penhallows zu erzählen, aber zu dieser ist er noch nicht gekommen."

„Nun, meine Liebe, es ist unsere Familienromanze. Lucinda und Romney sind ineinander verliebt – schon seit fünfzehn Jahren, und die ganze Zeit über haben sie kein einziges Wort miteinander gesprochen!"

„Meine Güte!" murmelte Mrs. George und spürte, wie unzulänglich Sprache sein konnte. War das die Penhallowsche Art der Brautwerbung? „Aber warum?"

„Sie hatten vor fünfzehn Jahren einen Streit", sagte Mrs. Frederick geduldig. „Niemand weiß, wie es dazu kam oder worum es ging, außer daß Lucinda im Unrecht war. Das wissen wir, weil Lucinda es uns später selbst eingestanden hat. Aber in der ersten Aufregung hat sie zu Romney gesagt, daß sie nie wieder mit ihm reden würde, solange sie lebe. Und er hat gesagt, daß er nie mehr mit ihr reden würde, wenn sie nicht den ersten Schritt machen würde – denn das sollte sie tun, da sie im Unrecht war. Und sie haben nie mehr miteinander gesprochen. Alle, die mit ihnen zu tun haben, haben versucht, sie wieder miteinander zu versöhnen, aber niemandem ist es gelungen. Ich glaube nicht, daß Romney jemals soviel an eine andere Frau gedacht hat, und Lucinda hat mit Sicherheit nie an einen anderen Mann gedacht. Du siehst ja, daß sie immer noch Romneys Ring trägt. Natürlich sind sie immer noch offiziell verlobt. Und Romney hat einmal gemeint, daß er – wenn Lucilla nur ein Wort sagen würde, egal, was für eins, sogar eine Beleidigung – sich bei ihr für seinen Anteil an dem Streit entschuldigen würde – denn damit würde er nicht sein Wort brechen. Er hat seit Jahren nichts mehr zu dem Thema gesagt, aber ich nehme an, daß er immer noch so denkt. Und sie sind immer noch so verliebt ineinander wie eh und je. Er ist immer da, wo sie ist – aber nur, wenn noch andere in der Nähe sind. Wenn sie allein ist, meidet er sie wie der Teufel das Weihwasser. Darum saß er heute mit uns im blauen Zimmer. Es scheint kein Hauch Abneigung zwischen ihnen zu herrschen. Wenn Lucinda nur etwas sagen würde! Aber das will sie nicht."

„Meinst du, daß sie es noch tun wird?" fragte Mrs. George.

Mrs. Frederick schüttelte wissend ihren lockigen Kopf. „Jetzt nicht mehr. Die Sache hat sich zu sehr verfestigt. Ihr Stolz läßt es nicht zu. Wir haben immer gehofft, sie würde es vergessen und aus Versehen etwas sagen – wir haben ihr Fallen gestellt –, aber es hat alles nichts gebracht. Es ist so ein Jammer. Sie sind füreinander geschaffen. Ich werde immer ärgerlich, wenn ich diese ganze alberne Geschichte noch einmal durchkauen muß. Hört es sich nicht an wie ein Streit unter Schulkindern? Wir haben in den letzten Jahren gelernt, daß man zu Romney nichts über Lucinda sagen sollte, und es sei noch so unbedeutend. Er scheint es übelzunehmen."

„Er sollte mit ihr reden", rief Mrs. George überzeugt. „Auch wenn sie zehnmal im Unrecht war, sollte er darüber hinwegsehen und den ersten Schritt machen."

„Aber das wird er nicht tun. Und sie auch nicht. Zwei so eigensinnige Geschöpfe hat man noch nicht gesehen. Das haben sie von ihrem Großvater mütterlicherseits – dem alten Absalom Gordon. Bei den Penhallows gibt es solche Verbohrtheit nicht. Sein Eigensinn war sprichwörtlich, meine Liebe. Was auch immer er sagte, er blieb dabei, und wenn die Welt untergegangen wäre. Er hat auch immer furchtbar geflucht", fügte Mrs. Frederick hinzu. Sie versank in Erinnerungen und kam vom Thema ab. „Er hat in seinen jungen Jahren viel Zeit in einer Mine verbracht und konnte es sich nicht mehr abgewöhnen – das Fluchen, meine ich. Dir wäre das Blut in den Adern gefroren, meine Liebe, wenn du ihn gehört hättest. Aber abgesehen davon war er wirklich ein feiner Kerl. Er konnte einfach nicht anders. Er hat es versucht, aber er sagte immer, daß ihm diese Wörter genauso natürlich über die Lippen kämen wie das Atmen. Seine Familie hat sehr darunter gelitten. Glücklicherweise hat keiner diese Angewohnheit von ihm geerbt. Aber er ist tot – und über Tote sollte man nicht schlecht reden. Ich muß jetzt zu Mattie Penhallow, damit sie mich frisiert. Wenn ich es selber mache, reißen mir die Ärmel aus, und ich will mich nicht noch einmal umziehen. Du sprichst nicht wieder mit Romney über Lucinda, nicht wahr, meine liebe Cecilia?"

„Fünfzehn Jahre!" murmelte Mrs. George ratlos zu den Dahlien. „Seit fünfzehn Jahren verlobt, ohne miteinander zu reden! Was für eine Vorstellung! Oh, diese Penhallows!"

Währenddessen war Lucinda, die nicht ahnte, daß Mrs. Frederick im Dahliengarten über die Geschichte ihrer Liebe sprach, dabei, sich für die Hochzeit umzuziehen. Lucinda machte sich immer noch gern für ein Fest zurecht, weil der Spiegel sie immer noch milde behandelte. Außerdem hatte sie ein neues Kleid. Ein neues Kleid, noch dazu ein so schönes, war etwas Besonderes für Lucinda, denn sie gehörte zu einem Zweig der Penhallows, der sehr wenig Geld hatte. Lucinda und ihre verwitwete Mutter waren sogar richtig arm, und so war ein neues Kleid ein echtes Ereignis für Lucinda. Ein Onkel hatte es ihr geschenkt – ein wunderschönes, vergängliches Stück, das Lucinda nie selbst gewählt hätte, an dem sie sich aber erfreute.

Es war aus hellgrünem Voile, und die Farbe brachte den rötlichen Schimmer ihrer Haare und den Kontrast ihrer Haut zur Geltung. Sie betrachtete sich im Spiegel und war hingerissen. Lucinda war nicht eitel, aber sie war sich ihrer Schönheit sehr bewußt und hatte eine unpersönliche Freude daran, als betrachte sie ein Bild, das von einem Meister gemalt worden war. Die Gestalt und das Gesicht im Spiegel gefielen ihr. Die Puffärmel und die Schleppe betonten die runden, aber nicht zu runden Formen ihrer schmalen Gestalt. Lucinda hob den Arm und führte eine rote Rose an die Lippen – mit der Hand, an der immer noch Romneys Diamant funkelte – und betrachtete zufrieden ihre anmutigen Schultern, ihr makelloses Kinn und den Hals.

Sie merkte auch, wie gut das Kleid zu ihren Augen paßte. Lucinda hatte wunderschöne Augen. Einst hatte Romney ein Gedicht auf sie geschrieben und ihre Farbe mit reifen Blaubeeren verglichen. Das klingt vielleicht nicht allzu poetisch, aber nur, wenn man die Farbe reifer Blaubeeren nicht kennt. In bestimmtem Licht ist es ein dämmeriges Purpur, in einem anderen ein tiefes Blau, in wieder einem anderen die Farbe von Veilchen.

„Du siehst wirklich gut aus“, bemerkte die echte Lucinda zu der im Spiegel. „Niemand würde dich für eine alte Jungfer halten. Aber du bist eine. Alice Penhallow, die heute abend heiratet, war fünf, als du vor fünfzehn Jahren heiraten wolltest. Das macht dich zu einer alten Jungfer, meine Liebe. Nun, es ist deine eigene Schuld, und dabei bleibt es auch, du sturer Ableger einer sturen Familie!“ Sie schüttelte ihre Schleppe zurecht und zog ihre Handschuhe an. „Ich hoffe, das Kleid bekommt heute abend keine Flecken“, sagte sie. „Es muß mir mindestens ein Jahr als Festkleid dienen, und ich habe den schrecklichen Verdacht, daß es sehr leicht fleckig wird. Gesegnet sei Onkel Marks gutes Herz – er ist nie berechnend. Es wäre schrecklich gewesen, wenn er mir etwas Vernünftiges, Nützliches und Häßliches geschenkt hätte – das hätte Tante Emilia getan!“

Sie gingen alle zum „jungen“ John Penhallow, als der Mond sich zeigte. Lucinda fuhr die zwei Meilen über Berg und Tal mit einem jungen Cousin zweiten Grades, Carey Penhallow hieß er. Die Hochzeit war glanzvoll. Lucinda zog bewundernde Blicke auf sich. Sie war zweifellos eine Schönheit, aber sie ertappte sich dabei, daß sie sich ein wenig langweilte, und hatte nichts dagegen, als die Gäste sich nach und nach auf den Heimweg machten.

Ich fürchte, ich kann mich nicht mehr so gut amüsieren, dachte sie etwas deprimiert. Ja, ich werde wohl alt. Es ist ein klares Zeichen, wenn gesellschaftliche Ereignisse anfangen, einen zu langweilen.

Wieder einmal war es die unglückselige Mrs. George, die alles vermasselte. Sie stand auf der Veranda, als Carey Penhallow angerannt kam. „Sag Lucinda, daß ich sie nicht nach Penhallow Grange zurückbringen kann. Ich muß Mark und Cissy Penhallow nach Bright River schaffen, damit sie den Zug um zwei Uhr erwischen. Sie kann sicher bei jemand anderem mitfahren.“

In diesem Augenblick rief George Penhallow, der nur mit Mühe sein Pferd bändigen konnte, nach seiner Frau. Mrs. George eilte völlig kopflos zurück in die

Halle, die immer noch überfüllt war. Wem genau sie die Botschaft ausrichtete, hat kein Penhallow je erfahren. Aber ein großes, rothaariges Mädchen in einem hellgrünen Organdykleid – Anne Shirley aus Avonlea – erzählte am nächsten Morgen vergnügt Marilla Cuthbert und Rachel Lynde, daß eine rundliche kleine Frau mit einem leuchtend rosa Kopfputz sie am Arm gepackt und gekeucht habe „Carey Penhallow kann dich nicht mitnehmen – er sagt, daß du jemand anders fragen mußt“ und verschwunden gewesen sei, bevor sie habe antworten können.

So kam es, daß Lucinda auf die Veranda trat und feststellte, daß sie verlassen war. Alle Penhallows, die auf Penhallow Grange untergebracht waren, waren weg – das begriff Lucinda nach ein paar Momenten verwirrter Suche, und sie begriff auch, daß sie zu Fuß gehen mußte, wenn sie noch am gleichen Abend zurückwollte. Offensichtlich war niemand da, der sie mitnehmen konnte.

Lucinda war wütend. Es ist nicht angenehm, vergessen und vernachlässigt zu werden, und es ist noch unangenehmer, um ein Uhr nachts allein auf einer Landstraße zu Fuß nach Hause zu gehen, wenn man ein dünnes Kleid trägt. Lucinda war nicht auf einen solchen Marsch vorbereitet. Ihre Schuhe hatten dünne Sohlen, und sie hatte nur einen kleinen Kopfschmuck und einen kurzen Umhang.

Wie sehe ich wohl aus, wenn ich allein und in diesem Aufzug nach Hause pirsche, dachte sie grimmig.

Es gab keinen Ausweg – sie hätte ihre Zwangslage fremden Gästen beichten und sie bitten müssen, sie nach Hause zu bringen. Lucindas Stolz sträubte sich gegen eine solche Bitte, denn dann mußte sie zugeben, daß man sie vergessen hatte. Nein, sie würde zu Fuß gehen, ihr blieb nichts anderes übrig – aber nicht auf der Hauptstraße, wo alle sie anstarren würden, die vielleicht an ihr vorbeikamen. Es gab eine Abkürzung, die über die Felder führte; sie kannte den Weg wie ihre Westentasche, obwohl sie ihn jahrelang nicht mehr gegangen war.

Sie hob die Schleppe an, schlich im gnädigen Schatten ums Haus, suchte ihren Weg über die Seitenstraße und fand eine Pforte, die zu der Birkenallee führte. Auf den Bäumen schimmerte der Rauhreif. Lucinda huschte die Landstraße hinunter und wurde bei jedem Schritt ärgerlicher, weil ihr nach und bewußt wurde, wie schmählich man sie behandelt hatte. Sie glaubte, daß niemand einen Gedanken an sie verschwendet habe, und das war noch zehnmal schlimmer als absichtliche Vernachlässigung.

Als sie die Pforte am Ende des Weges erreichte, stand dort ein Mann. Er fuhr zusammen und schnappte nach Luft. Jedem Mann außer Romney Penhallow wäre wegen jeder Frau außer Lucinda Penhallow ein Ausruf der Überraschung entschlüpft.

Lucinda erkannte ihn mit großem Ärger und etwas Erleichterung. Sie mußte also nicht allein nach Hause gehen. Aber mit Romney Penhallow! Ob er wohl dachte, daß sie es extra eingefädelt hatte?

Romney öffnete ihr schweigend das Gatter, schloß es schweigend hinter ihr und ging dann schweigend neben ihr her. Unter ihnen erstreckte sich wie ein Samtteppich ein endloses Feld, die Luft war frostig, klar und still, und über der Welt lag ein Schleier aus Mondschein und Nebel, der East Graftons prosaische Hügel und Felder in ein schimmerndes Märchenland verwandelte.

Aber Lucinda hatte keinen Blick dafür. Sie war wütender denn je. Was für eine lächerliche Situation! Wie die Penhallows darüber lachen würden!

Auch Romney ärgerte sich über den Streich, den der Zufall ihm gespielt hatte. Wie die meisten Männer war er nur ungern der Mittelpunkt einer peinlichen Situation

– und um ein Uhr nachts im Mondschein die Frau nach Hause begleiten zu müssen, die er liebte und mit der er seit fünfzehn Jahren nicht gesprochen hatte, war wirklich eine Ironie des Schicksals. Ob sie wohl dachte, daß er es eingefädelt hatte? Und warum in aller Welt ging sie überhaupt zu Fuß von der Hochzeit nach Hause?

Als sie das Feld überquert hatten und die Kirschbaumallee erreichten, hatte Lucindas rettender Sinn für Humor über ihren Groll gesiegt. Sie lächelte sogar etwas boshaft unter ihrem Kopfschmuck.

Der Weg war hinreißend – ein langer, mondheller Säulengang, wie geschaffen für bezaubernde Waldnymphen. Das Mond schien durch die Baumkronen und zeichnete ein Mosaik aus silbernem Licht und schwarzen Schatten für die verkrachten Liebenden. Zu beiden Seiten lauerte düster der Wald, und weder Wind noch Gemurmel unterbrachen die tiefe Stille.

Auf halber Strecke wurde Lucinda von einer sentimentalen Erinnerung überfallen. Sie dachte daran, wie Romney und sie das letzte Mal auf genau diesem Weg zusammen nach Hause gegangen waren – auch damals waren sie von einer Feier beim „jungen“ John zurückgekommen, der Mond hatte geschienen, aber – Lucinda unterdrückte einen Seufzer – sie waren Hand in Hand gegangen. Genau hier, bei der großen grauen Buche, war er stehengeblieben und hatte sie geküßt. Lucinda fragte sich, ob er auch daran dachte, und warf ihm einen verstohlenen Blick zu.

Aber er stapfte mißmutig vorwärts, die Hände in den Taschen vergraben und den Hut tief ins Gesicht gezogen, und ging an der alten Buche vorbei, ohne sie auch nur eines Blickes zu würdigen. Lucinda unterdrückte wieder einen Seufzer, fing ein flatterndes Stück Voile ein und marschierte weiter.

Am Ende der Straße führten drei silberne Erntefelder zu Peter Penhallows Bach. Einst hatte ein umgestürzter, moosbewachsener alter Baumstamm wie eine Brücke über den breiten flachen Strom geführt. Aber als Lucinda und Romney bei dem Bach ankamen, starrten sie entgeistert in das brausende Wasser. Lucinda fiel ein, daß sie nicht mit Romney reden durfte – gerade noch rechtzeitig, um sich einen empörten Ausruf zu verkneifen. Es war kein Baum da! Es gab keine wie auch immer geartete Brücke, die über den Bach führte! Jetzt saßen sie in der Klemme! Aber als Lucinda sich gerade verzweifelt fragen wollte, was jetzt zu tun sei, antwortete Romney – nicht mit Worten, sondern mit Taten. Ohne Umschweife nahm er Lucinda auf den Arm, als sei sie ein Kind und keine erwachsene Frau von etwas Gewicht, und watete mit ihr durch das Wasser.

Lucinda schnappte hilflos nach Luft. Sie durfte nicht protestieren und war so aufgebracht über seine Anmaßung, daß sie ohnehin nichts hätte sagen können.

Dann geschah die Katastrophe.

Romney trat auf einen glitschigen Stein und rutschte aus – es platschte gewaltig – und Romney und Lucinda Penhallow saßen mitten in Peter Penhallows Bach.

Lucinda kam als erste wieder auf die Beine. Das Voilekleid hing in einem kläglichen Zustand an ihr herunter. Die Erinnerung an jedes Unrecht, das ihr in dieser Nacht widerfahren war, überwältigte sie, und ihre Augen funkelten im Mondlicht. Lucinda Penhallow war noch nie im Leben so wütend gewesen.

„Du verd... Idiot!“ sagte sie, und ihre Stimme bebte vor Zorn.

Romney krabbelte bescheiden das Ufer hinauf. „Es tut mir furchtbar leid, Lucinda“, sagte er und versuchte mit bescheidenem Erfolg, sich ein Lachen zu verbeißen. „Es war sehr ungeschickt von mir, aber dieser Stein war einfach da. Bitte verzeih mir – das – und andere Dinge.“

Lucinda würdigte ihn keiner Antwort. Sie stand auf einem flachen Stein und wrang das Wasser aus dem armen grünen Voilekleid.

Romney musterte sie besorgt. „Beeil dich, Lucinda“, bat er. „Du erkältest dich und holst dir den Tod.“

„Ich erkälte mich nie“, antwortete Lucinda mit klappernden Zähnen. „Und ich denke eher an mein Kleid. Aber du solltest dich beeilen, du bist selber tropfnaß und erkältest dich leicht. Komm schon!“

Lucinda hob ihre durchnäßte Schleppe an, die noch vor fünf Minuten kühn und frech ausgesehen hatte, und ging schnellen Schrittes das Feld hinauf. Romney holte sie ein und hakte sich bei ihr ein wie früher. Eine Weile gingen sie schweigend nebeneinander her. Dann fing Lucinda an, sich vor unterdrücktem Lachen zu schütteln. Sie lachte lautlos, bis sie das ganze Feld hinter sich gelassen hatten, und an dem Zaun zwischen Peter Penhallows Grundstück und den Feldern von Penhallow Grange blieb sie stehen, schob den Kopfschmuck aus der Stirn und sah Romney trotzig an.

„Du denkst – daran“, rief sie, „und ich auch! Und wir werden immer wieder daran denken – für den Rest unseres Lebens. Aber wenn du es jemals wieder erwähnen solltest, verzeihe ich dir nie, Romney Penhallow!“

„Das werde ich nie tun“, versprach Romney. Diesmal lag mehr als nur eine Andeutung von Lachen in seiner Stimme, aber Lucinda beschloß, sich nicht daran zu stören.

Sie sprach erst wieder, als sie bei der Pforte von Penhallow Grange waren. Dann sah sie ihn ernst an. „Es war ein Atavismus“, sagte sie. „Der alte Großvater Gordon war schuld.“

Auf Penhallow Grange schliefen schon fast alle. Die Gäste waren einer nach dem anderen nach Hause oder auf ihre Zimmer gewankt, und niemand hatte Lucinda vermißt – alle hatten gedacht, sie sei bei den jeweils anderen. Nur Mrs. Frederick, Mrs. Nathaniel und Mrs. George waren noch auf. Die ewig frierende Mrs. Nathaniel hatte ein Feuer im Kamin des blauen Zimmers gemacht, um sich die Füße zu wärmen, bevor sie ins Bett ging, und die drei Frauen sprachen gedämpft über die Hochzeit, als die Tür aufging und Lucinda, die selbst in dem ramponierten Voilekleid noch majestätisch aussah, und der durchnäßte Romney erschienen.

„Lucinda Penhallow!" japsten sie alle.

„Ich mußte zu Fuß nach Hause", sagte Lucinda kühl. „Also sind Romney und ich über die Felder gegangen. Es führte keine Brücke über den Bach, und er hat mich getragen – dann ist er ausgerutscht, und wir sind ins Wasser gefallen. Das ist alles. Nein, Cecilia, ich erkälte mich nie, also mach dir keine Sorgen. Ja, mein Kleid ist ruiniert, aber das macht nichts. Nein, danke, Cecilia, ich möchte nichts Heißes trinken. Romney, geh sofort und zieh dir die nassen Sachen aus. Nein, Cecilia, ich will kein heißes Fußbad. Ich gehe gleich ins Bett. Gute Nacht."

Als die Tür sich hinter den beiden geschlossen hatte, starrten die drei Schwägerinnen einander an. Mrs. Frederick wußte nicht, wie sie ihre Gefühle ausdrücken sollte, und suchte Zuflucht in einem Zitat:

Do I sleep, do I dream, do I wonder and doubt?
Is things what they seem, or is visions about?[7]

„Bald gibt es wieder eine Hochzeit bei den Penhallows", sagte Mrs. Nathaniel mit einem lange Atemzug. „Lucinda hat endlich mit Romney gesprochen."

„Oh, was, meinst du, hat sie wohl zu ihm gesagt?" rief Mrs. George.

„Meine liebe Cecilia", sagte Mrs. Frederick, „das werden wir nie erfahren."

Sie erfuhren es wirklich nie.

---

7 *Dreams* von James Riley.

6. Die Tochter des alten Shaw

„Übermorgen – übermorgen“, sagte der alte Shaw und rieb sich vergnügt die schmalen Hände. „Ich muß es immer wieder sagen, damit ich es wirklich glauben kann. Es ist zu schön, um wahr zu sein, daß ich Blossom wiederbekomme. Und alles ist vorbereitet. Ja, ich glaube, es ist alles fertig, ich muß nur noch ein bißchen kochen. Und der Obstgarten wird eine Überraschung für sie sein! Ich zeige ihn ihr so bald wie möglich und sage vorher nichts davon. Wir gehen durch die Fichtenallee, und am Ende des Weges trete ich ganz beiläufig beiseite und lasse sie allein weitergehen, ohne daß sie etwas ahnt. Die Mühe wird sich zehnfach lohnen, wenn sie ihre großen braunen Augen aufreißt und sagt: ‚Oh, Daddy! Oh, Daddy!‘“

Er rieb sich wieder die Hände und lachte leise vor sich hin. Er war ein großer, gebeugter alter Mann mit schneeweißem Haar, aber sein Gesicht war rosig und jugendlich. Er hatte die Augen eines Jungen, groß, blau und fröhlich, und sein Mund hatte sich nie abgewöhnt, bei jedem Anlaß zu lächeln – und oft auch ohne jeden Anlaß.

Allerdings hätten sich die Leute in White Sands nicht allzu lobend über den alten Shaw geäußert. Als erstes hätten sie gesagt, daß er „ein Müßiggänger“ sei und seinen kleinen Hof vernachlässigt habe, während er sich mit Blumen und Käfern abgab oder ziellos durch den Wald schlenderte oder am Meer Bücher las. Vielleicht hatten sie recht, aber der alte Hof sicherte seinen Lebensunterhalt, und mehr verlangte der alte Shaw nicht. Er war vergnügt wie ein Pilger auf dem Weg in den Westen. Er hatte das Geheimnis erfahren, daß man das Glück ergreifen muß, wenn man es findet – daß es keinen Sinn hat, Zeit und Ort mit ihm zu vereinbaren, weil es sich nicht daran hält. Und es ist leicht, glücklich zu sein, wenn man sich – wie der alte Shaw – über Kleinigkeiten freuen kann. Er genoß das Leben, hatte es immer genossen und half anderen dabei, es auch zu genießen, und deshalb war sein Leben gelungen, was auch immer die Leute in White Sands dachten. Was machte es schon, daß er seinen Hof nicht „verbessert" hatte? Es gibt Menschen, für die das Leben nie mehr sein wird als ein Gemüsebeet, während es für andere immer ein königlicher Palast mit Türmen und Söllern unter einem Regenbogen ist.

Der Obstgarten, auf den er so stolz war, war kaum mehr als eine Hoffnung auf zukünftige Dinge – eine Reihe blühender junger Bäume, die einmal Obst bringen würden. Das Haus des alten Shaw stand auf der Spitze eines kahlen, sonnigen Hügels, dahinter ein paar stämmige alte Fichten und Tannen – den einzigen Bäumen, die der Wucht des Seewindes standhalten konnten. Obstbäume gab es hier nicht, und darüber war Sara sehr traurig gewesen.

„Oh, Daddy, wenn wir nur einen Obstgarten haben könnten!" hatte sie oft traurig gesagt, wenn andere Bauernhäuser in White Sands fast unter weißen Apfelblüten verschwunden waren. Und als sie weggegangen war und ihr Vater sich auf nichts freuen konnte als auf ihre Rückkehr, beschloß er, daß sie einen Obstgarten vorfinden sollte, wenn sie zurückkam.

Jenseits des südlichen Hügels, geschützt von Fichtenwäldern und von der Sonne verwöhnt, lag ein kleines

Feld, so fruchtbar, daß ein Menschenalter der Vernachlässigung es nicht ausgemergelt hatte. Hier legte der alte Shaw seinen Obstgarten an und sah ihn erblühen. Er beobachtete und pflegte ihn, bis er jeden Baum kannte und liebte wie ein eigenes Kind. Seine Nachbarn lachten ihn aus und sagten, daß die Früchte eines Obstgartens, der sich so weit vom Haus entfernt befand, alle gestohlen werden würden. Aber noch trugen die Bäume keine Früchte, und wenn die Zeit dafür gekommen war, würde es mehr als genug geben.

„Blossom und ich werden alles bekommen, was wir wollen, und die Jungs können bekommen, was übrig ist, wenn sie es wollen, oder, schlimmer, ein gutes Gewissen behalten wollen", sagte der weltfremde, nicht geschäftstüchtige alte Shaw.

Auf dem Rückweg aus seinem geliebten Obstgarten fand er einen seltenen Farn im Wald und grub ihn für Sara aus – sie hatte Farnkraut immer geliebt. Er pflanzte ihn auf der schattigen, geschützten Seite des Hauses ein und setzte sich dann auf die alte Bank neben der Gartenpforte, um ihren letzten Brief zu lesen – den Brief, der nur eine Notiz war, weil sie bald nach Hause kommen würde. Er kannte ihn Wort für Wort auswendig, aber das verdarb ihm nicht die Freude daran, ihn alle halbe Stunde noch einmal zu lesen.

Der alte Shaw hatte erst spät geheiratet und, wie die Leute in White Sands sagten, sich eine Frau gesucht, wie er Verstand hatte – das hieß, völlig ohne Verstand, denn sonst hätte er nie Sara Glover geheiratet, ein zierliches Mädchen mit großen braunen Augen, die denen eines erschrockenen Waldtieres glichen, und der blütenhaften Anmut einer Maiblume.

„Die letzte Frau, die ein Bauer gebrauchen kann – ohne Kraft oder Tatendrang."

Ebensowenig konnten die Leute in White Sands verstehen, warum in aller Welt Sara Glover ihn geheiratet hatte, aber: „Nun ja, die Dummkopf-Ernte ist die einzige, die nie verhagelt.“

Der alte Shaw – so hatte man ihn schon damals genannt, obwohl er erst vierzig gewesen war – und seine mädchenhafte Braut hatten keinerlei Notiz von den Ansichten der Leute in White Sands genommen. Sie verbrachten ein Jahr ungetrübten Glücks miteinander, wofür es sich immer zu leben lohnt, selbst wenn der Rest des Lebens eine mühsame Pilgerreise sein sollte, und danach war der alte Shaw wieder allein – mit der kleinen Blossom. Sie wurde Sara getauft, nach ihrer verstorbenen Mutter, aber für ihren Vater war sie immer Blossom – die kostbare kleine Blüte, deren Geburt ihre Mutter das Leben gekostet hatte.

Sara Glovers Angehörige, vor allem eine reiche Tante in Montreal, hatten das Kind zu sich nehmen wollen, aber der alte Shaw hatte heftig abgelehnt. Er wollte niemandem sein Kind anvertrauen. Er engagierte eine Haushälterin, aber um das Baby kümmerte sich hauptsächlich der Vater. Er war liebevoll, zuverlässig und geschickt wie eine Frau. Sara vermißte nie die Fürsorge einer Mutter, sie wuchs zu einem lebhaften, wunderschönen Mädchen heran, das alle verzauberte, die es kannten. Sie hatte die Gabe, dem Alltag Glanz zu verleihen. Sie besaß den Charme beider Eltern und noch dazu eine unverwüstliche Lebenskraft und einen Tatendrang, die keiner von ihnen besessen hatte. Als sie zehn Jahre alt war, hatte sie alle Gehilfen weggeschickt und führte ihrem Vater sechs herrliche Jahre lang den Haushalt – Jahre, in denen sie Vater und Tochter, Bruder und Schwester und „beste Freunde“ gewesen waren. Sara ging nie zur Schule, aber ihr Vater sorgte für ihre Erziehung – auf seine Art. Wenn die Arbeit getan war, lebten sie im Wald und auf dem Feld, in dem kleinen Garten, den sie auf der geschützten Seite des Hauses angelegt hatten, oder am Meer – sie liebten Sonnenschein und

Sturm gleichermaßen. Eine bessere Kameradschaft hatte es nie gegeben.

„Sie genügen einander völlig“, sagten die White Sands halb neidisch, halb mißbilligend.

Als Sara sechzehn war, fiel Mrs. Adair, die reiche Tante, mit all ihrer Eleganz, Kultur und Weltlichkeit in White Sands ein. Sie bombardierte den alten Shaw mit Argumenten, vor denen er kapitulieren mußte. Es war eine Schande, daß ein Mädchen wie Sara in einem Ort wie White Sands aufwachsen sollte, „ohne Annehmlichkeiten und Bildung“, sagte Mrs. Adair verächtlich, denn sie verstand nicht, daß Wissen und Weisheit zwei völlig verschiedene Dinge sind.

„Laß mich wenigstens dem Kind meiner lieben Schwester das geben, was ich meiner eigenen Tochter gegeben hätte, wenn ich eine gehabt hätte“, bat sie unter Tränen. „Ich möchte sie mitnehmen und für ein paar Jahre auf eine gute Schule schicken. Danach kann sie natürlich zu dir zurückkommen, wenn sie will.“

Insgeheim glaubte Mrs. Adair keinen Augenblick, daß Sara nach den drei Jahren des Lebens, das sie ihr bieten würde, nach White Sands und zu ihrem merkwürdigen alten Vater werde zurückkehren wollen.

Der alte Shaw gab nach. Es waren nicht Mrs. Adairs reichlich fließende Tränen, die ihn dazu bewogen hatten, sondern seine Überzeugung, daß er Sara Gerechtigkeit widerfahren lassen mußte. Sara selbst wollte nicht gehen, sie protestierte und bettelte, aber ihr Vater war mittlerweile überzeugt, daß es das beste für sie sei, und ließ sich nicht erweichen. Alles, auch ihre eigenen Gefühle, mußten dahinter zurückstehen. Aber sie durfte ungehindert zu ihm zurückkehren, wenn ihre „Schulbildung“ abgeschlossen war. Erst als sie dessen sicher war, stimmte Sara dem Plan zu. Die letzten Worte, die sie ihrem Vater unter Tränen zurief, als sie und ihre Tante die Landstraße hinunterfuhren, waren: „Ich komme wieder, Daddy! In drei Jahren bin ich wieder da! Weine nicht, sondern freu dich einfach darauf!“

Und drei lange, einsame Jahre, in denen er seinen Liebling kein einziges Mal sah, freute er sich darauf. Ein halber Kontinent lag zwischen ihnen, und Mrs. Adair hatte sich unter einem fadenscheinigen Vorwand gegen Besuche in den Ferien ausgesprochen. Aber jede Woche kam ein Brief von Sara. Der alte Shaw bewahrte sie alle auf, band sie mit einer ihrer alten blauen Haarschleifen zusammen und hortete sie in dem kleinen Rosenholznähkasten ihrer Mutter im Wohnzimmer. Jeden Sonntagabend verbrachte er damit, sie zu lesen, und hatte dabei ihr Foto vor sich liegen. Er lebte allein und lehnte alle gutgemeinte Hilfe ab, hielt aber das Haus wunderbar in Ordnung.

„Er ist mehr Haushälterin als Bauer“, sagten die Leute in White Sands.

Er ließ alles unverändert. Wenn Sara nach Hause kam, sollte sie alles so vorfinden, wie sie es verlassen hatte. Ihm kam nie der Gedanke, daß sie selbst vielleicht verändert sein würde.

Und nun waren die drei endlosen Jahre um, und Sara würde nach Hause kommen. Sie schrieb ihrem Vater nichts von den Bitten und Vorwürfen ihrer Tante, von den vergeblichen Tränen, sie schrieb nur, daß sie im Juni ihren Abschluß machen und eine Woche später nach Hause kommen würde. Von da an schwebte der alte Shaw im siebten Himmel und bereitete alles für ihre Heimkehr vor. Als er auf der Bank in der Sonne saß und das blaue Meer am Fuß des grünen Abhangs funkelte, dachte er zufrieden, daß alles geordnet sei. Es war nichts mehr zu tun – außer die Stunden bis zum ersehnten Übermorgen zu zählen. Bis dahin überließ er sich seinen Tagträumen.

Die roten Rosen blühten. Sara hatte diese roten Rosen immer geliebt – sie waren so lebendig wie sie selbst, mit all ihrer Lebensfreude. Und außerdem war im Garten des alten Shaw ein Wunder geschehen. In einer Ecke wuchs ein Rosenstrauch, der nie geblüht hatte, trotz all ihrer Bitten – „der schmollende Rosenstrauch“ hatte Sara ihn immer genannt. Und siehe da, in diesem Sommer war die aufgestaute Süße von Jahren zu einem Meer aus weißen Blüten geworden, wie flache elfenbeinerne Kelche, die einen würzigen Duft verströmten. Dem alten Shaw gefiel der Gedanke, daß sie zu Ehren von Saras Heimkehr blühten. Alle, auch der schmollende Rosenstrauch, wußten, daß sie zurückkam, und zeigten ihre Freude.

Er schwelgte noch in Saras Brief, als Mrs. Peter Blewett kam. Sie sagte, sie wolle sehen, wie er zurechtkam, und ob er noch irgendeine Hilfe brauchte, bevor Sara kam.

Der alte Shaw schüttelte den Kopf. „Nein, danke, Ma’am. Alles ist erledigt. Ich konnte niemand anderen Blossoms Heimkehr vorbereiten lassen. Stellen Sie sich nur vor, Ma’am, sie kommt übermorgen nach Hause! Ich sprudele beinahe über vor Freude!“

Mrs. Blewett lächelte säuerlich. Wenn Mrs. Blewett lächelte, war das ein schlechtes Omen, und kluge Menschen hatten gelernt, sich zu verabschieden, bevor auf das Lächeln Worte folgten. Aber der alte Shaw hatte nie gelernt, mit Mrs. Blewett umzugehen, obwohl sie seit Jahren seine nächste Nachbarin war und ihn seit jeher mit Ratschlägen und „nachbarschaftlicher Hilfe“ belästigte.

Mrs. Blewetts Leben war unglücklich verlaufen. Die Folge davon war, daß sie es als persönliche Beleidigung empfand, wenn andere Leute glücklich waren. Sie ärgerte sich über Shaws strahlende Freude auf die Rückkehr seiner Tochter und „hielt es für ihre Pflicht“, ihm einen Dämpfer zu verpassen.

„Meinen Sie, daß es Sary noch in White Sands gefallen wird?“ fragte sie.

Der alte Shaw sah etwas verwirrt aus. „Natürlich wird es ihr gefallen“, sagte er langsam. „Ist es nicht ihr Zuhause? Und bin ich nicht hier?“

Mrs. Blewett lächelte wieder, diesmal mit einer doppelten Dosis Verachtung für solche Schlichtheit. „Es ist wohl gut, daß Sie sich dessen so sicher sind. Wenn meine Tochter nach White Sands zurückkommen würde – nach drei Jahren unter reichen, eleganten Leuten und auf einer Eliteschule –, hätte ich keine ruhige Minute. Ich wüßte genau, daß sie auf alles hier herabsehen und unzufrieden und unglücklich sein würde.“

„*Ihre* Tochter vielleicht“, sagte der alte Shaw mit einem Sarkasmus, von dem er gar nicht gewußt hatte, daß er ihn besaß, „aber Blossom nicht.“

Mrs. Blewett zuckte die eckigen Schultern. „Vielleicht nicht. Ich hoffe es nicht, um Ihrer beider willen. Aber ich an Ihrer Stelle würde mir Sorgen machen. Sary hat unter feinen Leuten gelebt und eine aufregende, vergnügte Zeit gehabt. Es ist zu befürchten, daß sie White Sands furchtbar einsam und öde finden wird. Sehen Sie sich nur Lauretta Bradley an! Sie war letzten Winter nur für einen Monat in Boston und hat es in White Sands nicht mehr ausgehalten.“

„Lauretta Bradley und Sara Shaw sind zwei verschiedene Personen“, sagte Saras Vater und versuchte zu lächeln.

„Und Ihr Haus!“ fuhr Mrs. Blewett rücksichtslos fort. „So ein komischer, kleiner alter Kasten! Wie wird sie es finden, nachdem sie bei ihrer Tante gelebt hat? Ich habe gehört, daß Mrs. Adair in einem richtigen Palast lebt! Ich warne Sie nur wohlmeinend, daß Sary wahrscheinlich auf Sie herabsehen wird, und darauf sollten Sie gefaßt sein. Natürlich – sie glaubt wohl, daß sie zurückkommen muß, weil sie es Ihnen so feierlich versprochen hat. Aber ich bin sicher, daß sie es nicht will, und ich werfe es ihr auch nicht vor.“

Sogar Mrs. Blewett mußte manchmal Luft holen, und der alte Shaw nutzte die Gelegenheit. Er hatte benommen zugehört und war regelrecht geschrumpft, als habe sie ihm körperliche Hiebe versetzt, aber jetzt ging eine Veränderung mit ihm vor. Seine blauen Augen funkelten unheilverkündend, als er Mrs. Blewetts unsteten, wieselhaften Blick erwiderte.

„Wenn Sie fertig sind, Martha Blewett, können Sie gehen", sagte er heftig. „Ich werde mir das nicht weiter anhören. Gehen Sie mir aus den Augen – und verschonen Sie mich mit Ihrem gehässigen Gerede!"

Mrs. Blewett ging, zu entgeistert über diesen Ausbruch des sanftmütigen alten Shaw, um zu protestieren. Als sie weg war, sank der alte Shaw auf seiner Bank zusammen. Das Feuer in seinen Augen war erloschen, seine Freude war tot, sein Herz voller Schmerz und Bitterkeit. Martha Blewett war eine verkorkste, bösartige Frau, aber er fürchtete, daß viel Wahres in dem steckte, was sie gesagt hatte. Warum hatte er nicht vorher daran gedacht? Natürlich würde Blossom White Sands öde und einsam finden, natürlich würde das kleine graue Haus, in dem sie geboren war, nach dem prächtigen Zuhause ihrer Tante eine jämmerliche Hütte für sie sein. Der alte Shaw ging durch seinen Garten und sah alles mit neuen Augen. Wie arm und einfach alles war! Wie baufällig und vom Wetter abgenutzt das alte Haus war! Er ging hinein – und nach oben in Saras Zimmer. Es war sauber und ordentlich, genau wie sie es vor drei Jahren verlassen hatte. Aber es war klein und dunkel, die Decke war verblichen, die Möbel altmodisch und schäbig – sie würde es für ein jämmerliches Loch halten. Nicht einmal der Obstgarten auf dem Hügel war ihm ein Trost. Blossom würde sich nichts aus Obstgärten machen. Sie würde sich schämen – für ihren dummen alten Vater und den Hof, der nichts abwarf. Sie würde White Sands hassen, sich langweilen und auf alles herabsehen, das sein ereignisloses Leben ausmachte.

Der alte Shaw war an jenem Abend so unglücklich, daß Mrs. Blewett ihre helle Freude daran gehabt hätte, wenn sie es gewußt hätte. Er sah sich selbst so, wie die Leute in White Sands ihn seiner Meinung nach sahen – als armen, erfolglosen, ungebildeten alten Mann, der nichts auf der Welt hatte außer seiner kleinen Tochter – und so dumm gewesen war, sie gehen zu lassen.

„Oh, Blossom, Blossom!“ sagte er, und es klang, als spräche er von einer Toten.

Nach einer kleinen Weile legte sich der schlimmste Schmerz. Er wollte einfach nicht glauben, daß Blossom sich für ihn schämen würde; er wußte, daß sie es nicht tun würde. Drei Jahre konnten ihren loyalen Charakter nicht so sehr verändert haben – nein, auch nicht zehnmal drei Jahre! Aber sie würde sich trotzdem verändert haben – sie würde ihm in diesen drei turbulenten, glänzenden Jahren entwachsen sein. Seine Gesellschaft würde ihr nicht mehr reichen. Wie naiv war er gewesen, das zu erwarten! Sie würde liebenswürdig und gütig sein – Blossom konnte gar nicht anders. Sie würde das Gefühl der Unzufriedenheit nicht offen zeigen, sie würde nicht sein wie Lauretta Bradley, aber es würde trotzdem dasein, er würde es merken, und es würde ihm das Herz brechen. Mrs. Blewett hatte recht. Er hätte Blossom ganz und nicht nur halbherzig aufgeben sollen – ohne ihr den Zwang aufzuerlegen, nach Hause zu kommen.

Er wanderte bis tief in die Nacht durch seinen kleinen Garten, während die Sterne blinkten und das Meer brauste und nach ihm rief. Als er endlich ins Bett ging, fand er keinen Schlaf, sondern lag bis zum Morgen wach – mit Tränen in den Augen und Verzweiflung im Herzen. Den ganzen Vormittag über verrichtete er geistesabwesend seine tägliche Arbeit. Oft verfiel er in endlose Grübeleien und stand still da, egal, wo er gerade war, und starrte stumpfsinnig vor sich hin. Nur einmal zeigte er eine Regung. Als er Mrs. Blewett die Straße heraufkommen sah, hastete er ins Haus, schloß die Tür ab und lauschte in grimmigem Schweigen auf ihr Klopfen. Nachdem sie verschwunden war, ging er hinaus und fand einen Teller frischgebackener Doughnuts, abgedeckt mit einer Serviette, auf der Bank neben der Tür. Mrs. Blewett wollte damit zum Ausdruck bringen, daß sie ihm ihren gestrigen Hinauswurf nicht übelnahm; vielleicht hatte sie auch ein paar Gewissensbisse. Aber ihre Doughnuts konnten das Gemüt, das sie vergiftet hatte, nicht besänftigen. Der alte Shaw nahm den Teller, brachte ihn in den Schweinestall und verfütterte die Doughnuts an die Schweine. Es war der erste Racheakt seines Lebens, und er empfand eine fast lasterhafte Genugtuung dabei.

Am Nachmittag ging er in den Garten, weil er sich in seinem kleinen Haus plötzlich unerträglich einsam fühlte. Die alte Bank war im Sonnenschein warm geworden. Der alte Shaw setzte sich mit einem langen Seufzer hin und ließ müde seinen weißen Kopf sinken. Er hatte entschieden, was er tun mußte. Er würde Blossom sagen, daß sie zu ihrer Tante zurückkehren durfte und sich nicht um ihn zu kümmern brauchte – er würde sehr gut allein zurechtkommen und es ihr nicht übelnehmen.

Er saß immer noch da und brütete vor sich hin, als ein Mädchen die Straße hinaufkam. Sie war groß und schlank und ging mit beschwingtem Schritt, als würde sie lieber fliegen. Sie hatte dichtes dunkles Haar, und der Blick ihrer großen braunen Augen blieb an allem hängen, was es zu sehen gab. Sie lachte vergnügt vor sich hin.

An der Gartenpforte sah sie die gebeugte Gestalt auf der Bank, und im nächsten Moment rannte sie den Pfad entlang. „Daddy!“ rief sie. „Daddy!“

Der alte Shaw stand hastig auf; er war verwirrt. Dann schlangen sich zwei Arme um den Hals, rote Lippen küßten ihn auf den Mund, Mädchenaugen schauten voller Liebe zu ihm auf, und eine nie vergessene Stimme, in der Lachen und Weinen mitschwangen, rief: „Oh, Daddy, bist du es wirklich? Oh, ich kann dir gar nicht sagen, wie schön es ist, dich wiederzusehen!"

Der alte Shaw war zu überwältigt, um etwas zu sagen. Das war seine Blossom – die gleiche Blossom, die vor drei Jahren weggegangen war! Etwas größer, etwas weiblicher, aber immer noch seine geliebte Blossom und keine Fremde. Die Erkenntnis war für ihn der Himmel auf Erden.

„Oh, kleine Blossom!" murmelte er. „Meine kleine Blossom!"

Sara lehnte die Wange an den verblichenen Jackenärmel. „Daddy, dieser Moment entschädigt uns für alles, nicht wahr?"

„Aber – aber – wo kommst du her?" fragte er, als er aus seiner Benommenheit erwachte. „Ich habe dich erst morgen erwartet. Du bist doch nicht vom Bahnhof aus zu Fuß gekommen, oder? Und dein alter Papa war nicht da, um dich willkommenzuheißen!"

Sara lachte und tanzte um ihn herum, wie sie es vor vielen Jahren als Kind getan hatte. „Ich habe gestern einen früheren Zug genommen und bin letzte Nacht auf der Insel angekommen. Ich hatte es so eilig, daß ich die Gelegenheit sofort ergriffen habe. Natürlich bin ich vom Bahnhof zu Fuß gegangen – es sind ja nur zwei Meilen, und jeder Schritt war ein Segen. Meine Koffer habe ich zurückgelassen. Die holen wir morgen, Daddy, aber jetzt möchte ich all meine geliebten Ecken und Winkel sehen!"

„Erst mußt du etwas essen", sagte er liebevoll. „Und es ist nicht viel im Haus, fürchte ich. Ich wollte morgen früh backen. Aber ich glaube, ich kann doch etwas auf den Tisch bringen, Liebling.“ Er bereute bitter, daß er Mrs. Blewetts Doughnuts an die Schweine verfüttert hatte, aber Sara wischte alle solchen Überlegungen mit einer Handbewegung beiseite.

„Ich möchte jetzt gar nichts essen. Wir essen, wenn wir Hunger haben – so, wie wir es immer gemacht haben. Weißt du noch, wie schockiert die Leute in White Sands immer wegen unserer unregelmäßigen Essenszeiten waren? Ich habe Hunger, aber auf etwas anderes – auf einen Blick in all die alten Zimmer und die vertrauten Plätze. Komm – wir haben noch vier Stunden bis Sonnenuntergang, und in denen will ich alles nachholen, was ich in den letzten drei Jahren so vermißt habe. Laß uns gleich hier mit dem Garten anfangen. Oh, Daddy, mit welcher Zauberkraft hast du diesen mürrischen Rosenbusch zum Blühen gebracht?“

„Es war gar keine Zauberkraft – alles ist aufgeblüht, weil du nach Hause gekommen bist, Kleines“, sagte ihr Vater.

Diese beiden Kinder hatten einen herrlichen Nachmittag. Sie erforschten den Garten und dann das Haus. Sara tanzte durch alle Zimmer und dann hinauf in ihr eigenes und hielt die Hand ihres Vaters.

„Oh, es ist so herrlich, mein kleines Zimmer wiederzusehen, Daddy. Ich bin sicher, daß all meine alten Hoffnungen und Träume dort auf mich warten!“ Sie rannte zum Fenster, öffnete es und lehnte sich hinaus. „Daddy, es gibt keinen schöneren Anblick auf der Welt als dieses Stück Meer zwischen den Landzungen. Ich habe wunderbare Landschaften gesehen – und dann die Augen geschlossen und mir dieses Bild ins Gedächtnis gerufen. Oh, hör nur den Wind in den Bäumen! Wie ich diese Musik vermißt habe!“

Er ging mit ihr in den Obstgarten, und die Überraschung gelang perfekt. Sie dankte es ihm, indem sie genau das tat, was er gehofft hatte – sie klatschte in die Hände und rief: „Oh, Daddy! Oh, Daddy!“

Sie beendeten ihren Ausflug an der Küste, und bei Sonnenuntergang kamen sie zurück und setzten sich auf die alte Gartenbank. Vor ihnen lag das Meer wie ein glühender Spiegel und erstreckte sich weit in den Westen. Die endlosen Landzungen zu beiden Seiten waren von einem dunklen Purpur, und die Strahlen der Sonne beleuchteten einen weiten, wolkenlosen Bogen aus feurigem Gelb und einem Hauch von Rosa. Über dem Obstgarten funkelte ein kristallener Planet, und die Nacht kam mit Tau und kühler Luft. Die Fichten wiegten sich im Wind; sogar die zerzausten Tannen sangen vom Meer. Alte Erinnerungen zogen durch ihre Herzen wie freundliche Geister.

„Kleine Blossom“, sagte der alte Shaw zögernd, „bist du ganz sicher, daß es dir hier noch gefallen wird? Da draußen“, er mit einer unbestimmten Handbewegung deutete er in die Richtung von Horizonten, die eine Welt weit weg von White Sands bezeichneten, „gibt es Vergnügungen und Trubel und all das. Wird es dir nicht fehlen? Wirst du deinen alten Vater und White Sands nicht satt bekommen?“

Sara tätschelte ihm die Hand. „Die Welt da draußen ist ein guter Ort“, sagte sie nachdenklich. „Ich hatte drei herrliche Jahre und hoffe, daß sie mein ganzes Leben bereichern. Da draußen gibt es wunderbare Dinge zu sehen – und vornehme Menschen – und vornehme Menschen kennenzulernen – und großartige Taten zu bewundern, aber“, und sie schlang den Arm um seinen Hals und lehnte die Wange an seine, „es gab keinen Daddy!“

Und der alte Shaw schaute schweigend in den Sonnenuntergang – oder richtiger, er sah durch den Sonnenuntergang hindurch in ein Land von noch größerer Pracht, die nur die Menschen sehen konnten, die die Gabe dafür haben.

7. Tante Olivias Verehrer

Tante Olivia erzählte Peggy und mir an dem Nachmittag von ihm, an dem wir bei ihr waren, um ihr dabei zu helfen, die letzten Rosen für ihr Potpourri zu pflücken. Uns fiel auf, daß sie sonderbar still und bedrückt wirkte. Für gewöhnlich war sie zu harmlosen Scherzen aufgelegt, hörte gern den Klatsch aus East Grafton und neigte zu beinahe mädchenhaftem Lachen – es verscheuchte immer für einen Augenblick die Atmosphäre sanfter Altjüngferlichkeit, die sie umhüllte wie ein Kleid. In solchen Momenten fällt es uns – anders als sonst – nicht schwer, zu glauben, daß Tante Olivia selbst einmal ein Mädchen war.

An diesem Tag pflückte sie die Rosen geistesabwesend, und als sie die feinen Blütenblätter in ihren kleinen geflochtenen Korb schüttelte, wirkte sie wie eine Frau, die in Gedanken ganz woanders war. Wir sagten nichts, denn wir erfuhren Tante Olivias Geheimnisse immer früher oder später. Als die Rosenblätter gepflückt waren, brachten wir sie im Gänsemarsch ins Haus und nach oben. Tante Olivia bildete die Nachhut, um Rosenblätter aufzusammeln, die wir vielleicht verloren hatten. Im Südwestzimmer, in dem kein verblichener Teppich lag, breiteten wir sie auf Zeitungen auf dem Boden aus. Dann brachten wir unsere Flechtkörbchen wieder an ihren richtigen Platz in dem richtigen Schrank im richtigen Zimmer. Was uns oder den Körbchen andernfalls passiert wäre, weiß ich nicht. In Tante Olivias Haus durfte nichts auch nur eine Sekunde am falschen Ort sein.

Wir gingen nach unten, und Tante Olivia bat uns in den Salon. Sie sagte, sie habe uns etwas zu erzählen, und als sie die Tür öffnete, breitete sich eine feine Röte auf ihrem Gesicht aus. Ich merkte es und war überrascht, aber den Grund ahnte ich nicht – denn niemand hätte diese ehrenwerte kleine alte Jungfer, Olivia Sterling, je mit Liebesgeschichten oder Heirat in Verbindung gebracht.

Tante Olivias Salon war wie sie selbst – peinlich sauber und ordentlich. Jedes Möbelstück stand genau da, wo es immer gestanden hatte. Diese Ordnung durfte nie gestört werden. Die Troddel des Kissens lagen auf der Sofalehne, und der gehäkelte Schonbezug war immer in dem gleichen Winkel auf dem Schaukelstuhl ausgebreitet. Niemals zeigte sich auch nur ein Staubkorn, und keine Fliege wagte sich in diese heilige Halle.

Tante Olivia zog einen Vorhang beiseite und ließ das wenige Licht herein, das durch die Weinblätter hindurch kam, und setzte sich in einen hohen alten Lehnstuhl, der ihrer Urgroßmutter gehört hatte. Sie faltete die Hände im Schoß und schaute uns an, und der Blick ihrer blaugrauen Augen war bittend. Offenbar fiel es ihr schwer, uns ihr Geheimnis zu verraten, und doch wirkte sie stolz und aufgeregt und hatte auch eine neue Würde an sich. Tante Olivia konnte nie selbstsicher auftreten, aber in diesem Moment war sie so nahe daran wie möglich.

„Habe ich euch jemals von Mr. Malcolm MacPherson erzählt?“ fragte Tante Olivia.

Weder sie noch jemand anders hatte uns jemals von Mr. Malcolm MacPherson erzählt, aber ihr Ton sprach Bände, als sie seinen Namen sagte. Wir wußten, als wäre es mit Fanfarenklängen verkündet worden, daß

Mr. Malcolm MacPherson Tante Olivias Verehrer sein mußte, und es verschlug uns den Atem. Vor lauter Verblüffung vergaßen wir sogar, neugierig zu sein.

Und da saß Tante Olivia – stolz, verlegen, euphorisch und beschämt zugleich!

„Er ist ein Bruder von Mrs. John Seaman, der jenseits der Brücke wohnt“, erklärte Tante Olivia mit einem gezierten kleinen Lächeln. „Natürlich erinnert ihr euch nicht an ihn. Er ist vor zwanzig Jahren nach British Columbia gegangen. Aber jetzt kommt er nach Hause – und – und – ihr erzählt es eurem Vater, nicht wahr – ich – ich möchte es ihm nicht selbst sagen – Mr. Malcolm MacPherson und ich werden heiraten.“

„Heiraten!“ keuchte Peggy.

Und „heiraten!“ echote ich stumpfsinnig.

Tante Olivia wand sich ein wenig. „Es ist doch nichts Unpassendes daran, oder?“ fragte sie ziemlich schnippisch.

„Oh, nein, nein“, beeilte ich mich zu versichern und gab Peggy heimlich einen Tritt, um sie vom Lachen abzulenken. „Du mußt nur verstehen, Tante Olivia, daß dies eine große Überraschung für uns ist.“

„Das dachte ich mir“, sagte Tante Olivia friedfertig. „Aber euer Vater wird sich erinnern. Ich hoffe wirklich, daß er mich nicht für verrückt hält. Er fand, daß Mr. Malcolm MacPherson nicht der Richtige für mich sei. Aber das ist lange her – Mr. Malcolm MacPherson war damals sehr arm. Jetzt ist er wohlhabend.“

„Erzähl uns von ihm, Tante Olivia“, sagte Peggy. Sie sah mich dabei nicht an, und das war meine Rettung. Wären sich Peggys und meine Blicke begegnet, als Tante Olivia in diesem Ton „Mr. Malcolm MacPherson“ sagte, hätte ich lachen müssen, ob ich wollte oder nicht.

„Als ich noch ein Mädchen war, wohnten die MacPhersons gegenüber. Mr. Malcolm MacPherson war damals mein Verehrer. Aber meine Familie – vor allem euer Vater – Himmel, ich hoffe, er wird nicht zu ärgerlich – hatte etwas gegen ihn und behandelte ihn sehr kühl. Ich glaube, daß er deshalb nie etwas von Heirat zu mir gesagt hat. Und nach einer Weile ging er weg, und ich hörte jahrelang nichts mehr von ihm. Natürlich hat seine Schwester mir ab und zu von ihm erzählt. Aber letzten Juni habe ich einen Brief von ihm bekommen. Er sagte, er würde nach Hause kommen und sich endgültig auf der Insel niederlassen – und er fragte, ob ich ihn heiraten wolle. Ich habe zurückgeschrieben und ja gesagt. Vielleicht hätte ich euren Vater um Rat fragen sollen, aber ich fürchtete, er könnte finden, ich sollte Mr. Malcolm MacPherson einen Korb geben."

„Oh, ich glaube nicht, daß Vater etwas dagegen hat", sagte Peggy ermutigend.

„Ich hoffe nicht, weil ich es natürlich für meine Pflicht halte, das Versprechen zu erfüllen, das ich Mr. Malcolm MacPherson gegeben habe. Er kommt nächste Woche nach Grafton und wohnt bei seiner Schwester, Mrs. John Seaman, jenseits der Brücke." Es klang, als würde Tante Olivia aus den Familienanzeigen des *Daily Enterprise* vorlesen.

„Wann soll die Hochzeit sein?" fragte ich.

„Oh!" Tante Olivia errötete vor Unbehagen. „Wir haben noch kein genaues Datum. Es kann ja nichts festgelegt werden, bis Mr. Malcolm MacPherson kommt. Aber es wird frühestens im September sein. Es wird viel zu tun sein. Ihr sagt es eurem Vater, nicht wahr?"

Wir versprachen es, und Tante Olivia stand sichtlich erleichtert auf. Peggy und ich eilten heimwärts, und als wir außer Hörweite waren, blieben wir stehen und lachten. Die Romanzen von Leuten mittleren Alters mögen für die Beteiligten ebenso zauberhaft sein wie die der Jugend, aber für Außenstehende sind sie oft höchst amüsant. Nur junge Leute können sentimental sein, ohne erheiternd zu wirken. Wir liebten Tante Olivia und freuten uns über ihr spätes, neu erblühtes Glück, aber wir fanden es auch lustig. Die Erinnerung an ihr „Mr. Malcolm MacPherson“ überwältigte uns jedes Mal, wenn wir daran dachten.

Vater winkte zunächst ungläubig ab, und als wir ihn überzeugt hatten, lachte er schallend. Tante Olivia hätte keinen Widerstand von ihrer grausamen Familie befürchten müssen. „MacPherson war schon ein netter Kerl, aber furchtbar arm“, sagte Vater. „Wie ich höre, hat er im Westen ein Vermögen verdient, und wenn er und Olivia einander mögen, sollen sie meinetwegen heiraten. Sagt Olivia, daß sie keinen Schlaganfall bekommen darf, wenn er dann und wann etwas Schmutz ins Haus bringt.“

So wurde alles arrangiert, und ehe wir uns versahen, steckte Tante Olivia mitten in Hochzeitsvorbereitungen, bei denen Peggy und ich unentbehrlich waren. Sie fragte uns in allem um Rat, und in den Tagen vor Mr. Malcolm MacPhersons Ankunft lebten wir beinahe bei ihr.

Tante Olivia war offenbar sehr glücklich und kam sich wichtig vor. Sie hatte immer heiraten wollen, sie war nicht aus Überzeugung ledig, und ihr Status der alten Jungfer war immer ein wunder Punkt bei ihr gewesen. Ich denke, sie empfand es als eine Art Schande. Und dennoch war sie die geborene alte Jungfer. Wenn man sie ansah und all ihre Zimperlichkeit und ihre kleinen Schrullen bedachte, war es völlig unmöglich, sie sich als Frau von Mr. Malcolm MacPherson oder irgendeinem anderen vorzustellen.

Wir fanden bald heraus, daß Mr. Malcolm MacPherson für Tante Olivia eine Fata Morgana war – er war der Mann, der ihr die langersehnte Würde einer Ehefrau verleihen würde. Damit begann und endete ihre

Romanze, auch wenn es ihr selbst nicht bewußt war und sie glaubte, sie sei ernsthaft in ihn verliebt.

„Was wird passieren, Mary, wenn er leibhaftig erscheint und sie mit dem echten ‚Mr. Malcolm MacPherson‘ zurechtkommen muß – wenn er nicht mehr nur ein nebulöser ‚Strohmann‘ bei der Trauungszeremonie ist?“ fragte Peggy, als sie Servietten für Tante Olivia umsäumte. Sie saß auf ihren gründlich geschrubbten Sandsteinstufen und legte alle abgeschnittenen Fäden in den kleinen Korb, den Tante Olivia ihr zu diesem Zweck hingestellt hatte.

„Vielleicht wird dann aus einer alten Jungfer, deren Denken bisher nur um sich selbst kreiste, eine Frau, für die eine Heirat nicht abwegig ist“, sagte ich.

Am Tag von Mr. Malcolm MacPhersons Ankunft gingen Peggy und ich zu Tante Olivia. Eigentlich hatten wir gedacht, daß die beiden Verliebten bei ihrem ersten Treffen unter sich bleiben wollten, aber Tante Olivia bestand darauf, daß wir dabeiwaren. Sie war zweifellos nervös; die Fata Morgana wurde Wirklichkeit. Ihr kleines Haus war von oben bis unten blitzsauber. Tante Olivia hatte den Dachboden geschrubbt und noch am gleichen Morgen die Kellertreppe so gründlich gefegt, als ob sie damit rechnete, daß Mr. Malcolm MacPherson beides sofort einer Musterung unterziehen und seine Entscheidung von dem Ergebnis abhängig machen würde.

Peggy und ich halfen ihr beim Umziehen. Sie wollte unbedingt ihr bestes schwarzes Seidenkleid tragen, in dem sie unnatürlich elegant aussah. Ihr weiches Musselinkleid stand ihr viel besser, aber wir konnten sie nicht umstimmen. Als Tante Olivia fertig war, sah sie aus wie aus dem Ei gepellt. Peggy und ich sahen zu, als sie nach unten ging und ihren Rock anhob, damit er nicht den Boden streifte.

„‚Mr. Malcolm MacPherson‘ wird solche Ehrfurcht bekommen, daß er sie nur anstarren kann“, flüsterte Peggy. „Ich wünschte, er würde endlich kommen, damit wir es hinter uns bringen können. Es geht mir auf die Nerven.“

Tante Olivia ging in den Salon, setzte sich auf den kalten, geschnitzten Stuhl und faltete die Hände. Peggy und ich setzten uns auf die Treppe und erwarteten seine Ankunft voller Spannung. Tante Olivias Kätzchen, ein dickes Geschöpf mit gewaltigem Schnurrbart, das aussah wie aus schwarzem Samt genäht, leistete uns Gesellschaft und schnurrte seelenruhig vor sich.

Wir konnten durch das Fenster den Gartenpfad und die Pforte sehen und dachten deshalb, daß wir es sofort mitbekommen würden, wenn Mr. Malcolm MacPherson im Anmarsch war. Es war also kein Wunder, daß wir aufsprangen, als an der Vordertür ein donnerndes Klopfen ertönte, das im ganzen Haus widerhallte. War Mr. Malcolm MacPherson vom Himmel gefallen?

Später fanden wir heraus, daß er einen Umweg gemacht und sich dem Haus von hinten genähert hatte, aber in diesem Moment war sein plötzliches Erscheinen fast unheimlich. Ich rannte nach unten und öffnete die Tür. Draußen stand ein Mann, etwa einsfünfundachtzig groß und verhältnismäßig kräftig und sehnig. Er hatte breite Schultern, einen gewaltigen Schopf krauser schwarzer Haare, große, blitzende blaue Augen und einen schwarzen Rauschebart, der bis auf die Brust reichte. Kurzum, Mr. Malcolm MacPherson war das, was man instinktiv, wenn auch etwas abgedroschen, „ein prächtiges Exemplar der Männlichkeit“ nennen würde.

In einer Hand hielt er einen Strauß Goldregen und graublauer Astern. „Guten Abend“, sagte er mit einer klangvollen Stimme, die den schläfrigen Sommernachmittag aufzuwecken schien. „Ist Miss Olivia Sterling zu

Hause? Und würdest du ihr bitte sagen, daß Malcolm MacPherson da ist?“

Ich führte ihn in den Salon. Dann schielten Peggy und ich durch den Türspalt. Jeder hätte das getan. Wir suchten gar nicht erst nach einer Ausrede. Und wahrhaftig, was wir sahen, hätte zu Gewissensbissen führen können, wenn wir ein Gewissen gehabt hätten.

Tante Olivia erhob sich und schritt gemessen auf ihn zu. Sie reichte ihm die Hand. „Mr. MacPherson, ich bin sehr erfreut, Sie zu sehen“, sagte sie förmlich.

„Bist du es wirklich, Nillie!“ Mr. Malcolm MacPherson war mit zwei Schritten bei ihr. Er ließ seine Blumen zu Boden fallen, stieß einen kleinen Tisch um und ließ die Ottomane gegen die Wand poltern. Dann nahm er Tante Olivia in die Arme und – schmatz, schmatz, schmatz! Peggy sank auf der Treppenstufe zusammen und stopfte sich ihr Taschentuch in den Mund. Tante Olivia wurde geküßt!

Nun hielt Mr. Malcolm MacPherson sie mit seinen großen Pranken ein Stück von sich ab und musterte sie. Ich sah, wie Tante Olivia über seinen Arm hinwegschaute – auf den umgekippten Tisch und die verstreuten Astern und den Goldregen. Ihre wohlfrisierten Locken waren zerzaust und ihr Spitzenkragen verrutscht. Sie sah gequält aus.

„Du hast dich kein bißchen verändert, Nillie“, sagte Mr. Malcolm MacPherson bewundernd. „Wie schön, dich wiederzusehen! Freust du dich auch, Nillie?“

„Oh, natürlich“, sagte Tante Olivia. Sie machte sich los und stellte den Tisch wieder auf. Dann wandte sie sich den Blumen zu, aber Mr. Malcolm MacPherson hatte sie schon aufgehoben und dabei reichlich Blätter und Stengel auf dem Boden hinterlassen.

„Die habe ich auf dem Feld am Fluß für dich gepflückt, Nillie“, sagte er. „Wo kann ich sie hinstellen? Hier, das ist gut.“ Er griff nach einer zierlichen bemalten Vase auf dem Kaminsims, stopfte die Blumen hinein und stellte sie auf den Tisch.

Tante Olivias Miene wurde mir nun doch noch zuviel. Ich wandte mich ab, packte Peggy an der Schulter und zerrte sie aus dem Haus. „Tante Olivia wird umkommen, wenn er so weitermacht“, japste ich. „Aber er ist wunderbar – und er hält soviel von ihr – und, oh, Peggy, hast du jemals solche Küsse gehört? Und das bei Tante Olivia!“

Wir brauchten nicht lange, um Mr. Malcolm MacPherson näher kennenzulernen. Er suchte Tante Olivias Haus regelrecht heim, und Tante Olivia bestand darauf, daß wir die meiste Zeit bei ihr verbrachten. Sie schien Angst davor zu haben, mit ihm allein zu sein. Er entsetzte sie innerhalb einer Stunde ein Dutzend Mal, trotzdem war sie sehr stolz auf ihn und ließ sich auch gern seinetwegen aufziehen. Sie war begeistert, weil wir ihn bewunderten.

„Er sieht heute ganz anders aus als früher“, sagte sie. „Er ist so furchtbar groß! Und ich mag keine Bärte, aber ich traue mich nicht, ihn zu bitten, ihn abzurasieren. Vielleicht würde es ihn kränken. Er hat das alte Haus der Lyndes in Avonlea gekauft und möchte in einem Monat heiraten. Aber Himmel, das geht mir zu schnell. Es – es wäre nicht angemessen.“

Peggy und ich mochten Mr. Malcolm MacPherson sehr. Auch Vater mochte ihn. Wir waren froh, daß er Tante Olivia für die Vollkommenheit in Person hielt. Er war den ganzen Tag glücklich, aber die arme Tante Olivia war es hinter all dem Stolz und der Wichtigkeit, die sie zur Schau trug, nicht. Bei aller Komik des Ganzen verspürten Peggy und ich eine gewisse Tragik.

Mr. Malcolm MacPherson würde sich nicht an den Lebensstil einer alten Jungfer anpassen können, und sogar Tante Olivia schien das zu begreifen. Er dachte nie daran, sich die Stiefel abzutreten, wenn er hereinkam, obwohl sie vor jede Tür eine funkelnagelneue Fußmatte gelegt hatte. Er ging nur selten durchs Haus, ohne einen von Tante Olivias Schätzen umzustoßen. Er rauchte Zigarren in ihrem Salon und ließ die Asche auf den Boden fallen. Er brachte ihr jeden Tag Blumen und steckte sie in das nächstbeste Gefäß. Er saß auf ihren Kissen und knüllte ihre Schonbezüge zu Bällen zusammen. Er legte die Füße auf den Stuhl. Und alles ohne die leiseste Ahnung, daß er etwas falsch machte. Er bemerkte Tante Olivias Aufregung nie. Peggy und ich lachten in diesen Tagen mehr, als uns guttat. Es war so lustig, zu sehen, wie Tante Olivia wie ein aufgescheuchtes Huhn durch die Gegend rannte, Blütenstengel aufsammelte und ihm allgemein ständig hinterherlief, um Dinge zu glätten und wieder geradezurücken. Einmal griff sie sogar zum Staubwedel und fegte die Zigarrenasche vor seinen Augen weg.

„Mach dir doch deshalb keine Mühe, Nillie“, protestierte er. „Ich mache mir nichts aus ein bißchen Schmutz!“

Wie gut und fröhlich er war, dieser Mr. Malcolm MacPherson! Was für Lieder er sang, was für Geschichten er erzählte, was für einen unkonventionellen frischen Wind er in dieses pieksaubere kleine Haus brachte, in dem jahrelang dumpfe Langeweile geherrscht hatte! Er betete Tante Olivia an und zeigte seine Verehrung mit immer neuen Geschenken. Er brachte ihr bei fast jedem Besuch etwas mit – meistens ein Schmuckstück. Es regnete buchstäblich Armbänder, Ringe, Ketten, Ohrringe und Medaillons auf unsere korrekte kleine Tante; sie nahm sie widerstrebend an, trug sie aber nie. Das kränkte ihn ein wenig, aber sie versicherte ihm, daß sie alles eines Tages tragen würde.

„Ich bin nicht an Schmuck gewöhnt, Mr. MacPherson“, pflegte sie zu sagen.

Ihren Verlobungsring trug sie aber – es war eine recht „schrille“ Kombination aus Gold und Opalen. Manchmal ertappten wir sie dabei, daß sie an dem Ring drehte und ein sehr besorgtes Gesicht machte.

„Ich würde Mr. Malcolm MacPherson bedauern, wenn er nicht so verliebt in sie wäre“, sagte Peggy. „Aber da er sie für vollkommen hält, braucht er kein Mitleid.“

„Ich bedaure Tante Olivia“, sagte ich. „Ja, Peggy, wirklich. Mr. MacPherson ist ein großartiger Mann, aber Tante Olivia ist die geborene alte Jungfer, und ihre ganze Natur sträubt sich dagegen, etwas anderes zu sein. Siehst du nicht, wie sehr es ihr zuwider ist? Seine Art paßt nicht zu ihr – sie kann nicht aus ihrer Haut, es bringt sie um.“

„Unsinn!“ sagte Peggy. Dann fügte sie mit einem Lachen hinzu: „Mary, hast du je so etwas Lustiges gesehen wie Tante Olivia, als sie bei ‚Mr. Malcolm MacPherson‘ auf dem Schoß saß?“

Es war wirklich lustig gewesen. Tante Olivia fand es höchst unangenehm, vor uns dort zu sitzen, aber er brachte sie dazu. Er sagte mit seinem lauten fröhlichen Lachen: „Kümmere dich nicht um die kleinen Mädchen“, zog sie auf den Schoß und hielt sie dort fest. Bis an mein Lebensende werde ich nicht vergessen, was für ein Gesicht die arme kleine Frau machte.

Aber als die Tage vergingen und Mr. Malcolm MacPherson unbedingt ein Datum für die Hochzeit festlegen wollte, wirkte Tante Olivia zunehmend verstört. Sie wurde sehr schweigsam und lachte nur noch gezwungen. Auch zeigte sie Anzeichen von Gereiztheit, wenn jemand von uns – aber vor allem Vater – sie mit ihrem Verehrer aufzog. Ich bedauerte sie, denn ich glaube, daß ich ihre wahren Gefühle besser verstand als die anderen. Aber auch ich war nicht darauf vorbereitet, was dann passierte. Ich hatte nicht erwartet, daß Tante

Olivia es tun könnte. Ich dachte, daß ihr abstrakter Wunsch zu heiraten die Nachteile des Konkreten überwiegen würde. Aber bei echtem, tief verwurzelten Altjungfernismus weiß man nie.

Eines Morgens sagte Mr. Malcolm MacPherson uns, daß er an diesem Abend kommen würde, um Tante Olivia dazu zu bewegen, den Tag festzulegen. Peggy und ich lachten beifällig und sagten ihm, es sei an der Zeit, daß er zeige, wer der Herr im Haus sei. Er ging guter Laune über das Feld am Fluß und pfiff ein Volkslied aus den Highlands. Aber Tante Olivia sah aus wie eine Märtyrerin. Sie hatte einen schweren Anfall von Hausputz und säuberte alles bis in den letzten Winkel hinein.

„Wie vor einer Beerdigung“, schniefte Peggy.

Peggy und ich waren an jenem Abend im Südwestzimmer und arbeiteten an einer Patchwork-Decke, als wir Mr. Malcolm MacPherson unten in der Halle rufen hörten, ob jemand zu Hause sei. Ich rannte hinaus zum Treppengeländer, aber da kam Tante Olivia aus ihrem Zimmer, rauschte an mir vorbei und hastete nach unten.

„Mr. MacPherson“, hörte ich sie mit hochprozentiger Steifheit sagen, „würden Sie bitte in den Salon kommen? Ich habe Ihnen etwas zu sagen.“

Sie gingen hinein, und ich begab mich wieder ins Südwestzimmer.

„Peg, es braut sich Ärger zusammen“, sagte ich. „Ich habe es an Tante Olivias Gesicht gesehen – es war ganz grau. Und sie ist allein nach unten gegangen – und hat die Tür zugemacht.“

„Ich will hören, was sie zu ihm sagt“, erklärte Peggy entschieden. „Es ist ihre eigene Schuld – sie hat uns ja angewöhnt, daß wir immer bei ihren Treffen dabei sind. Der arme Mann mußte ihr vor unserer Nase den Hof machen. Komm schon, Mary.“

Das Südwestzimmer lag genau über dem Salon und hatte im Boden ein Loch für das Ofenrohr des Salons.

Peggy nahm die Hutschachtel weg, die das Loch verschloß, und wir hockten uns beide hin und lauschten schamlos und mit voller Absicht.

Es war leicht zu hören, was Mr. Malcolm MacPherson sagte. „Ich bin gekommen, um den Hochzeitstermin festzulegen, wie ich dir gesagt habe, Nillie. Komm, Kleine, sag den Tag an!“

Schmatz!

„Nicht, Mr. MacPherson“, sagte Tante Olivia. Sie klang wie jemand, der sich zu einer sehr schwierigen Aufgabe durchgerungen hat und es so schnell wie möglich hinter sich bringen will. „Ich muß Ihnen etwas sagen. Ich kann Sie nicht heiraten, Mr. MacPherson.“

Es entstand eine Pause. Ich hätte viel dafür gegeben, die beiden zu sehen. Als Mr. Malcolm MacPherson die Sprache wiederfand, klang er völlig entgeistert. „Nillie, was soll das heißen?“ sagte er.

„Ich kann Sie nicht heiraten, Mr. MacPherson“, wiederholte Tante Olivia.

„Warum nicht?“ Jetzt hörte er sich bekümmert an.

„Ich glaube nicht, daß Sie es verstehen werden, Mr. MacPherson“, sagte Tante Olivia matt. „Sie wissen nicht, was es für eine Frau bedeutet, alles aufzugeben – ihr eigenes Zuhause und ihre Freunde und ihr ganzes früheres Leben sozusagen, und mit einem Fremden weit wegzugehen.“

„Ja, das ist sicher schwierig. Aber Nillie, Avonlea ist doch nicht weit weg – nicht mehr als zwölf Meilen, wenn überhaupt.“

„Zwölf Meilen! Das ist genau wie die andere Seite der Welt“, sagte Tante Olivia eigensinnig. „Ich kenne dort keine Menschenseele, außer Rachel Lynde.“

„Warum hast du das dann nicht gesagt, bevor ich das Haus gekauft habe? Aber es ist noch nicht zu spät. Ich kann es verkaufen und gleich hier eins in East Grafton kaufen, wenn du willst – auch wenn es hier nicht so schöne Häuser gibt. Aber ich es werde es schon herrichten!“

„Nein, Mr. MacPherson“, sagte Tante Olivia entschieden, „das ändert nichts an der Schwierigkeit. Ich wußte, daß Sie es nicht verstehen würden. Ich habe andere Lebensgewohnheiten als Sie und kann sie nicht mehr ändern. Denn – Sie bringen Schmutz ins Haus – und – und – es kümmert Sie nicht, ob es ordentlich ist oder nicht.“

Die arme Tante Olivia konnte nicht aus ihrer Haut. Wenn man sie auf dem Scheiterhaufen verbrannt hätte, wäre ihr in der Tragik des Augenblicks noch eine groteske Bemerkung entschlüpft.

„Zum Teufel!“ sagte Mr. Malcolm MacPherson – nicht schroff oder ärgerlich, sondern nur völlig fassungslos. Dann fügte er hinzu: „Nillie, das muß ein Witz sein. Ich bin sicher etwas nachlässig – im Westen lernt man keine feinen Manieren – aber du kannst es mich lehren. Du wirst mich doch nicht sitzenlassen, weil ich etwas Schmutz ins Haus bringe!“

„Ich kann Sie nicht heiraten, Mr. MacPherson“, sagte Tante Olivia wieder.

„Das kannst du nicht ernst meinen!“ rief er, weil ihm dämmerte, *daß* sie es ernst meinte, auch wenn sein Männerverstand sonst nichts von dem Rätsel begriff. „Nillie, du brichst mir das Herz! Ich tue alles – gehe überall hin – bin alles, was du willst – aber laß mich nicht einfach sitzen!“

„Ich kann Sie nicht heiraten, Mr. MacPherson“, sagte Tante Olivia zum viertenmal.

„Nillie!“ rief Mr. Malcolm MacPherson.

Aus seinem Ton sprach ein so echter Kummer, daß Peggy und ich plötzlich ganz zerknirscht waren. Was machten wir hier? Wir hatten kein Recht, dieses traurige Gespräch mitanzuhören. Der Schmerz und der Protest in seiner Stimme hatten all den Humor verscheucht und nur die Tragödie hinterlassen. Wir standen auf, schlichen auf den Zehenspitzen hinaus und schämten uns sehr.

Als Mr. Malcolm MacPherson nach einer Stunde nutzlosen Bittens gegangen war, kam Tante Olivia zu uns und sagte uns bleich, aber fest entschlossen, daß es keine Hochzeit geben werde.

Wir konnten nicht überrascht tun, aber Peggy wagte einen zaghaften Protest. „Oh, Tante Olivia, glaubst du, daß du das Richtige getan hast?"

„Es war das einzige, was ich tun konnte", sagte Tante Olivia eisern. „Ich kann Mr. Malcolm MacPherson nicht heiraten und habe es ihm gesagt. Bitte erzählt es eurem Vater – und sprecht in meiner Gegenwart bitte nicht mehr über die Sache." Dann ging Tante Olivia nach unten, holte einen Besen und fegte den Schmutz weg, den Mr. Malcolm MacPherson auf den Stufen hinterlassen hatte.

Peggy und ich gingen nach Hause und erzählten es Vater. Wir waren sehr niedergeschlagen, aber es war nichts zu tun oder zu sagen. Vater lachte über das Ganze, aber ich konnte nicht lachen. Mir tat es leid für Mr. Malcolm MacPherson und, obwohl ich ärgerlich auf sie war, auch für Tante Olivia. Es war offensichtlich, daß sie ihre enttäuschten Hoffnungen betrauerte, aber sie hatte sich eine Art Schutzschild zugelegt, das niemand durchdringen konnte.

„Es ist nichts weiter als ein Fall von chronischer Altjungfernitis", sagte Vater ungeduldig.

Eine Woche lang herrschte Langeweile. Wir sahen nichts mehr von Mr. Malcolm MacPherson und vermißten ihn schrecklich. Tante Olivia war unerforschlich und widmete sich mit Feuereifer überflüssigen Tätigkeiten.

Eines Abends kam Vater mit Neuigkeiten nach Hause. „Malcolm MacPherson fährt heute mit dem Zug um sieben Uhr dreißig in den Westen“, sagte er. „Er hat das Haus in Avonlea vermietet und kommt nicht wieder. Es heißt, er sei außer sich, weil Olivia ihn so hereingelegt habe.“

Nach dem Tee gingen Peggy und ich zu Tante Olivia, die uns wegen eines Morgenrocks um Rat gefragt hatte. Sie nähte, als gälte es das Leben, und blickte feierlicher und kälter drein denn je.

Ich fragte mich, ob sie von Mr. Malcolm MacPhersons Abreise wußte. Der Anstand verbot mir, es zu erwähnen, aber Peggy hatte keine solchen Bedenken.

„So, Tante Olivia, dein Verehrer ist weg“, verkündete sie fröhlich. „Er wird dich nicht mehr belästigen. Er fährt mit dem Postzug in den Westen.“

Tante Olivia ließ ihr Nähzeug fallen und stand auf. Eine solche Verwandlung hatte ich noch nie gesehen. Es kam so plötzlich, daß es beinahe unheimlich war. Die alte Jungfer verschwand vollkommen und wurde zu einer Frau, erfüllt von echtem Gefühl und Schmerz.

„Was soll ich tun?“ rief sie verzweifelt. „Mary – Peggy – was soll ich tun?“ Es war beinahe ein Schrei.

Peggy wurde blaß. „Macht es dir etwas aus?“ fragte sie töricht.

„Ob es mir etwas ausmacht? Mädchen, es wird mich umbringen, wenn Malcolm MacPherson geht! Ich war verrückt – ich muß verrückt gewesen sein. Ich bin fast gestorben vor Einsamkeit, seit ich ihn weggeschickt habe. Aber ich dachte, er würde zurückkommen! Ich muß ihn sehen – ich habe noch Zeit, zum Bahnhof zu fahren, wenn ich über die Felder laufe.“

Sie machte einen panischen Schritt in Richtung Tür, aber ich hielt sie zurück, denn plötzlich sah ich vor mir, wie Tante Olivia ohne Hut und weinend über die Felder rannte. „Warte einen Augenblick, Tante Olivia. Peggy, lauf nach Hause und sag Vater, daß er Dick anspannen soll, so schnell es geht. Wir fahren Tante Olivia zum Bahnhof. Wir schaffen es noch rechtzeitig, Tantchen."

Peggy eilte davon, und Tante Olivia stürzte die Treppe hinauf. Ich blieb zurück und hob ihre Näharbeit auf, und als ich in ihr Zimmer kam, war sie schon in Hut und Mantel. Auf dem Bett lagen all die Schachteln, in denen Mr. Malcolm MacPherson seine Geschenke gebracht hatte, und Olivia war fieberhaft dabei, sich mit dem Inhalt zu schmücken. Ringe, drei Broschen, ein Medaillon, drei Ketten und eine Uhr – sie ließ nichts weg. Es war ein phantastischer Anblick!

„Ich wollte sie vorher nie tragen – aber jetzt trage ich alles auf einmal, damit er sieht, wie leid es mir tut", keuchte sie mit zitternden Lippen.

Als wir uns zu dritt in die Kutsche zwängten, griff Tante Olivia zur Peitsche, bevor wir sie davon abhalten konnten, beugte sich und versetzte dem armen Dick einen solchen Hieb, wie er ihn in seinem Leben noch nicht zu spüren bekommen hatte. Er galoppierte in der anbrechenden Dunkelheit die steile, steinige Straße hinunter, und das in einem Tempo, bei dem Peggy und ich aufschrien. Tante Olivia war für gewöhnlich eine sehr ängstliche Frau, aber jetzt schien sie nicht mehr zu wissen, was Angst war. Sie schlug pausenlos auf den armen Dick ein und kümmerte sich nicht um unsere Versicherungen, daß wir noch reichlich Zeit hätten. Die Leute, die uns an diesem Abend begegneten, müssen uns für völlig verrückt gehalten haben. Ich hielt die Zügel, Peggy klammerte sich an die Seite der hin- und herschwankenden Kutsche, und Tante Olivia beugte sich vor; ihr Haar flatterte im Wind, und ihre Wangen glühten. So sausten wir durch das Dorf.

Als wir beim Bahnhof ankamen, wo der Zug gerade einfuhr, sprang Tante Olivia mit einem Satz aus dem Wagen und rannte den Bahnsteig entlang. Ihr Mantel flatterte hinter ihr her, und all ihre Broschen und Ketten funkelten im Licht. Ich warf die Zügel einem Jungen zu, der in der Nähe stand, und wir folgten ihr. Im grellen Schein der Laterne sahen wir Mr. Malcolm MacPherson, der gerade die Waggontür öffnen wollte. Zum Glück war niemand in der Nähe, aber es hätte keinen Unterschied gemacht, wenn sie sich mitten in einer Menschenmenge befunden hätten.

Tante Olivia stürzte sich buchstäblich auf ihn. „Malcolm“, rief sie, „geh nicht – geh nicht – ich heirate dich – ich gehe überall mit dir hin – und es kümmert mich nicht, wieviel Schmutz du ins Haus bringst!“ Das war wieder typisch Tante Olivia und nahm der Situation etwas von ihrer Spannung.

Mr. MacPherson legte den Arm um sie und zog sie mit in den Schatten. „Nun, nun“, sagte er beruhigend. „Natürlich gehe ich nicht. Weine nicht, Nillie-Mädchen.“

„Und kommst du jetzt gleich mit?“ sagte Tante Olivia und klammerte sich an ihn, als würde er ihr entrissen werden, wenn sie nur einen Augenblick losließ.

„Natürlich, natürlich“, sagte er.

Peggy konnte mit einer Freundin nach Hause fahren, und Tante Olivia, Mr. Malcolm MacPherson und ich fuhren in der Kutsche zurück. Mr. MacPherson hielt Tante Olivia auf dem Schoß, weil kein Platz mehr war, aber ich glaube, sie hätte auch sonst dort gesessen. Sie klammerte sich völlig ungeniert an ihn, und all ihre frühere Steifheit und Zurückhaltung waren wie weggeblasen. Sie küßte ihn mindestens ein Dutzend Mal und sagte, daß sie ihn liebe – und ich lächelte nicht einmal. Mir war auch gar nicht danach zumute. Irgendwie fand ich es zu dem Zeitpunkt überhaupt nicht komisch – und finde es auch jetzt nicht, obwohl es anderen zweifellos so vorgekommen wäre. Es war soviel echtes Gefühl dabei, daß es keinen Raum für Lächerlichkeit gab. Sie waren so ineinander versunken, daß ich mich nicht einmal überflüssig fühlte.

Ich setzte sie auf Tante Olivias Hof ab und fuhr nach Hause, ohne daß sie mich überhaupt bemerkten. Aber im Mondlicht sah ich etwas, das ein beredtes Zeugnis von Tante Olivias Veränderung ablegte. Es hatte am Nachmittag geregnet, und der Hof war matschig. Und trotzdem ließ sie Mr. Malcolm MacPherson ins Haus, ohne auch nur einen Blick auf die Fußmatte zu werfen!

8. Die Quarantäne bei Alexander Abraham

Als man mich zum ersten Mal bat, die Sonntagsschulklasse zu übernehmen, lehnte ich ab. Dabei hatte ich gar nichts dagegen, in der Sonntagsschule zu unterrichten. Im Gegenteil, mir gefiel der Gedanke, aber leider kam die Bitte von Reverend Mr. Allan, und es war seit jeher mein Grundsatz, nie etwas zu tun, was ein Mann wollte, wenn es sich vermeiden ließ. Dafür war ich bekannt. Es erspart einem eine Menge Ärger und macht alles wunderbar einfach. Ich hatte Männer noch nie gemocht. Es muß angeboren sein, denn soweit ich zurückdenken kann, hatte ich schon immer eine tiefe Abneigung gegen Männer und Hunde gehabt. Dafür war ich bekannt. Meine Lebenserfahrung bestärkte mich darin – je mehr ich von den Männern sah, desto mehr mochte ich Katzen.

Als Reverend Allan mich also fragte, sagte ich auf eine Art nein, die ihn gründlich abschreckte. Wenn er bei diesem ersten Versuch seine Frau geschickt hätte, wie er es beim zweiten Anlauf tat, wäre es klüger gewesen. Die Leute tun meistens das, worum Mrs. Allan sie bittet, weil sie wissen, daß es Zeit spart.

Mrs. Allan plauderte eine halbe Stunde über Nebensächlichkeiten, bevor sie die Sonntagsschule erwähnte, und machte mir ein paar Komplimente. Mrs. Allan ist berühmt für ihr Taktgefühl. Takt ist die Fähigkeit, um den heißen Brei herumzureden, statt wie eine Motte direkt ins Licht zu fliegen. Ich habe kein Taktgefühl, dafür bin ich bekannt. Sobald Mrs. Allan auf das Thema Sonntagsschule kam, wußte ich, was sie wollte und fragte unumwunden: „Welche Klasse soll ich übernehmen?“

Mrs. Allan war so überrascht, daß sie vergaß, taktvoll zu sein und ausnahmsweise unumwunden antwortete: „Es sind zwei Klassen – eine mit Jungen und eine mit Mädchen –, die eine Lehrerin brauchen. Ich habe bisher die Mädchen unterrichtet, muß aber für eine Weile pausieren, weil das Baby krank ist. Sie haben die Wahl, Miss MacPherson.“

„Dann übernehme ich die Jungen“, sagte ich entschieden. Ich bin bekannt für meine Entschlußfreudigkeit. „Da sie zu Männern heranwachsen müssen, ist es gut, sie beizeiten auf den richtigen Weg zu bringen. Sie werden sowieso Nervensägen, aber wenn man sie in jungen Jahren zurechtbiegt, werden sie vielleicht nicht ganz so schlimm, und das wird ein Segen für einige bedauernswerte Frauen sein.“

Mrs. Allan sah skeptisch aus. Ich wußte, sie hatte damit gerechnet, daß ich mich für die Mädchen entscheiden würde. „Es sind sehr wilde Jungen“, sagte sie.

„Ich habe noch keine Jungen erlebt, die es nicht sind“, erwiderte ich.

„Ich – ich – glaube, vielleicht wären Sie lieber bei den Mädchen“, sagte Mrs. Allan zögernd.

Wenn eine Sache nicht gewesen wäre – die ich Mrs. Allan um nichts in der Welt eingestanden hätte –, wäre mir die Mädchenklasse auch lieber gewesen. Aber die Wahrheit lautete, daß Anne Shirley in dieser Klasse saß, und Anne Shirley war das einzige menschliche Wesen, vor dem ich Angst hatte. Nicht, daß ich sie nicht mochte. Aber sie hatte die Angewohnheit, seltsame, unerwartete Fragen zu stellen, die nicht einmal ein Anwalt aus Philadelphia hätte beantworten können. Miss Rogerson hatte diese Klasse einmal unterrichtet, und Anne hatte sie vollkommen zur Strecke gebracht. Ich wollte keine Klasse unterrichten, in der ein lebendiges Fragezeichen saß. Außerdem dachte ich, daß Mrs. Allan einen kleinen Dämpfer nötig hatte. Pfarrersfrauen neigen zu der Ansicht, sie könnten über alles und jeden bestimmen, wenn man sie nicht dann und wann in die Schranken weist.

„Es geht nicht darum, was mir am besten gefällt, Mrs. Allan“, sagte ich vorwurfsvoll. „Es geht darum, was für diese Jungen am besten ist. Ich habe das Gefühl, daß ich am besten für sie bin.“

„Oh, daran habe ich keinen Zweifel, Miss MacPherson“, sagte Mrs. Allan liebenswürdig. Es war eine Lüge, obwohl sie die Frau des Pfarrers war. Sie hatte sehr wohl Zweifel – sie dachte, daß ich als Lehrerin einer Jungenklasse kläglich versagen würde.

Aber das tat ich nicht. Ich versage nicht oft, wenn ich mich zu etwas entschlossen habe. Dafür bin ich bekannt.

„Es ist einfach wunderbar, was für eine Veränderung Sie in dieser Klasse bewirkt haben, Miss MacPherson – ganz wunderbar“, sagte Reverend Mr. Allan ein paar Wochen später. Er wollte sich nicht anmerken lassen, wie frappierend er es fand, daß das einer als Männerhasserin bekannten alten Jungfer gelungen war, aber sein Gesicht verriet ihn.

„Wo wohnt Jimmy Spencer?“ fragte ich ihn schroff. „Er war seit drei Wochen nicht mehr da. Ich will herausfinden, warum.“

Mr. Allan hustete. „Ich glaube, Alexander Abraham Bennett hat ihn als Laufburschen angeheuert – er wohnt in der Straße nach White Sands“, sagte er.

„Dann gehe ich zu Alexander Abraham Bennett und finde heraus, warum Jimmy Spencer nicht zur Sonntagsschule kommt“, sagte ich entschieden.

Mr. Allans Augen funkelten ein wenig. Ich war immer überzeugt, daß dieser Mann Sinn für Humor gehabt hätte, wenn er kein Pfarrer gewesen wäre. „Wahrscheinlich wird Mr. Bennett Ihr freundliches Interesse nicht zu schätzen wissen! Er hegt – äh – eine besondere Abneigung gegen ihr Geschlecht, soviel ich weiß. Keine Frau hat mehr einen Fuß in Mr. Bennetts Haus gesetzt, seit seine Schwester vor zwanzig Jahren gestorben ist.“

„Oh, der ist er also!“ sagte ich, denn jetzt fiel es mir wieder ein. „Er ist der Frauenhasser, der immer damit droht, eine Frau, die seinen Hof betritt, mit der Mistgabel zu verjagen. Nun, mich wird er nicht verjagen!“

Mr. Allan kicherte – es war ein geistliches Kichern, aber doch ein Kichern.

Es ärgerte mich etwas, denn er schien zu glauben, daß ich Alexander Abraham Bennett nicht gewachsen sein würde. Aber ich zeigte Mr. Allan nicht, daß ich mich über ihn ärgerte. Es ist immer ein großer Fehler, einen Mann merken zu lassen, daß er einen ärgern kann.

Am nächsten Nachmittag spannte ich meinen Fuchs vor die Kutsche und fuhr zu Alexander Abraham Bennett. Wie immer nahm ich William Adolphus mit. William Adolphus ist mein Liebling unter meinen sechs Katzen. Er ist schwarz und hat eine weiße Brust und wunderschöne weiße Pfoten. Er saß neben mir und hatte viel mehr von einem Gentleman an sich als viele Männer, die ich auf einer Kutsche habe sitzen sehen.

Alexander Abrahams Hof befand sich etwa drei Meilen entfernt, in Richtung White Sands. Ich erkannte das Haus sofort an seinem verwahrlosten Aussehen. Es mußte unbedingt gestrichen werden, die Gardinen hingen schief und hatten Risse, das Unkraut wucherte bis zur Haustür. Offenbar war keine Frau im Haus. Aber es war trotzdem ein schönes Haus mit riesigen Ställen. Mein Vater sagte immer: „Wenn die Ställe eines Mannes größer sind als sein Haus, ist es ein Zeichen dafür, daß sein Einkommen höher ist als seine Ausgaben." Also war es gut, daß sie größer waren, aber sie hätten in einem besseren Zustand sein sollen. Aber – dachte ich – was konnte man schon von einem Frauenhasser erwartet?

„Aber Alexander Abraham weiß offenbar, wie man einen Hof bewirtschaftet, auch wenn er ein Frauenhasser ist", sagte ich zu William Adolphus, als ich ausstieg und das Pony am Zaun anband.

Ich hatte mich dem Haus von hinten genähert und stand nun vor einer Seitentür, die zur Veranda führte. Ich dachte, ich könnte genauso gut hingehen, also klemmte ich mir William Adolphus unter den Arm und marschierte den Pfad hinauf. Ich hatte gerade den halben Weg hinter mir, als ein Hund um die Hausecke fegte und auf mich zustürmte. Es war der häßlichste Hund, den ich je gesehen hatte, und er bellte nicht einmal – er kam mir schweigend und mit geschäftsmäßiger Miene entgegen.

Ich lasse mich nie auf Diskussionen mit einem Hund ein, der nicht bellt. Ich weiß, wann Diskretion angebracht ist. Ich hielt William Adolphus mit eisernem Griff fest und rannte – nicht zur Tür, weil der Hund sich zwischen ihr und mir befand, sondern zu einem großen Kirschbaum mit niedrigen Ästen. Ich erreichte ihn gerade noch rechtzeitig. Zuerst setzte ich William Adolphus auf einen Ast über meinem Kopf und kletterte den gesegneten Baum hinauf, ohne einen Gedanken daran, was für einen Eindruck es auf Alexander Abraham machen würde, falls er zuschauen sollte.

Zum Nachdenken kam ich erst, als ich den Baum schon halb hinaufgeklettert war und William Adolphus neben mir saß. William Adolphus war seelenruhig und gelassen. Das kann ich von mir nicht behaupten. Im Gegenteil, ich gestehe, daß ich aufgeregt war.

Der Hund saß unten auf den Hinterbeinen und beobachtete uns, und an seiner gemächlichen Art sah man deutlich, daß er keinen arbeitssamen Tag hatte. Er zeigte aber die Zähne und knurrte, als unsere Blicke sich trafen.

„Du siehst aus wie der Hund eines Frauenhassers", sagte ich zu ihm. Es sollte eine Beleidigung sein, aber das Vieh faßte es als Kompliment auf.

Dann stellte ich mir die Frage: „Wie komme ich aus dieser Klemme wieder heraus?"

Es schien keine einfache Lösung zu geben.

„Soll ich schreien, William Adolphus?" fragte ich das intelligente Tier.

William Adolphus schüttelte den Kopf. Das ist eine Tatsache.

Und ich stimmte ihm zu. „Nein, ich werde nicht schreien, William Adolphus", sagte ich. „Wahrscheinlich wird mich niemand hören außer Alexander Abraham, und ich habe Zweifel an seiner Hilfsbereitschaft. Aber ich kann nicht wieder nach unten. Ist es vielleicht möglich, noch weiter hinaufzuklettern, William Adolphus?" Ich schaute nach oben. Direkt über meinem Kopf befand sich ein offenes Fenster, und ein dicker Ast führte daran vorbei. „Versuchen wir es auf diesem Weg, William Adolphus?" fragte ich.

William Adolphus verschwendete keine Worte und fing an, den Baum hinaufzuklettern. Ich folgte seinem Beispiel. Der Hund umkreiste den Baum und sah aus wie – aber das darf man nicht sagen. Es wäre ihm wahrscheinlich eine Erleichterung gewesen, zu bellen, wenn es nicht gegen seine Prinzipien gegangen wäre.

Ich kam leicht durch das Fenster hinein und fand mich in einem Schlafzimmer wieder. Soviel Durcheinander, Staub und Scheußlichkeit hatte ich noch nie gesehen. Aber ich nahm mir nicht die Zeit, die Einzelheiten zu registrieren, sondern marschierte mit William Adolphus unter dem Arm nach unten und hoffte inständig, unterwegs niemandem zu begegnen.

Ich hatte Glück. Die Halle unten war leer und staubig. Ich öffnete die erstbeste Tür und trat kühn ein. Am Fenster saß ein Mann und schaute mürrisch hinaus. Ich hätte ihn überall als Alexander Abraham erkannt. Er wirkte genauso zerzaust und vernachlässigt wie das ganze Haus, und dennoch schien es, als ob er – auch wie das Haus – nicht schlecht ausgesehen hätte, wenn man ihn etwas zurechtgemacht hätte. Seine Haare waren wohl noch nie gekämmt worden und sein wilder Backenbart nie rasiert.

Er starrte mich entgeistert an.

„Wo ist Jimmy Spencer?“ fragte ich. „Ich bin seinetwegen hier.“

„Wie kann es sein, daß er Sie hereingelassen hat?“ fragte der Mann und starrte nun den Hund an.

„Er hat mich gar nicht hineingelassen“, erwiderte ich. „Er hat mich über den Rasen gejagt und hätte mich in Stücke gerissen, wenn ich nicht auf den Baum geklettert wäre. Sie sollten dafür bestraft werden, daß Sie so einen Hund halten! Wo ist Jimmy?“

Statt zu antworten, fing Alexander Abraham an zu lachen – ein unangenehmes Lachen. „Man kann sich darauf verlassen, daß eine Frau in das Haus eines Mannes kommt, wenn sie es in den Kopf gesetzt hat“, sagte er unfreundlich.

Ich begriff, daß er mich ärgern wollte, und blieb kühl und gelassen. „Oh, es ging mir nicht darum, in Ihr Haus zu kommen, Mr. Bennett“, sagte ich ruhig. „Ich hatte nur keine Wahl – ich wollte einem schlimmeren Schicksal entgehen. Ich wollte auch gar nicht Sie oder Ihr Haus sehen – auch wenn ich zugeben muß, daß es sehenswert ist, wenn man herausfinden will, wie dreckig ein Haus sein kann! Es ging mir um Jimmy. Zum dritten und letzten Mal – wo ist Jimmy?“

„Jimmy ist nicht da“, sagte Mr. Bennett schroff, aber nicht mehr ganz so energisch. „Er ist letzte Woche gegangen und arbeitet nun bei einem Mann drüben in Newbridge.“

„In diesem Fall“, sagte ich und nahm William Adolphus, der mit verächtlicher Miene das Zimmer erkundet hatte, auf den Arm, „werde ich Sie nicht länger stören. Ich gehe jetzt.“

„Ja, das wäre wohl am klügsten“, sagte Alexander Abraham – diesmal nicht unfreundlich, sondern nachdenklich, als hege er Zweifel. „Ich lasse Sie durch die Hintertür hinaus. Dann wird der – ähm! – der Hund Ihnen keinen Ärger machen. Gehen Sie bitte schnell und leise.“

Ich fragte mich, ob Alexander Abraham Bennett dachte, daß ich Knall auf Fall verschwinden würde. Aber ich sagte nichts, weil mir das am würdigsten erschien, und folgte ihm durch die Küche – so schnell und leise, wie er es sich wünschen konnte. Was für eine Küche!

Alexander Abraham öffnete die Tür – sie war abgeschlossen –, als eine Kutsche mit zwei Insassen auf den Hof fuhr. „Zu spät!“ rief er in tragischem Ton.

Ich verstand, daß etwas Schreckliches passiert sein mußte, aber es kümmerte mich nicht, da ich annahm, daß es mich nicht betraf. Ich drängte mich an Alexander Abraham vorbei – der so schuldbewußt dreinblickte, als sei er bei einem Einbruch überrascht worden – und stand dem Mann gegenüber, der aus der Kutsche gesprungen war. Es war der alte Dr. Blair aus Carmody, und er schaute mich an, als hätte er mich beim Ladendiebstahl erwischt.

„Mein lieber Peter“, sagte er ernst, „ich bedaure sehr, Sie hier zu sehen – wirklich sehr.“

Ich gestehe, daß mich das ärgerte. Außerdem hatte kein Mann auf der Welt, nicht einmal mein alter Hausarzt, das Recht, mich „mein lieber Peter“ zu nennen!

„Es gibt keinen Grund zur Aufregung, Doktor“, sagte ich hochnäsig. „Wenn eine Frau von achtundvierzig Jahren, Mitglied der Presbyterianergemeinde, nicht einmal einen Ihrer Sonntagsschüler besuchen kann, ohne daß es einen Skandal gibt, wie alt muß sie dann werden, bevor sie es kann?“

Der Arzt beantwortete meine Frage nicht. Stattdessen sah er Alexander Abraham vorwurfsvoll an. „So halten Sie also Ihr Wort, Mr. Bennett!“ sagte er. „Ich dachte, Sie hätten versprochen, niemanden ins Haus zu lassen.“

„Ich habe sie nicht ins Haus gelassen“, knurrte Mr. Bennett. „Himmel, Mann, sie ist durch ein Fenster im Obergeschoß geklettert, trotz der Anwesenheit eines Polizisten und eines Hundes! Was soll man mit so einer Frau machen?“

„Ich verstehe nicht, was all das zu bedeuten hat“, sagte ich zu dem Arzt und ignorierte Alexander Abraham völlig. „Aber wenn meine Gegenwart hier allen Anwesenden so furchtbar unangenehm ist, können Sie ganz beruhigt sein. Ich gehe sofort.“

„Ich bedaure, mein lieber Peter“, sagte der Arzt überzeugend, „aber genau das kann ich Ihnen nicht erlauben. Dieses Haus steht unter Quarantäne – wegen der Pocken. Sie müssen hierbleiben.“

Die Pocken! Zum ersten und letzten Mal in meinem Leben verlor ich einem Mann gegenüber die Beherrschung. Ich wirbelte wütend zu Alexander Abraham herum. „Warum haben Sie mir das nicht gesagt?“ rief ich.

„Nicht gesagt?“ sagte er und starrte mich an. „Als ich Sie gesehen habe, war es zu spät dafür. Ich dachte, es wäre am besten, den Mund zu halten und Sie in seliger Unkenntnis wegfahren zu lassen. Das wird Sie lehren, einfach in das Haus eines Mannes einzudringen, Madame!“

„Nun, nun, keinen Streit, meine Lieben“, warf der Doktor ernst ein – aber ich sah ein Blinzeln in seinen Augen. „Sie werden einige Zeit unter einem Dach verbringen müssen, und Zwist macht es nicht leichter. Sehen Sie, Peter, es war so. Mr. Bennett war gestern in der Stadt – wo, wie Sie wissen, die Pocken ausgebrochen sind – und hat in einem Gasthaus gegessen, in dem eins der Dienstmädchen krank war. Gestern abend zeigten sich bei ihr unverkennbare Symptome der Pocken. Das Gesundheitsamt ließ sofort alle Leute informieren, die gestern in dem Gasthaus waren, soweit man sie ausfindig machen konnte, und stellte alle unter Quarantäne. Ich war heute morgen hier und habe Mr. Bennett die Sache erklärt. Ich habe Jeremiah Jeffries mitgebracht, damit er das Haus von vorn bewacht, und Mr. Bennett hat mir sein Ehrenwort gegeben, niemanden durch die Hintertür hereinzulassen. Ich habe derweil noch einen Polizisten geholt und alles Nötige veranlaßt. Ich habe Thomas Wright mitgebracht und noch einen anderen Mann engagiert, der sich um Mr. Bennetts Vieh kümmert und Ihnen beiden etwas zu essen bringt. Jacob Green und Cleophas Lee halten Nachtwache. Ich glaube nicht, daß große Gefahr besteht, daß Mr. Bennett die Pocken bekommt, aber bis wir sicher sind, müssen Sie hierbleiben, Peter.“

Während ich dem Arzt zuhörte, dachte ich nach. Es war die ärgste Klemme, in die ich je geraten war, aber es hatte keinen Sinn, es noch schlimmer zu machen. „Nun gut, Doktor“, sagte ich gelassen. „Ja, ich wurde vor einem Monat geimpft, als die Nachricht von den

Pocken kam. Wenn Sie auf dem Rückweg durch Avonlea fahren, gehen Sie bitte zu Sarah Pye und bitten Sie sie, während meiner Abwesenheit in meinem Haus zu wohnen und sich um alles zu kümmern, vor allem um die Katzen. Sagen Sie ihr, daß sie ihnen zweimal am Tag Milch und zweimal in der Woche ein Stück Butter geben soll. Außerdem soll sie mir meine beiden schwarzgemusterten Morgenröcke, ein paar Schürzen und etwas Unterwäsche in meiner drittbesten Reisetasche schicken. Mein Pony steht draußen angebunden. Bitte bringen Sie ihn nach Hause. Das ist alles, glaube ich."

„Nein, ist es nicht", sagte Alexander Abraham grantig. „Schicken Sie auch diesen Kater nach Hause. Ich will hier keine Katze haben – lieber hätte ich die Pocken!"

Ich musterte Alexander Abraham auf meine eigene Art – nicht von Kopf bis Fuß, sondern ich fing bei den Füßen an und ließ den Blick zu seinem Kopf wandern. Ich ließ mir Zeit dafür und sagte dann ruhig: „Sie können beides haben. Mit William Adolphus müssen Sie sich abfinden – er steht unter Quarantäne wie Sie und ich. Meinen Sie, ich lasse meinen Kater durch Avonlea laufen und Pockenviren unter unschuldigen Leuten verbreiten? Ich muß mit Ihrem Hund zurechtkommen, dann müssen Sie auch William Adolphus ertragen."

Alexander Abraham stöhnte, aber ich merkte, daß mein musternder Blick ihm einen Dämpfer gegeben hatte.

Der Arzt fuhr weg, und ich ging ins Haus, weil ich nicht draußen herumstehen wollte, wo Thomas Wright mich angrinste. Ich hängte meinen Mantel in der Diele auf und legte meinen Hut sorgfältig auf den Wohnzimmertisch, den ich zuvor mit meinem Taschentuch abgestaubt hatte. Ich sehnte mich danach, dieses Haus gründlich sauberzumachen, mußte aber warten, bis der

Arzt mit meinem Morgenrock zurückkam. In meinem neuen Seidenkleid konnte ich keinen Hausputz machen.

Alexander Abraham saß auf einem Stuhl und sah mich an. Er sagte: „Ich bin ja nicht neugierig – aber würden Sie mir bitte verraten, warum der Arzt Sie Peter genannt hat?“

„Weil ich so heiße, nehme ich an“, antwortete ich, schüttelte ein Kissen für William Adolphus zurecht und wirbelte dabei den Staub von Jahren auf.

Alexander Abraham hustete ein wenig. „Ist das nicht – ähm! – ein etwas seltsamer Name für eine Frau?“

„Ja“, sagte ich und fragte mich, wieviel Seife er im Haus hatte – vielleicht gar keine?

„Ich bin ja nicht neugierig“, sagte Alexander Abraham, „aber würden Sie mir verraten, warum man Sie diesen Namen bekommen haben?“

„Wenn ich ein Junge gewesen wäre, hätten meine Eltern mich Peter genannt, nach einem reichen Onkel. Als ich mich – glücklicherweise – als Mädchen entpuppte, bestand meine Mutter darauf, daß ich Angelina heißen sollte. Sie gaben mir beide Namen und nannten mich Angelina, aber sobald ich alt genug war, habe ich beschlossen, Peter zu heißen. Das war schon schlimm genug, aber nicht ganz so schlimm wie Angelina.“

„Ich würde sagen, es war angemessener“, sagte Alexander Abraham.

Ich hatte das Gefühl, daß er unfreundlich sein wollte. „Genau“, stimmte ich gelassen zu. „Mein Nachname ist MacPherson, und ich wohne in Avonlea. Da Sie nicht neugierig sind, brauchen Sie wohl keine weiteren Auskünfte über mich.“

„Oh!“ Alexander Abraham sah aus, als gehe ihm ein Licht auf. „Ich habe von Ihnen gehört. Sie – äh – tun so, als würden Sie Männer nicht mögen.“

So tun als ob! Der Himmel weiß, was Alexander Abraham passiert wäre, wenn nicht etwas dazwischengekommen wäre. Aber die Tür ging auf, und ein Hund kam herein – *der* Hund. Wahrscheinlich hatte er es satt gehabt, unter dem Kirschbaum zu warten, daß William Adolphus und ich herunterkamen. Drinnen war er noch häßlicher als draußen.

„Oh, Mr. Riley, Mr. Riley, sehen Sie nur, was Sie mir aufgehalst haben“, sagte Alexander Abraham vorwurfsvoll.

Aber Mr. Riley – so hieß das Vieh – achtete nicht auf ihn. Er hatte William Adolphus, der sich auf dem Kissen zusammengerollt hatte, erspäht und tapste auf ihn zu. William Adolphus bemerkte ihn und setzte sich auf.

„Rufen Sie den Hund zurück!“ sagte ich warnend zu Alexander Abraham.

„Rufen Sie ihn doch selbst zurück!“ erwiderte er. „Sie haben den Kater mitgebracht, also passen Sie auch auf ihn auf!“

„Oh, es ging mir gar nicht um William Adolphus“, sagte ich freundlich. „Der kann sich selbst verteidigen.“

Das konnte William Adolphus wahrhaftig, und er tat es auch. Er machte einen Buckel, legte die Ohren an, fauchte und sprang mit einem Satz auf Mr. Riley zu. William Adolphus landete auf Mr. Rileys gestreiftem Rücken, krallte sich fest, fauchte und kratzte.

So einen entgeisterten Hund wie Mr. Riley hatte ich noch nie gesehen. Mit einem Schreckensgeheul fegte er hinaus in die Küche, aus der Küche in die Halle, aus der Halle in ein anderes Zimmer, dann wieder in die Küche – und dann das Ganze von vorn. Bei jeder Runde wurde er schneller, bis er aussah wie ein schwarzweißer Streifen. Es war ein richtiger Hexensabbat, und ich lachte Tränen. Mr. Riley drehte sich wie wild im Kreis, und William Adolphus krallte sich fest und kratzte.

Alexander Abraham wurde dunkelrot vor Wut. „Weibsbild, rufen Sie diesen höllischen Kater zurück, bevor er meinen Hund umbringt“, rief er und übertönte den Lärm aus Kläffen und Jaulen.

„Oh, er bringt ihn schon nicht um“, sagte ich beschwichtigend. „Und er ist so in Fahrt, daß er mich nicht hören würde. Wenn Sie den Hund zum Stehen bringen, Mr. Bennett, garantiere ich, daß ich William Adolphus zur Vernunft bringe, aber es hat keinen Sinn, mit einem Wirbelwind zu verhandeln.“

Alexander Abraham machte einen wilden Satz auf den schwarzweißen Streifen zu, der an ihm vorbeisauste, mit dem Ergebnis, daß er das Gleichgewicht verlor und mit Gepolter zu Boden fiel.

Ich eilte hinzu, um ihm aufzuhelfen, was ihn aber nur noch wütender machte.

„Weibsbild“, zischte er giftig, „ich wünschte, Sie und ihr verflixter Kater wären in – in –“

„In Avonlea“, beeilte ich mich zu sagen, damit Alexander Abraham keinen Fluch aussprach. „Das wünschte ich auch, Mr. Bennett, von ganzem Herzen! Aber da wir nicht dort sind, lassen Sie uns das Beste daraus machen, wie vernünftige Menschen. Und in Zukunft denken Sie bitte daran, daß ich Miss MacPherson heiße und nicht Weibsbild!“

Da kam das Ende, und ich war dankbar, denn der Lärm, den die beiden Tiere machten, war so schrecklich, daß ich erwartete, der Polizist würde hereinstürmen, Pocken hin oder her, um zu sehen, ob Alexander Abraham und ich einander umbringen wollten. Mr. Riley hielt plötzlich mitten in seinem wilden Lauf an und polterte in eine dunkle Ecke zwischen dem Ofen und dem Holzkasten, und William Adolphus sprang von seinem Rücken.

Danach gab es mit Mr. Riley nie mehr irgendwelchen Ärger – er war der wohlerzogenste Hund der Welt. William Adolphus hatte gewonnen, und dabei blieb es.

Als ich sah, daß die Wogen sich geglättet hatten und es fünf Uhr war, beschloß ich, Tee zu kochen. Ich sagte Alexander Abraham, daß ich den Tee machen würde, wenn er mir zeigte, wo ich etwas Eßbares fand.

„Sie brauchen sich keine Mühe zu machen“, sagte Alexander Abraham. „Ich bin seit zwanzig Jahren gewohnt, meinen Tee selbst zu kochen.“

„Das glaube ich. Aber Sie sind nicht gewohnt, meinen zu kochen“, sagte ich energisch. „Ich würde lieber verhungern, als etwas zu essen, das Sie gekocht haben. Wenn Sie etwas tun wollen, besorgen Sie lieber eine Salbe und behandeln Sie die Kratzer, die der arme Hund abbekommen hat.“

Alexander Abraham sagte etwas, das ich klugerweise überhörte. Er konnte mir keine sachdienlichen Hinweise geben, also ging ich auf Entdeckungstour in der Speisekammer. Sie spottete jeder Beschreibung, und zum ersten Mal regte sich bei mir ein schwaches Mitleid mit Alexander Abraham. Wenn ein Mann in einer solchen Umgebung leben mußte, war es kein Wunder, daß er Frauen haßte, sondern eher, daß er nicht die ganze Menschheit haßte.

Aber irgendwie brachte ich ein Abendessen zustande. Ich bin bekannt für meine Abendessen. Das Brot stammte vom Bäcker in Carmody, und ich machte guten Tee und ausgezeichneten Toast. Außerdem fand ich eine Dose Pfirsiche in der Speisekammer – die noch nicht angerührt worden war, also hatte ich keine Bedenken, sie zu verzehren.

Toast und Tee besänftigten Alexander Abraham gegen seinen Willen. Er aß alles bis auf den letzten Krümel auf und murrte auch nicht, als ich William Adolphus die ganze Sahne gab, die übriggeblieben war. Mr. Riley wollte nichts. Er hatte keinen Appetit.

Inzwischen war der Sohn des Doktors mit meiner Reisetasche gekommen. Alexander Abraham gab mir taktvoll zu verstehen, daß es ein Gästezimmer auf der anderen Seite der Halle gab und ich mich dort häuslich einrichten könne. Ich ging hinein und zog mir einen Morgenrock an. Das Zimmer hatte schöne Möbel und ein gemütliches Bett. Aber der Staub! William Adolphus folgte mir und hinterließ überall Pfotenabdrücke.

„Jetzt", sagte ich energisch und ging wieder in die Küche, „werde ich hier saubermachen und fange mit dieser Küche an. Sie gehen am besten ins Wohnzimmer, Mr. Bennett, damit Sie nicht im Weg sind."

Alexander Abraham starrte mich grimmig an. „Ich erlaube nicht, daß Sie mein Haus auf den Kopf stellen", fuhr er mich an. „Es gefällt mir so, wie es ist! Wenn es Ihnen nicht gefällt, können Sie ja gehen."

„Nein, kann ich nicht. Das ist ja gerade das Problem", sagte ich freundlich. „Wenn ich gehen könnte, würde ich keine Minute länger bleiben. Aber da ich nicht weg kann, muß es einfach saubergemacht werden. Ich kann Männer und Hunde ertragen, wenn es sein muß, aber Schmutz und Unordnung nicht. Gehen Sie ins Wohnzimmer!"

Alexander Abraham ging. Als er die Tür schloß, hörte ich ihn – in Großbuchstaben – sagen: „WAS FÜR EINE SCHRECKLICHE FRAU!"

Ich machte die Küche und die Speisekammer sauber. Es war zehn Uhr, als ich fertig war, und Alexander Abraham war ins Bett gegangen, ohne mich eines weiteren Wortes zu würdigen. Ich schloß Mr. Riley und William Adolphus in verschiedenen Zimmern ein und ging ebenfalls schlafen. Ich hatte mich noch nie im Leben so müde gefühlt. Es war ein schwerer Tag gewesen.

Aber am nächsten Morgen war ich früh wach und guter Laune. Ich machte ein ausgezeichnetes Frühstück, und Alexander Abraham geruhte es zu verzehren. Als der Händler in den Hof kam, rief ich ihm aus dem Fenster zu, daß er mir am Nachmittag eine Kiste mit Seife bringen solle, und nahm dann das Wohnzimmer in Angriff.

Ich brauchte fast eine Woche, um das Haus in Ordnung zu bringen, aber ich tat es gründlich. Ich bin bekannt dafür, alles gründlich zu machen. Am Ende war es vom Dachboden bis zum Keller blitzsauber. Alexander Abraham ließ mein Wirken unkommentiert, obwohl er oft und laut stöhnte und machte bissige Bemerkungen zu dem armen Mr. Riley, der nach seiner Erfahrung mit William Adolphus keine Kraft mehr für Widerworte hatte. Ich behandelte Alexander Abraham nachsichtig, denn seine Impfung zeigte Wirkung, und sein Arm war wund. Ich bereitete aufwendige Mahlzeiten zu, weil es sonst nicht viel zu tun gab, nachdem ich alles saubergemacht hatte. Es gab reichlich Vorräte im Haus – Alexander Abraham war nicht knauserig, das muß ich ihm lassen. Alles in allem gefiel es mir besser, als ich erwartet hatte. Wenn Alexander Abraham nicht reden wollte, ließ ich ihn in Ruhe, und wenn er wollte, machte ich ebenso sarkastische Bemerkungen wie er, aber im Gegensatz zu ihm mit einem Lächeln. Ich merkte, daß er gewaltigen Respekt vor mir hatte. Aber dann und wann schien er seine Vorbehalte zu vergessen und redete wie ein Mensch. Wir hatten ein oder zwei wirklich interessante Gespräche. Alexander Abraham war ein intelligenter Mann, obwohl er schrecklich verkorkst war. Einmal sagte ich ihm, daß er als Junge wirklich nett gewesen sein müsse.

Eines Tages überraschte er mich damit, daß er mit gekämmten Haaren und einem weißen Kragen am Eßtisch erschien. Wir hatten ein wunderbares Essen, und zum Nachtisch gab es einen Pudding, der viel zu gut für einen Frauenhasser war. Alexander Abraham verzehrte zwei große Teller davon, seufzte und sagte: „Sie können wirklich gut kochen. Es ist ein Jammer, daß Sie in anderer Hinsicht so eine scheußliche Kratzbürste sind."

„Es ist sehr vorteilhaft, eine Kratzbürste zu sein", sagte ich. „Die Leute achten darauf, wie sie mit einem umgehen. Haben Sie diese Erfahrung nie selbst gemacht?"

„Ich bin keine Kratzbürste", knurrte Alexander Abraham beleidigt. „Ich verlange nur, daß man mich in Ruhe läßt."

„Das ist die kratzigste Ausgabe einer Kratzbürste", sagte ich. „Wer in Ruhe gelassen werden will, widerspricht der Vorsehung, die entschieden hat, daß man die Leute zu ihrem eigenen Besten nicht in Ruhe lassen darf. Aber Kopf hoch, Mr. Bennett. Am Dienstag ist die Quarantäne zu Ende, und dann werden Sie sicher für den Rest Ihres Lebens in Ruhe gelassen, was William Adolphus und mich betrifft. Dann können Sie wieder im Dreck versinken und es sich darin gemütlich machen."

Alexander Abraham knurrte wieder. Die Aussicht schien ihn nicht so sehr aufzuheitern, wie ich erwartet hatte. Dann tat er etwas Außergewöhnliches. Er goß etwas Sahne in eine Schüssel und stellte sie William Adolphus hin. William Adolphus leckte sie auf und behielt Alexander Abraham im Auge, falls dieser es sich anders überlegte. Ich wollte nicht zurückstehen und gab Mr. Riley einen Knochen.

Weder Alexander Abraham noch ich hatten uns große Sorgen wegen der Pocken gemacht. Wir glaubten nicht, daß er sie bekommen würde, denn er hatte das kranke Mädchen nicht einmal gesehen. Aber am nächsten Morgen hörte ich, daß er oben von der Treppe aus nach mir rief.

„Miss MacPherson", sagte er, und seine Stimme klang so ungewohnt mild, daß ich ein ungutes Gefühl bekam. „Was sind die Symptome der Pocken?"

„Frösteln und Fieber, Gliederschmerzen, Übelkeit und Erbrechen“, erwiderte ich prompt, denn ich hatte in einem medizinischen Handbuch nachgeschlagen.

„Das habe ich alles“, sagte Alexander Abraham. Seine Stimme klang hohl.

Ich erschrak nicht so sehr wie erwartet. Nachdem ich es mit einem Frauenhasser, einem gestreiften Hund und der anfänglichen Unordnung im Haus ausgehalten hatte, schienen die Pocken nicht mehr so dramatisch zu sein. Ich ging ans Fenster und rief Thomas Wright zu, daß er den Arzt holen sollte.

Der Arzt erschien, und als er aus Alexander Abrahams Zimmer kam, sah er sehr ernst aus. „Es ist noch nicht möglich, die Diagnose zu stellen“, sagte er. „Es steht erst fest, wenn der Ausschlag erscheint. Aber es ist natürlich sehr wahrscheinlich, daß es die Pocken sind. Es ist großes Pech. Ich fürchte, daß es schwierig wird, eine Krankenschwester zu finden. Alle Krankenschwestern in der Stadt, die Pockenfälle übernehmen können, sind zur Zeit ausgebucht, weil dort noch die Epidemie herrscht. Aber ich gehe heute abend in die Stadt und versuche mein Bestes. Und vorerst: Da Mr. Bennett zur Zeit keine Pflege braucht, dürfen Sie nicht in seine Nähe gehen, Peter.“

Ich ließ mir von keinem Mann Befehle erteilen, und sobald der Arzt gegangen war, marschierte ich schnurstracks in Alexander Abrahams Zimmer und brachte ihm auf einem Tablett etwas zu essen. Die Zitronencreme konnte er auch essen, wenn er die Pocken hatte.

„Sie sollten nicht in meine Nähe kommen“, knurrte er. „Sie riskieren Ihr Leben.“

„Ich lasse keinen Mitmenschen verhungern, selbst wenn es ein Mann ist“, erwiderte ich.

„Das schlimmste“, stöhnte Alexander Abraham zwischen den Löffeln Zitronencreme, „ist, daß der Arzt sagt, ich bräuchte eine Pflegerin. Ich habe mich daran gewöhnt, daß Sie im Haus sind, aber der Gedanke an noch eine Frau ist zuviel! Haben Sie meinem armen Hund etwas zu fressen gegeben?“

„Er hatte eine bessere Mahlzeit als manch ein Christ“, sagte ich streng.

Alexander Abraham hätte sich keine Sorgen darüber machen müssen, daß noch eine Frau ins Haus kam.

Der Arzt erschien am Abend mit umwölkter Stirn. „Ich weiß nicht, was wir tun sollen“, sagte er. „Ich konnte keine Menschenseele dazu bewegen, herzukommen!“

„Ich werde Mr. Bennett pflegen“, sagte ich mit Würde. „Es ist meine Pflicht, und um die drücke ich mich nie. Dafür bin ich bekannt. Er ist ein Mann, er hat die Pocken und einen bösartigen Hund, aber trotz allem kann ich nicht zulassen, daß er wegen mangelnder Pflege stirbt.“

„Sie sind eine gute Seele, Peter“, sagte der Arzt. Er sah erleichtert aus – wie ein Mann, der eine Frau gefunden hat, die die Verantwortung übernimmt.

Ich pflegte Alexander Abraham, während er die Pocken hatte, und es machte mir nicht viel aus. Er war krank wesentlich liebenswerter als gesund und hatte nur eine sehr leichte Form der Krankheit. Unten herrschte ich unumschränkt, und Mr. Riley and William Adolphus lagen nebeneinander wie der Löwe und das Lamm. Ich fütterte Mr. Riley regelmäßig, und einmal, als er einsam aussah, streichelte ich ihn. Es war angenehmer als erwartet. Mr. Riley hob den Kopf und sah mich mit einem Ausdruck in den Augen an, bei dem ich mich nicht mehr wunderte, daß Alexander Abraham das Vieh so liebte.

Als Alexander Abraham wieder sitzen konnte, fing er an, alles nachzuholen, was er in der Zeit des Freundlichseins versäumt hatte. Mehr Sarkasmus als den, den er während seiner Genesung an den Tag legte, konnte man sich nicht vorstellen. Ich lachte ihn nur aus, weil ich mittlerweile herausgefunden hatte, daß man ihn damit zuverlässig ärgern konnte. Um ihn noch mehr zu ärgern, putzte ich das Haus noch einmal. Aber am meisten wurmte es ihn, daß Mr. Riley anfing, mir auf Schritt und Tritt zu folgen und mit seinem Stummelschwanz zu wedeln.

„Sie haben nicht nur mein trautes Heim auf den Kopf gestellt, Sie mußten mir auch noch meinen Hund entfremden“, beschwerte sich Alexander Abraham.

„Er wird Sie wieder liebgewinnen, wenn ich nach Hause gehe“, sagte ich tröstend. „Hunde sind ja nicht wählerisch – sie wollen nur Knochen. Katzen dagegen lieben uninteressiert. William Adolphus hat mir immer die Treue gehalten, auch wenn Sie ihm in der Speisekammer heimlich Sahne geben.“

Alexander Abraham machte ein dummes Gesicht. Er hatte nicht geahnt, daß ich das wußte.

Ich steckte mich nicht mit den Pocken an, und eine Woche später kam der Arzt und schickte den Polizisten nach Hause. Ich wurde desinfiziert, William Adolphus ebenso, und dann stand es uns frei, zu gehen.

„Auf Wiedersehen, Mr. Bennett“, sagte ich und reichte ihm versöhnlich die Hand. „Ich habe keinen Zweifel, daß Sie froh sind, mich loszuwerden, aber ich bin noch froher, zu gehen. Wahrscheinlich wird dieses Haus in einem Monat schmutziger sein denn je, und Mr. Riley wird die wenigen Manieren vergessen, die er gelernt hat. Veränderungen bei Männern und Hunden gehen nie sehr tief.“

Mit diesem letzten Giftpfeil verließ ich das Haus und dachte, ich würde es und Alexander Abraham nie wiedersehen.

Ich war natürlich froh, wieder zu Hause zu sein, aber es wirkte sonderbar und einsam. Die Katzen kannten mich kaum noch, und William Adolphus stromerte ziellos herum und fühlte sich offenbar wie ein Exilant. Mir machte das Kochen nicht solche Freude wie sonst, denn es kam mir albern vor, so einen Aufwand nur für mich selbst zu treiben. Beim Anblick eines Knochens dachte ich an den armen Mr. Riley. Die Nachbarn gingen mir gezielt aus dem Weg, weil sie fürchteten, daß bei mir jeden Augenblick die Pocken ausbrechen würden. Meine Sonntagsschulklasse hatte eine andere Lehrerin übernommen, und ich fühlte mich, als gehörte ich nirgendwo hin.

Ich führte dieses Leben zwei Wochen, als plötzlich Alexander Abraham auftauchte. Er kam eines Abends in der Dämmerung, doch im ersten Moment erkannte ich ihn gar nicht, so geschniegelt sah er aus. Aber William Adolphus erkannte ihn. Ob Ihr es glaubt oder nicht, William Adolphus, mein William Adolphus, strich diesem Mann um die Beine und schnurrte zufrieden.

„Ich mußte kommen, Angelina“, sagte Alexander Abraham. „Ich habe es nicht mehr ausgehalten.“

„Ich heiße Peter“, sagte ich kalt, obwohl ich so albern war, mich über irgend etwas zu freuen.

„So heißt du nicht“, sagte Alexander Abraham eigensinnig. „Für mich heißt du Angelina, und das wird auch so bleiben. Ich werde dich nie Peter nennen. Angelina paßt sehr gut zu dir, und Angelina Bennett würde noch besser passen. Du mußt zurückkommen, Angelina. Mr. Riley trauert dir nach, und ich komme nicht zurecht ohne jemanden, der meinen Sarkasmus zu schätzen weiß, jetzt, da ich mich an diese Wohltat gewöhnt habe.“

„Was ist mit den anderen fünf Katzen?“ fragte ich.

Alexander Abraham seufzte. „Ich nehme an, die müssen auch mitkommen“, seufzte er, „auch wenn Sie dem armen Mr. Riley aus dem Haus jagen werden.

Aber ich kann ohne ihn leben – nur ohne dich kann ich nicht leben. Wann kannst du mich heiraten?“

„Ich habe noch gar nicht gesagt, daß ich dich überhaupt heirate, oder?“ sagte ich bissig, nur um konsequent zu sein, denn mir war gar nicht danach zumute.

„Nein, aber du wirst es tun, nicht wahr?“ sagte Alexander Abraham besorgt. „Denn sonst wäre es mir lieber gewesen, du hättest mich an den Pocken sterben lassen. Tu es, liebe Angelina.“

Sich vorzustellen, daß ein Mann es wagte, mich seine „liebe Angelina“ zu nennen! Und daß es mich nicht störte!

„Wo ich hingehe, geht auch William Adolphus hin“, sagte ich, „aber die anderen fünf Katzen werde ich weggeben um – um Mr. Rileys willen.“

9. Pa Sloanes Kauf

„Ich glaube, der Sirup ist bald alle, nicht wahr?" sagte Pa Sloane bedeutungsvoll. „Vielleicht fahre ich heute nachmittag nach Carmody und kaufe neuen."

„Im Krug ist noch eine halbe Gallone Sirup", sagte Ma Sloane unbarmherzig.

„Wirklich? Nun, ich habe gesehen, daß die Kerosinflasche fast leer ist. Sie muß wohl nachgefüllt werden."

„Das Kerosin reicht noch für zwei Wochen." Ma aß mit ausdrucksloser Miene weiter, aber in ihren Augen zeigte sich ein Funkeln. Damit Pa es nicht sah – vielleicht hätte er sich dadurch ermutigt gefühlt –, schaute sie reglos auf ihren Teller.

Pa Sloane seufzte. Ihm fiel nichts mehr ein. „Habe ich dich nicht vorgestern sagen hören, daß du keine Muskatnüsse mehr hast?" fragte er nach einigen Augenblicken angestrengten Nachdenkens.

„Ich habe gestern welche beim Eierhändler gekauft", erwiderte Ma und konnte kaum verhindern, daß sich das Blinzeln auf ihrem ganzen Gesicht ausbreitete. Sie fragte sich, ob dieser dritte Fehlschlag Pa zur Aufgabe bewegen würde.

Aber Pa gab nicht auf. „Nun, wie auch immer", sagte er, und seine Miene hellte sich auf, weil ihm plötzlich eine rettende Idee kam, „ich muß die Fuchsstute zum Hufschmied bringen. Wenn du also etwas aus dem Laden brauchst, Ma, schreib eine Liste, während ich das Pferd anspanne."

Die Sache mit dem Hufschmied gehörte nicht zu Mas Zuständigkeitsbereich, auch wenn sie bezweifelte, daß die Stute unbedingt neu beschlagen werden mußte.

„Warum redest du um den heißen Brei herum, Pa?" fragte sie mit einer Mischung aus Mitleid und Verachtung. „Du kannst ruhig zugeben, warum du nach Carmody willst. Ich durchschaue deine Tricks. Du willst zu der Auktion bei den Garlands. Darum geht es dir, Pa Sloane."

„Warum soll ich nicht vorbeigehen, es liegt doch auf dem Weg. Aber die Fuchsstute braucht wirklich neue Hufeisen, Ma", protestierte Pa ein.

„Es ist immer etwas Dringendes zu erledigen, wenn es dir paßt", erwiderte Ma. „Deine Manie für Auktionen wird dich noch ruinieren, Pa. Ein Mann von fünfundfünfzig Jahren sollte über so etwas hinaus sein. Aber du wirst mit zunehmendem Alter immer schlimmer. Wie auch immer, wenn *ich* auf Auktionen gehen wollte, würde ich mir vorher überlegen, wo es sich lohnt – und keine Zeit mit so einer kleinen Versteigerung wie der bei den Garlands verschwenden."

„Vielleicht kann ich etwas richtig Billiges bei den Garlands abstauben", sagte Pa zu seiner Verteidigung.

„Nun, du wirst nichts abstauben, weder etwas Billiges noch sonst etwas, Pa Sloane, weil ich mitfahre und dafür sorge, daß du es nicht tust. Ich weiß, daß ich dich nicht davon abhalten kann, hinzufahren – genausogut könnte ich versuchen, den Wind am Wehen zu hindern. Aber ich gehe mit – aus Notwehr! Dieses Haus ist schon bis unters Dach mit Ramsch vollgestopft, den du von Auktionen mitgeschleppt hast!"

Pa Sloane seufzte wieder. Es machte keine Freude, mit Ma auf eine Auktion zu gehen. Sie ließ ihn nie auf etwas bieten. Aber er begriff, daß Ma nicht von ihrem

Entschluß abzubringen war, also ging er hinaus und spannte den Wagen an.

Es war Pa Sloanes Zeitvertreib, auf Versteigerungen zu gehen und Dinge zu kaufen, die niemand sonst haben wollte. Ma Sloanes geduldige Bemühungen hatten innerhalb von dreißig Jahren nur eine geringe Besserung bewirkt. Manchmal verzichtete Pa heldenhaft sechs Monate am Stück darauf, auf eine Auktion zu gehen, aber dann trieb er es schlimmer denn je, ging zu allen Versteigerungen weit und breit und kam mit einer ganzen Wagenladung Ramsch nach Hause. Seine letzte Errungenschaft war eine alte Butterschleuder für fünf Dollar – die Jungen machten sich einen Spaß daraus, Pa Sloane „Plunder anzudrehen“ –, die er der entrüsteten Ma mitbrachte. Sie machte ihre Butter seit fünfzehn Jahren in dem allerneuesten Butterfaß. Um alles noch schlimmer zu machen, war es schon die zweite Butterschleuder, die Pa auf einer Auktion gekauft hatte. Das gab den Ausschlag. Ma beschloß, daß sie Pa in Zukunft begleiten würde, wenn er auf Auktionen ging.

Aber heute war Pas Glückstag. Als er zur Tür fuhr, wo Ma wartete, kam ein kleiner Kerl von zehn Jahren, ohne Mütze und völlig außer Atem, auf den Hof gestürmt und drängte sich zwischen Ma und die Wagenstufe.

„Oh, Mrs. Sloane, können Sie bitte gleich zu uns kommen?“ keuchte er. „Das Baby hat Kolik, und Ma ist ganz außer sich, und er ist ganz rot im Gesicht!“

Ma ging mit und hatte das Gefühl, daß die Sterne am Firmament sich gegen eine Frau verschworen hatten, die versuchte, ihre Pflicht zu tun. Aber vorher ermahnte sie Pa. „Ich muß dich wohl allein fahren lassen. Aber ich verlange von dir, Pa, daß du auf nichts bietest – auf gar nichts, hörst du?“

Pa hörte es und versprach, sich danach zu richten, und er hatte auch wirklich die Absicht, sich an sein

Versprechen zu halten. Dann fuhr er vergnügt los. Bei jedem anderen Anlaß wäre ihm Mas Gesellschaft willkommen gewesen, aber auf einer Auktion verdarb sie ihm immer den Spaß.

Als Pa beim Laden in Carmody ankam, sah er, daß es auf dem kleinen Hof der Garlands am Fuß des Hügels schon von Menschen wimmelte. Die Auktion hatte offenbar schon begonnen, und um nicht noch mehr zu verpassen, eilte Pa nach unten. Die Fuchsstute konnte bis nach der Auktion auf ihre Hufeisen warten.

Ma hatte richtig gelegen, als sie die Auktion bei den Garlands eine „kleine Versteigerung“ genannt hatte. Es war wirklich sehr bescheiden, vor allem, wenn man es mit der großen Auktion bei den Donaldsons verglich, die vor einem Monat stattgefunden hatte. Pa schwelgte immer noch in seliger Erinnerung.

Horace Garland und seine Frau waren arm gewesen. Als sie beide innerhalb von sechs Wochen verstarben, er an Tuberkulose und sie an Lungenentzündung, hinterließen sie nichts als Schulden und ein paar Möbel. Das Haus war ein Mietshaus gewesen.

Die Versteigerung des Hausrates lief schleppend an und hatte etwas von resignierter Entschlossenheit an sich. Die Leute in Carmody wußten, daß diese Sachen verkauft werden mußten, um die Schulden zu bezahlen, aber es war doch eine recht lahme Angelegenheit.

Eine Frau kam aus dem Haus. Sie hatte ein kleines Kind von etwa achtzehn Monaten auf dem Arm und setzte sich auf die Bank unter dem Fenster.

„Da ist Marthy Blair mit dem Baby der Garlands“, sagte Robert Lawson zu Pa. „Ich möchte wissen, was aus dem armen Kleinen werden soll!“

„Gibt es keinen Verwandten des Vaters oder der Mutter, die ihn aufnehmen können?“ fragte Pa.

„Nein. Horace hatte keine Verwandten, soweit man weiß. Mrs. Horace hatte einen Bruder, aber der ist vor

Jahren nach Manitoba gegangen, und niemand weiß, wo er jetzt steckt. Irgendwer muß das Baby aufnehmen, und keiner scheint sich darum zu reißen. Ich habe selber acht, sonst würde ich es mir überlegen. Er ist ein niedlicher kleiner Kerl."

Pa dachte an Mas Ermahnung beim Abschied. Er bot auf nichts, auch wenn es ihn eine geradezu heldenhafte Überwindung kostete – bis er zuletzt doch noch auf eine Sammlung von Blumentöpfen bot, weil er meinte, sich so eine kleine Übertretung erlauben zu dürfen. Aber Josiah Sloane hatte Order von seiner Frau, ihr diese Blumentöpfe mitzubringen, und so entgingen sie Pa.

„So, das war alles", sagte der Auktionator und wischte sich das Gesicht ab, denn es war ein warmer Tag für Oktober. „Jetzt ist nichts mehr da, es sei denn, wir verkaufen das Baby."

Ein Lachen ging durch die Menge. Die Auktion war langweilig gewesen, und jetzt war ihnen nach etwas Spaß zumute. Jemand rief: „Nur zu, Jacob!" Der Witz fand Beifall, und alle stimmten vergnügt in den Vorschlag ein.

Jacob Blair nahm Martha den kleinen Teddy Garland ab, stellte ihn auf den Tisch neben der Tür und hielt den kleinen Kerl mit einer großen braunen Hand fest. Der Kleine hatte blonde Locken, ein rosiges Gesicht und große blaue Augen. Er lachte die Leute an und fuchtelte vergnügt mit den Händen.

Pa Sloane dachte, daß er noch nie so ein schönes Kind gesehen hatte.

„Hier ist ein Baby zu verkaufen", rief der Auktionator. „Ein echtes Baby, fast nagelneu! Ein richtiges lebendiges Baby, das garantiert ein bißchen läuft und spricht. Wer bietet? Einen Dollar? Ist jemand so geizig, nur einen Dollar zu bieten? Nein, Sir, so billig sind Babys nicht, vor allem nicht die der Marke Lockenkopf!"

Die Menge lachte wieder.

Pa Sloane wollte den Witz aufgreifen und rief: „Vier Dollar!“

Alle sahen ihn an. Die Menge bekam plötzlich den Eindruck, daß Pa es ernst meinte und seine Absicht kundtun wollte, dem Baby ein Zuhause zu geben. Er war wohlhabend, und sein einziger Sohn war erwachsen und verheiratet.

„Sechs“, rief John Clarke von der anderen Seite des Hofes. John Clarke wohnte in White Sands, und er und seine Frau hatten keine Kinder.

Dieses Gebot von John Clarke wurde Pa zum Verhängnis. Pa Sloane konnte keine Feinde haben, aber einen Rivalen hatte er, und das war John Clarke. Auf sämtlichen Auktionen bot John Clarke gegen Pa. Beim letztenmal hatte er Pa jedesmal überboten, weil er keine Ehefrau zu fürchten hatte. Pas Kampfgeist erwachte, er vergaß Ma Sloane, er vergaß, wofür er bot, er vergaß alles – bis auf die wilde Entschlossenheit, daß John Clarke nicht schon wieder gewinnen sollte.

„Zehn“, rief er mit schriller Stimme.

„Fünfzehn“, schrie Clarke.

„Zwanzig“, quietschte Pa.

„Fünfundzwanzig“, brüllte Clarke.

„Dreißig“, kreischte Pa. Ihm platzte beinahe eine Ader, aber er hatte gewonnen.

Clarke wandte sich mit einem Lachen und einem Achselzucken ab. Der Auktionator schlug dreimal mit dem Hammer, und damit ging das Baby an Pa Sloane, der in der Zwischenzeit das Volk durch ein Stakkato witziger Bemerkungen zum Lachen gebracht hatte. Eine so lustige Auktion hatte es in Carmody lange nicht mehr gegeben.

Pa Sloane trat vor oder wurde nach vorn geschoben. Das Baby wurde ihm in den Arm gedrückt, er begriff, daß er es behalten sollte, und er war zu benommen, um zu protestieren – und außerdem hatte er das Kind ins Herz geschlossen.

Der Auktionator warf einen zweifelnden Blick auf das Geld, das Pa wortlos hinlegte. „Ich glaube, das war nur ein Scherz“, sagte er.

„Kein bißchen“, sagte Robert Lawson. „Kein Geld der Welt kann die Schulden bezahlen. Es ist noch eine Arztrechnung offen, und das wird gerade reichen.“

Pa Sloane fuhr nach Hause – mit der Fuchsstute, die noch nicht beschlagen war, dem Baby und dem bescheidenen Kleiderbündel des Babys. Das Baby machte keine Schwierigkeiten; es hatte sich in den letzten zwei Monaten an Fremde gewöhnt und schlief auf seinem Schoß ein. Aber Pa Sloane hatte keine Freude an der Fahrt; er sah Ma Sloane vor seinem inneren Auge.

Ma erwartete ihn auf der Türschwelle, als er bei Sonnenuntergang in den Hof fuhr. Als sie das Baby sah, bot sie ein Bild des Staunens. „Pa Sloane“, fragte sie, „wer ist der Kleine, und wo hast du ihn her?“

„Ich – ich – habe ihn auf der Auktion ersteigert, Ma“, sagte Pa matt.

Dann wartete er auf die Explosion, aber es kam keine.

Diese letzte Heldentat von Pa war zuviel für Ma. Mit einem Keuchen entriß sie ihm das Baby und befahl ihm, das Pferd in den Stall zu bringen. Als er wieder in die Küche kam, hatte Ma den Kleinen auf das Sofa gesetzt, ihn mit Stühlen umzingelt, damit er nicht herunterfiel, und gab ihm einen Sirupkeks.

„Nun, Pa Sloane, kannst du es erklären“, sagte sie.

Pa erklärte es.

Ma hörte unter grimmigem Schweigen zu, bis er fertig war. Dann sagte sie streng: „Glaubst du, daß wir dieses Baby behalten?“

„Ich – ich – weiß nicht“, sagte Pa. Und er wußte es wirklich nicht.

„Nun, wir behalten es nicht! Ich habe einen Jungen großgezogen, und das reicht! Ich habe nicht vor, mich noch mit weiteren herumzuschlagen. Ich war sowieso nie eine Kindernärrin. Du sagst, daß Mary Garland einen Bruder in Manitoba hat? Also, wir schreiben ihm einfach und sagen ihm, daß er sich um seinen Neffen kümmern muß."

„Aber wie soll das gehen, Ma, wenn niemand seine Adresse weiß?" widersprach Pa und warf einen bekümmerten Blick auf das niedliche, lachende Baby.

„Ich finde seine Adresse heraus, und wenn ich dafür Zeitungsanzeigen aufgeben muß", sagte Ma. „Und du, Pa Sloane, gehörst ins Irrenhaus. Auf der nächsten Auktion ersteigerst du eine Ehefrau, nehme ich an?"

Pa war niedergeschmettert über Mas Zynismus. Er setzte sich an den Abendbrottisch.

Ma nahm das Baby auf den Arm und setzte sich an das Kopfende des Tisches. Der kleine Teddy lachte und kniff ihr in die Wange – Mas Wange! Ma sah sehr böse aus, aber sie fütterte ihn so geschickt, als sei es nicht dreißig Jahre her, daß sie so etwas das letzte Mal getan hatte. Aber eine Frau, die einmal das Muttersein gelernt hat, vergißt es nie wieder.

Nach dem Tee schickte Ma Pa zu William Alexander, um einen Hochstuhl zu leihen. Als Pa in der Dämmerung zurückkam, war das Baby wieder auf dem Sofa eingezäunt, und Ma durchforstete den Dachboden. Sie brachte das kleine Gitterbett ihres Sohnes nach unten und stellte es für Teddy auf. Dann wiegte sie das Baby in den Schlaf und summte ihm ein altes Wiegenlied vor. Pa Sloane saß still da und lauschte in seliger Erinnerung an frühere Zeiten, als er und Ma jung und stolz gewesen waren und der backenbärtige William Alexander ein krausköpfiger kleiner Kerl.

Ma mußte keine Annonce aufgeben, um Mrs. Garlands Bruder zu finden. Dieser sah die Todesanzeige seiner Schwester in einer Zeitung von zu Hause, schrieb an das Postamt von Carmody und verlangte umfassende Informationen. Dieser Brief wurde an Ma weitergeschickt, und sie beantwortete ihn.

Sie schrieb, daß sie das Baby aufgenommen hatten und alles Weitere abwarteten, aber nicht die Absicht hatten, es zu behalten; und sie fragte seinen Onkel ungerührt, was mit dem Kind geschehen sollte. Dann versiegelte und adressierte sie den Brief mit fester Hand, aber als es getan war, sah sie Pa Sloane, der im Sessel saß und das Baby auf dem Schoß hatte. Sie amüsierten sich prächtig. Pa war immer in kleine Kinder vernarrt gewesen. Er wirkte zehn Jahre jünger. Mas Blick wurde etwas milder, als sie die beiden beobachtete.

Die Antwort auf den Brief kam umgehend. Teddys Onkel schrieb, daß er sechs eigene Kinder habe, aber trotzdem gern bereit sei, seinem kleinen Neffen ein Zuhause zu geben. Aber er konnte ihn nicht selbst abholen. Josiah Spencer aus White Sands wollte im Frühling nach Manitoba. Wenn Mr. und Mrs. Sloane das Baby bis dahin behalten würden, konnten die Spencers ihn mitnehmen. Vielleicht ging es auch eher.

„Es wird nicht eher gehen“, sagte Pa Sloane und klang zufrieden.

„Nein, leider!“ erwiderte Ma bissig.

Der Winter verging. Der kleine Teddy wuchs und gedieh, und Pa Sloane vergötterte ihn. Auch Ma war sehr gut zu ihm, und Teddy hatte sie genauso gern wie Pa.

Aber als der Frühling nahte, wurde Pa immer niedergeschlagener. Manchmal seufzte er abgrundtief, vor allem wenn er beiläufige Bemerkungen über die Abreise von Josiah Spencer hörte.

An einem warmen Nachmittag Anfang Mai kam Josiah Spencer. Ma saß friedlich in der Küche und strickte, Pa las unter beifälligem Nicken die Zeitung, und das Baby spielte auf dem Fußboden mit der Katze.

„Guten Tag, Mrs. Sloane“, sagte Josiah überschwenglich. „Ich komme vorbei, um nach diesem jungen Mann hier zu sehen. Wir reisen nächsten Mittwoch ab, also schicken Sie ihn am besten am Montag oder Dienstag zu uns, damit er sich an uns gewöhnt, und –“

„Oh, Ma“, begann Pa und stand bittend auf.

Ma sah ihn durchdringend an. „Setz dich hin, Pa“, befahl sie.

Der unglückliche Pa setzte sich hin.

Dann starrte Ma den lächelnden Josiah finster an. Er fühlte sich sofort so schuldig, als habe man ihn in flagranti dabei ertappt, daß er Schafe stahl.

„Wir sind Ihnen zu großem Dank verpflichtet, Mr. Spencer“, sagte Ma eisig, „aber dieses Baby gehört uns. Wir haben es gekauft und dafür bezahlt. Ein Vertrag ist ein Vertrag. Wenn ich bar für ein Baby bezahle, will ich die Ware auch behalten. Wir werden dieses Baby behalten, egal, wie viele Onkel es in Manitoba hat. Habe ich mich klar ausgedrückt, Mr. Spencer?“

„Sicher, sicher“, stammelte der unglückliche Mann und fühlte sich schuldiger denn je, „aber ich dachte, Sie wollten ihn nicht – ich dachte, Sie hätten an seinen Onkel geschrieben – ich dachte –“

„Ich würde an Ihrer Stelle nicht soviel denken“, sagte Ma freundlich. „Es muß Ihnen schwerfallen. Möchten Sie nicht mit uns Tee trinken?“

Aber nein, Josiah wollte nicht bleiben. Er war froh, daß er mit einem letzten Rest Selbstachtung davonkam.

Pa Sloane stand auf und ging zu Mas Stuhl. Er legte ihr eine zitternde Hand auf die Schulter. „Ma, du bist eine gute Frau“, sagte er milde.

„Ist schon in Ordnung, Pa“, sagte Ma.

10. Die Brautwerbung um Prissy Strong

Ich konnte an jenem Abend nicht zum Gebetstreffen gehen, weil ich Neuralgie im Gesicht hatte; aber Thomas ging hin, und sobald er nach Hause kam, sah ich an dem Funkeln in seinen Augen, daß er Neuigkeiten brachte.

„Was glaubst du, mit wem Stephen Clark heute abend von dem Treffen nach Hause gegangen ist?“ sagte er kichernd.

„Mit Jane Miranda Blair“, sagte ich prompt.

Stephen Clarks Frau war vor zwei Jahren gestorben, und er hatte kein besonderes Interesse für irgendeine Frau gezeigt. Aber Carmody hatte Jane Miranda für ihn vorgesehen, und ich weiß wirklich nicht, was er an ihr auszusetzen hatte. Aber Männer tun ja nie das, was man von ihnen erwartet, wenn es um das Heiraten geht.

Thomas gluckste wieder. „Falsch – mit Prissy Strong. Ein neuer Aufguß von kaltem Kaffee.“

„Prissy Strong!“ Ich hob die Hände. Dann lachte ich. „Bei Prissy braucht er es gar nicht erst zu versuchen“, sagte ich. „Emmeline hat das vor zwanzig Jahren im Keim erstickt und wird es wieder tun.“

„Em’line ist eine alte Hexe“, knurrte Thomas. Er verabscheut Emmeline Strong seit jeher.

„Ja, das ist sie“, stimmte ich zu, „und darum gehorcht die arme Prissy ihr aufs Wort. Glaub mir, sie wird toben, wenn sie das erfährt!“

Thomas sagte, daß ich wahrscheinlich recht hatte. Nachdem ich ins Bett gegangen war, lag ich noch lange wach und dachte an Prissy und Stephen. Normalerweise zerbreche ich mir nicht den Kopf über die Angelegenheiten anderer Leute, aber Prissy war so ein hilfloses Geschöpf, daß sie mir nicht aus dem Sinn ging.

Vor zwanzig Jahren hatte Stephen Clark versucht, Prissy Strong den Hof zu machen. Es war kurz nach dem Tod von Prissys Vater gewesen. Sie und Emmeline lebten zusammen. Emmeline war damals dreißig gewesen, zehn Jahre älter als Prissy, und wenn jemals zwei Schwestern in jeder Hinsicht verschieden waren, dann Emmeline und Prissy Strong.

Emmeline kam nach ihrem Vater; sie war groß, dunkelhaarig und unscheinbar, und sie war das herrschsüchtigste Geschöpf aller Zeiten. Sie regierte Prissy mit eiserner Hand.

Prissy selbst war ein hübsches Mädchen, jedenfalls fanden das die meisten Leute. Ich kann ehrlich gesagt nicht behaupten, daß ich sie bewunderte – ich bevorzuge etwas mehr Schwung. Prissy war schlank und rosig, mit sanften, ausdrucksvollen blauen Augen und blaßgoldenen Locken, die ihr Gesicht einrahmten. Sie war so sanft und schüchtern, wie sie aussah, und hatte kein bißchen Schlechtigkeit in sich. Ich mochte Prissy immer, auch wenn ich ihr Aussehen nicht so sehr bewunderte, wie es manche Leute taten.

Wie auch immer, es war offensichtlich, daß sie Stephen Clark gefiel. Er begann sie zu fahren, und es bestand kein Zweifel, daß Prissy ihn mochte. Dann schob Emmeline dem Ganzen einen Riegel vor. Stephen war eine gute Partie, und gegen ihn persönlich konnte man auch nichts sagen. Aber Emmeline hatte einfach beschlossen, daß Prissy nicht heiraten sollte. Sie selbst konnte nicht heiraten und grämte sich sehr deswegen.

Wenn Prissy etwas Mumm in den Knochen gehabt hätte, hätte sie nicht nachgegeben. Aber sie hatte eben nichts dergleichen; ich glaube, sie hätte sich die Nase abgeschnitten, wenn Emmeline es ihr befohlen hätte. Sie war genau wie ihre Mutter. Wenn jemals ein Mädchen seinen Namen Lügen strafte, dann war es Prissy Strong. Sie hatte nichts Starkes an sich.

Eines Abends, als das Gebetstreffen zu Ende war, ging Stephen wie immer auf Prissy zu und fragte sie, ob er sie nach Hause bringen dürfe. Thomas und ich waren hinter ihnen – wir waren damals noch nicht verheiratet – und hörten alles mit an. Prissy warf Emmeline einen erschrockenen, bittenden Blick zu und sagte dann: „Nein, danke, nicht heute abend."

Stephen drehte sich auf dem Absatz um und ging. Er war sehr von sich eingenommen, und ich wußte, daß er so eine öffentliche Abfuhr nie verzeihen würde. Er hätte begreifen müssen, daß Emmeline dahintersteckte, aber er tat es nicht und fing an, sich mit Althea Gillis zu treffen. Und sie heirateten ein Jahr später. Althea war ein recht nettes Mädchen, wenn auch etwas albern, und ich glaube, sie und Stephen waren glücklich miteinander. Im wirklichen Leben ist es oft so.

Niemand versuchte je wieder, Prissy den Hof zu machen. Ich glaube, sie hatten alle Angst vor Emmeline. Prissys Schönheit verwelkte schnell. Sie sah immer liebenswert aus, aber ihre Blüte vertrocknete, und sie wurde jedes Jahr scheuer und schwächlicher. Sie wagte nicht, ihr zweitbestes Kleid ohne Emmelines Erlaubnis anzuziehen. Sie liebte Katzen, aber Emmeline erlaubte ihr nicht, eine zu halten. Emmeline schnitt sogar den Fortsetzungsroman aus ihrer Kirchenzeitung, bevor sie sie Prissy gab, weil sie nichts von Romanen hielt. Es machte mich wütend, all das mitanzusehen. Sie waren meine nächsten Nachbarn, nachdem ich Thomas geheiratet hatte, und ich ging bei ihnen ein und aus.

Manchmal machte es mich rasend, daß Prissy immer nachgab, aber sie konnte nicht anders – sie war eben so.

Und nun wollte Stephen noch einmal sein Glück versuchen. Es war wirklich zu komisch.

Stephen begleitete Prissy viermal vom Gebetstreffen nach Hause, bevor Emmeline es herausfand. Emmeline war den ganzen Sommer über zu keinem Gebetstreffen gekommen, weil sie wütend auf Mr. Leonard war. Sie hatte ihn dafür kritisiert, daß er die alte Naomi Clark vom Hafen so begraben hatte, „als sei sie eine Christin gewesen", und Mr. Leonard hatte ihr eine Antwort gegeben, über die sie eine ganze Weile nicht hinwegkam. Ich weiß nicht, was es war, aber wenn Mr. Leonard soweit getrieben wurde, daß er jemanden zurechtwies, vergaß derjenige es lange nicht.

Ich begriff schlagartig, daß sie von Stephen und Prissy erfahren haben mußte, denn Prissy kam auch nicht mehr zum Gebetstreffen.

Ich machte mir wirklich Sorgen deswegen, und auch wenn Thomas sagte, daß ich meine Nase um Himmels willen nicht in anderer Leute Angelegenheiten stecken dürfe, hatte ich das Gefühl, daß ich etwas tun sollte. Stephen Clark war ein guter Mann, und Prissy würde ein wunderschönes Zuhause bekommen. Und die beiden kleinen Söhne von Althea brauchten eine Mutter dringender als alle anderen Jungen. Außerdem wußte ich nur zu gut, daß Prissy sich in tiefster Seele danach sehnte, zu heiraten. Das tat auch Emmeline – aber ihr wollte niemand zu einem Ehemann verhelfen.

Das Ergebnis meiner Überlegungen war, daß ich Stephen zu uns zum Essen einlud. Mir war ein Gerücht zu Ohren gekommen, demzufolge er sich mit Lizzie Pye aus Avonlea treffen würde, und ich wußte, daß es Zeit war, etwas zu unternehmen, wenn es etwas werden sollte. Wenn es Jane Miranda gewesen wäre, hätte es mich wohl nicht gestört, aber Lizzie Pye war als Stiefmutter für Altheas Söhne völlig ungeeignet. Sie war zu schlecht gelaunt und außerdem furchtbar geizig.

Stephen kam. Er war schlecht gelaunt und nicht gesprächig.

Nach dem Essen gab ich Thomas einen Hinweis. Ich sagte: „Geh und mach deinen Mittagsschlaf. Ich möchte mit Stephen reden."

Thomas zuckte die Achseln und ging. Er dachte wahrscheinlich, daß ich mich selbst in Schwierigkeiten bringen würde, aber er sagte nichts. Sobald er nicht mehr im Weg war, sagte ich beiläufig zu Stephen, daß er mir wohl eine Nachbarin wegnehmen würde und ich nicht traurig darüber sei, auch wenn sie eine wunderbare Nachbarin war und ich sie sehr vermissen würde.

„Du wirst sie nicht vermissen, nehme ich an", sagte Stephen grimmig. „Mir wurde gesagt, daß ich dort nicht erwünscht bin."

Ich war überrascht, daß Stephen es so unumwunden aussprach, denn ich hatte nicht erwartet, so schnell auf den Punkt zu kommen. Stephen neigte sonst nicht zu Vertraulichkeit. Aber es schien ihm wirklich eine Erleichterung zu sein, sein Herz auszuschütten; ich habe nie einen Mann so gekränkt gesehen. Er erzählte mir die ganze Geschichte.

Prissy hatte ihm einen Brief geschrieben – er fischte ihn aus seiner Tasche und gab ihn mir zum Lesen. Es war zweifellos Prissys saubere, schöne kleine Handschrift, und es hieß darin nur, daß seine Aufmerksamkeiten „unerwünscht" seien und er „freundlicherweise davon Abstand nehmen" solle. Kein Wunder, daß der arme Mann zu Lizzie Pye ging!

„Stephen, ich bin überrascht, weil du glaubst, daß Prissy Strong diesen Brief geschrieben hat", sagte ich.

„Es ist ihre Handschrift!" sagte er eigensinnig.

„Natürlich! ‚Die Stimme ist Jakobs Stimme, aber die Hände sind Esaus Hände‘[8]“, sagte ich, obwohl ich nicht sicher war, ob das Zitat angemessen war. „Emmeline hat Prissy den Brief diktiert. Das weiß ich so genau, als ob ich es gesehen hätte.“

„Wenn ich das glauben würde, würde ich Emmeline zeigen, daß ich Prissy bekomme“, sagte Stephen heftig. „Aber wenn Prissy mich nicht will, werde ich sie nicht weiter belästigen.“

Nun, wir sprachen eine Weile darüber, und zuletzt erklärte ich mich bereit, Prissy auszuhorchen und herauszufinden, was sie wirklich über die Sache dachte. Ich stellte es mir einfach vor, und das war es auch. Ich ging gleich am nächsten Tag hin, als ich sah, daß Emmeline zum Einkaufen fuhr. Ich traf Prissy allein an; sie flickte zerlumpte Teppiche. Emmeline hielt sie ständig dazu an – weil Prissy es haßte, nehme ich an. Prissy weinte, als ich eintrat, und nach wenigen Minuten kannte ich die ganze Geschichte.

Prissy wollte heiraten und zwar Stephen, aber Emmeline wollte es nicht zulassen.

„Prissy Strong“, sagte ich aufgebracht, „du bist ein Hasenfuß! Warum in aller Welt hast du ihm so einen Brief geschrieben?“

„Oh, Emmeline hat mich gezwungen“, sagte Prissy, als sei sie dagegen völlig machtlos, und ich wußte, daß es so war.

Ich wußte auch, daß Emmeline nichts erfahren durfte, wenn Stephen Prissy wiedersehen wollte, und das sagte ich ihm, als er am nächsten Morgen wiederkam – um sich eine Hacke zu leihen, wie er sagte. Dafür hatte er einen langen Weg zurückgelegt.

„Was soll ich denn tun?“ fragte er. „Es hat keinen Sinn, ihr zu schreiben, denn der Brief fällt Emmeline in

---

8 1. Buch Mose 27, 22.

die Hände. Danach läßt sie Prissy nicht mehr allein aus dem Haus, und woher soll ich wissen, wann die alte Katze weg ist?"

„Bitte beleidige keine Katzen", sagte ich. „Ich sage dir, was wir tun werden. Du siehst von deinem Haus aus den Ventilator auf unserer Scheune, nicht wahr? Wenn eine Flagge oder so etwas daran festgebunden wäre, könntest du das mit deinem Fernglas erkennen?"

Stephen meinte, daß er das könne.

„Nun, wirf dann und wann einen Blick darauf", sagte ich. „Sobald Emmeline Prissy alleinläßt, gebe ich das Signal."

Die Gelegenheit kam erst vierzehn Tage später. Dann sah ich eines Abends, wie Emmeline über das Feld unter unserem Haus stapfte. Sobald sie außer Sichtweite war, rannte ich durch das Birkenwäldchen zu Prissy.

„Ja, Em'line ist gegangen, um heute abend bei Jane Lawson zu sitzen", sagte Prissy, aufgeregt und zittrig.

„Dann zieh dein Musselinkleid an und mach dir die Haare", sagte ich. „Ich gehe nach Hause und sage Thomas, daß er etwas an den Ventilator binden soll."

Aber meinen Sie, daß Thomas das tun wollte? Nein. Er sagte, er müsse an seine Position als Kirchenältester denken. Am Ende mußte ich es selbst machen, auch wenn ich ungern Leitern hinaufklettere. Ich band Thomas' langen roten Wollschal an den Ventilator und betete, daß Stephen es sehen würde. Er sah es, denn kaum eine Stunde später fuhr er unsere Straße hinunter und stellte sein Pferd in unserem Stall ab. Er war herausgeputzt und nervös und aufgeregt wie ein Schuljunge. Er ging schnurstracks zu Prissy, und ich begann mit gutem Gewissen, meinen neuen Schal zu stopfen. Ich weiß nicht, wie ich auf die Idee kam, auf den Dachboden zu gehen, um nachzusehen, daß nicht die Motten in meiner Truhe mit Decken gewesen waren, aber ich glaube, daß es ein Wink des Schicksals war. Ich ging hinauf und schaute zufällig aus dem Ostfenster – und da sah ich Emmeline Strong über unser Feld kommen.

Ich rannte die Treppe hinunter und durch das Birkenwäldchen. Ich platzte in die Küche der Strongs, wo Stephen und Prissy gemütlich zusammensaßen.

„Stephen, komm schnell! Emmeline ist fast hier“, rief ich.

Prissy sah aus dem Fenster und rang die Hände. „Oh, sie ist schon auf der Straße“, keuchte sie. „Er kann nicht das Haus verlassen, ohne daß sie ihn sieht. Oh, Rosanna, was sollen wir nur tun?“

Ich weiß wirklich nicht, was aus diesen beiden Leuten geworden wäre, wenn ich nicht gewesen wäre und Auswege für sie gefunden hätte. „Bring Stephen nach oben in die Dachkammer und verstecke ihn dort, Prissy“, sagte ich energisch, „und zwar schnell!“

Die beiden verschwanden Hals über Kopf, aber Prissy war kaum wieder in der Küche, als Emmeline hereinmarschierte, wütend wie eine Wespe, weil ihr jemand zuvorgekommen war, um bei Jane Lawson zu sitzen und sie so keine Chance hatte, herumzuschnüffeln, während Jane schlief. Sobald ihr Blick auf Prissy fiel, schöpfte sie Verdacht. Das war auch kein Wunder, denn Prissy trug ihr bestes Kleid, ihre Wangen waren gerötet, und ihre Augen leuchteten. Sie hatte Schmetterlinge im Bauch und sah zehn Jahre jünger aus.

„Priscilla Strong, du wartest auf Stephen Clark!“ platzte Emmeline heraus. „Du boshaftes, hinterhältiges, undankbares Geschöpf!“

Ihre Kaskade von Beschimpfungen nahm kein Ende, und Prissy fing an zu weinen und sah so schwach und kindlich aus, daß ich fürchtete, sie würde die ganze Geschichte verraten.

„Das ist eine Sache zwischen dir und Prissy, Emmeline“, unterbrach ich, „und ich werde mich nicht einmischen. Aber ich möchte, daß du mit mir kommst und mir zeigst, wie ich meinen Schal in dem neuen Muster stopfe, das du in Avonlea gelernt hast, und das am besten gleich, bevor es dunkel wird."

„Ich nehme an, ich muß mitgehen", sagte Emmeline ungnädig. „Aber Priscilla kommt auch mit, denn mir ist klar, daß ich sie nicht mehr aus den Augen lassen darf."

Ich hoffte, daß Stephen uns durch das Dachfenster sehen und die Flucht ergreifen würde. Aber ich wollte mich nicht darauf verlassen, also ließ ich Emmeline an meinem Schal arbeiten, entschuldigte mich und schlüpfte hinaus. Glücklicherweise war meine Küche auf der anderen Seite des Hauses, aber ich war nervös, als ich zu den Strongs eilte und die Treppe zu Stephen hinaufrannte. Das war ein Glück, denn er wußte nicht, daß wir gegangen waren. Prissy hatte ihn hinter dem Webstuhl versteckt, und er wagte nicht, sich zu rühren, falls Emmeline ihn auf dem knarrenden Boden hören würde. Er war übersät von Spinnweben.

Ich lotste ihn nach unten und schmuggelte ihn in unsere Scheune. Dort blieb er, bis es dunkel war und die Strongs nach Hause gegangen waren. Emmeline ging auf Prissy los, sobald sie zur Tür hinaus waren.

Dann kam Stephen herein, und wir besprachen alles. Er und Prissy hatten die Zeit genutzt, so kurz sie auch gewesen war. Prissy hatte versprochen, ihn zu heiraten, und nun blieb nur noch, die Zeremonie zu arrangieren.

„Und das wird nicht einfach", warnte ich ihn. „Jetzt, da Emmeline Verdacht geschöpft hat, wird sie Prissy nicht mehr aus den Augen lassen, bis du mit einer anderen Frau verheiratet bist, und sollte es Jahre dauern! Ich kenne Emmeline Strong. Und ich kenne Prissy. Jedes andere Mädchen würde durchbrennen oder es irgendwie einrichten, aber Prissy nie. Sie ist zu sehr gewohnt, Emmeline zu gehorchen. Sie wird dir eine gehorsame Frau sein, Stephen – wenn du sie je bekommst."

Stephen sah aus, als hielte er das nicht für einen Nachteil. Dem Klatsch zufolge war Althea reichlich herrisch gewesen. Ich weiß es nicht. Vielleicht stimmte es.

„Hast du nicht eine Idee, Rosanna?“ bat er. „Du hast uns bisher geholfen, und das vergesse ich dir nie.“

„Mir fällt nur eins ein – daß du dir eine Heiratserlaubnis besorgst, mit Mr. Leonard sprichst und unseren Ventilator im Auge behältst“, sagte ich. „Ich halte hier Wache und gebe dir ein Signal, wenn die Luft rein ist.“

Ich hielt also Wache, und Stephen hielt Wache, und auch Mr. Leonard war eingeweiht. Prissy war einer seiner Lieblinge, und er wäre ein Übermensch gewesen – ein Heiliger ist er ja –, wenn er irgendwelche Sympathie für Emmeline gehegt hätte, die immer Streit in der Gemeinde suchte.

Aber Emmeline konnte es mit uns allen gleichzeitig aufnehmen. Sie ließ Prissy keinen Moment aus den Augen. Wohin sie auch ging, Prissy mußte mit. Nach einem Monat war ich der Verzweiflung nahe. Mr. Leonard mußte in einer Woche zu einer Versammlung, und Stephens Nachbarn fingen an, über ihn zu reden. Sie sagten, daß ein Mann, der alle Arbeit von einem Gehilfen erledigen ließ und seine gesamte Zeit damit verbrachte, mit einem Fernglas auf dem Hof herumzulungern, nicht ganz richtig im Kopf sein konnte.

Ich traute meinen Augen nicht, als ich Emmeline eines Tages allein wegfahren sah. Sobald sie außer Sichtweite war, eilte ich hinüber, und Anne Shirley und Diana Barry kamen mit.

Sie besuchten mich an diesem Nachmittag. Dianas Mutter war meine Cousine zweiten Grades, und da wir einander häufig besuchten, hatte ich Diana oft gesehen. Aber ihre Freundin Anne Shirley hatte ich nie gesehen. Dabei hatte ich genug über sie gehört, um vor Neugier fast zu platzen. Als sie in diesem Sommer vom Redmond College nach Hause kam, bat ich Diana, sich meiner zu erbarmen und sie an einem Nachmittag mitzubringen.

Ich wurde nicht enttäuscht. In meinen Augen war Anne eine Schönheit, obwohl nicht alle es sahen. Sie hatte prächtiges rotes Haar und die größten, strahlendsten Augen, die ich je im Gesicht eines Mädchens gesehen habe. Und ihr Lachen – ich fühlte mich wieder jung, als ich es hörte. Sie und Diana lachten viel an jenem Nachmittag, denn ich erzählte ihnen – unter dem strengsten Siegel der Verschwiegenheit – alles über die Liebesgeschichte der armen Prissy. Und dann wollten sie unbedingt mit zu ihr gehen.

Der Anblick des Hauses überraschte mich. Alle Fensterläden waren zu und die Tür abgeschlossen. Ich klopfte und klopfte, aber es kam keine Antwort. Ich ging um das Haus herum zu dem einzigen Fenster, das keine Läden hatte – ein winziges im Obergeschoß. Ich wußte, es war das Fenster der Dachkammer, wo die Mädchen schliefen. Darunter blieb ich stehen und rief nach Prissy. Sie erschien auch sehr bald und öffnete es. Sie sah so blaß und elend aus, daß ich sie von Herzen bedauerte.

„Prissy, wo ist Emmeline?“ fragte ich.

„Unten in Avonlea, um Roger Pyes Familie zu besuchen. Sie haben die Masern, und Emmeline konnte mich nicht mitnehmen, weil ich nie die Masern hatte.“

Arme Prissy! Sie hatte nie etwas gehabt, das man gehabt haben sollte.

„Dann komm einfach, öffne einen Fensterladen und komm gleich zu mir nach Hause“, sagte ich eifrig. „Stephen und der Pfarrer sind im Handumdrehen hier!“

„Ich kann nicht – Emmeline hat mich eingeschlossen“, sagte Prissy bekümmert.

Ich war ratlos. Nur ein Baby hätte durch dieses kleine Fenster gepaßt. „Nun“, sagte ich schließlich, „ich gebe Stephen trotzdem das Signal, und dann sehen wir, was sich machen läßt, wenn er hier ist."

Ich wußte nicht, wie ich das Signal mit dem Ventilator geben sollte, denn es war einer der Tage, an denen mir schwindlig war, und wenn ich in diesem Zustand eine Leiter erklommen hätte, hätte es wohl eher ein Begräbnis als eine Hochzeit gegeben. Aber Anne Shirley sagte, sie würde es für mich machen, und sie tat es. Ich hatte dieses Mädchen nie zuvor gesehen und habe es auch danach nie mehr gesehen, aber ich bin sicher, daß sie alles tun würde, was sie sich in den Kopf gesetzt hatte.

Stephen erschien bald und brachte den Pfarrer mit. Dann gingen wir alle – auch Thomas, der wider Willen Interesse an der Geschichte bekommen hatte – und hielten Kriegsrat unter dem Fenster.

Thomas schlug vor, die Tür einzutreten und Prissy kühn wegzuschleppen, aber Mr. Leonard sah sehr skeptisch aus, und sogar Stephen sagte, das sei der letzte Ausweg. Ich stimmte ihm zu. Ich wußte, daß Emmeline ihn wegen Hausfriedensbruchs anzeigen würde. Sie würde in ihrer Wut vor nichts zurückschrecken, wenn wir ihr Anlaß dazu gaben. Dann hatte Anne Shirley – sie war so aufgeregt, als ginge es um ihre eigene Hochzeit – die rettende Idee.

„Sie können eine Leiter unter dem Fenster aufstellen", sagte sie, „und Mr. Clark klettert hinauf, und sie werden dort oben getraut! Geht das, Mr. Leonard?"

Mr. Leonard sagte, es ginge. Er sah immer aus wie ein Heiliger, aber jetzt sah ich ein Funkeln in seinen Augen.

„Thomas, hol unsere kleine Leiter!" sagte ich.

Thomas vergaß, daß er Kirchenältester war, und brachte die Leiter so schnell, wie ein dicker Mann es eben kann. Sie war zu kurz und reicht nicht bis zum Fenster, aber wir hatten keine Zeit, eine andere zu holen. Stephen kletterte bis zur obersten Sprosse hinauf, streckte den Arm nach oben und Prissy ihren nach unten, und sie konnten sich gerade bei der Hand fassen. Prissys Anblick vergesse ich nie. Das Fenster war so klein, daß sie nur den Kopf und einen Arm hindurchstecken konnte. Außerdem hatte sie beinahe Todesangst.

Mr. Leonard stand am Fuß der Leiter und traute die beiden. Normalerweise ist die Zeremonie bei ihm immer eine lange, feierliche Angelegenheit, aber diesmal übersprang er alles, das nicht unbedingt nötig war, und das war auch gut so, denn genau in dem Moment, in dem er die beiden zu Mann und Frau erklärte, fuhr Emmeline in den Hof.

Sie wußte nur zu gut, was passiert war, als sie den Pfarrer mit seinem blauen Buch sah. Kein Wort sagte sie dazu. Sie marschierte zur Vordertür, schloß sie auf und stiefelte nach oben. Es war ein Segen, daß das Dachfenster so klein war, denn sonst hätte sie Prissy wohl hinausgeworfen. Aber so packte sie sie am Arm, zerrte sie die Treppe hinunter und schubste sie zu Stephen hin.

„Da, nimm deine Frau“, sagte sie, „und ich packe all ihre Sachen und schicke sie ihr nach, und ich will keinen von euch beiden wiedersehen, solange ich lebe.“ Dann wandte sie sich an mich und Thomas. „Und ihr beide, die ihr diese dumme Gans unterstützt habt, setzt nie wieder einen Fuß über meine Schwelle!“

„Himmel, wer will das schon, du alte Giftspritze!“ sagte Thomas. Das war vielleicht nicht angebracht, aber wir sind alle Menschen, auch Kirchenälteste.

Die Mädchen kamen auch nicht ungeschoren davon. Emmeline durchbohrte sie mit ihrem Blick. „Davon könnt ihr in Avonlea erzählen“, sagte sie. „Ihr Klatschtanten dort unten werdet reichlich Gesprächsstoff haben. Nur deswegen verlaßt ihr Avonlea – um Geschichten zu hören und weiterzuverbreiten.“ Zuletzt nahm sie sich den Pfarrer vor. „Ab jetzt gehe ich in die Baptistenkirche in Spencervale“, sagte sie. Ihr Ton und ihr Blick sagten noch hundert andere Dinge. Sie stürmte ins Haus und knallte die Tür zu.

Mr. Leonard sah uns alle mit einem mitleidigen Lächeln an, als Stephen die arme, halb ohnmächtige Prissy in den Wagen setzte. „Ich bedaure“, sagte er auf seine milde Art, „die Baptisten!“

11. Das Wunder von Carmody

Salome schaute aus dem Küchenfenster, und auf ihrer glatten Stirn erschien eine kummervolle Falte. „Himmel, was hat Lionel Hezekiah jetzt wieder angestellt?“ murmelte sie besorgt. Unwillkürlich streckte sie die Hand nach ihrer Krücke aus, aber die befand sich ein kleines Stück außer Reichweite – sie war auf den Boden gefallen, und ohne sie konnte Salome keinen Schritt gehen. „Nun ja, Judith bringt ihn ja herein, so schnell sie kann“, überlegte sie. „Diesmal muß er etwas Schreckliches getan haben, denn sie sieht bitterböse aus, und sie geht nur so, wenn sie ärgerlich ist. Himmel, manchmal fürchte ich beinahe, daß es ein Fehler war, dieses Kind zu adoptieren. Wahrscheinlich verstehen zwei alte Jungfern nichts davon, wie man einen Jungen richtig erzieht. Aber er ist kein schlechtes Kind, und ich glaube wirklich, daß man ihn dazu bringen kann, sich besser zu benehmen – wenn wir nur wüßten, wie.“

Salomes Monolog wurde unterbrochen, als ihre Schwester Judith eintrat. Sie hielt Lionel Hezekiah mit festem Griff am Handgelenk gepackt.

Judith Marsh war zehn Jahre älter als Salome, und die beiden Frauen waren so verschieden wie Tag und Nacht. Salome sah trotz ihrer fünfunddreißig Jahre beinahe mädchenhaft aus. Sie war klein, rosig und blumenhaft. Ihre goldblonden Locken ringelten sich auf eine keineswegs altjüngferliche Art, und ihre Augen waren groß, blau und sanft wie die einer Taube. Ihr Gesicht war vielleicht nicht sehr ausdrucksvoll, aber sympathisch.

Judith Marsh war groß und dunkelhaarig, hatte ein unscheinbares Gesicht mit tragischer Miene und eisengraues Haar. Ihre Augen waren schwarz und düster, und alles an ihr zeugte von unnachgiebiger Entschlossenheit. Jetzt sah sie, wie Salome gesagt hatte, „bitterböse“ aus, und die zornigen Blicke, die sie auf den kleinen Sterblichen warf, hätten auch abgebrühtere Verbrecher eingeschüchtert als den sorglosen sechsjährigen Lionel Hezekiah.

Lionel Hezekiah war trotz all seiner Unzulänglichkeiten nicht häßlich. Er war sogar ein hübscher kleiner Kerl, pummelig, mit funkelnden braunen Augen und goldblonden Locken, die ihn zur Verzweiflung brachten, aber Salomes ganzer Stolz waren. Sein rundes Gesicht war ein Hort des Lächelns, der Grübchen und des Sonnenscheins.

Aber jetzt sah man nichts davon, denn Lionel Hezekiah war auf frischer Tat ertappt worden und schämte sich sehr. Er ließ den Kopf hängen und wand sich unter Salomes traurigem, vorwurfsvollem Blick. Wenn Salome ihn so anschaute, hatte Lionel Hezekiah immer das Gefühl, daß es den Spaß nicht wert gewesen war.

„Was glaubst du, wobei ich ihn diesmal erwischt habe?“ fragte Judith.

„Ich – ich weiß nicht“, stammelte Salome.

„Er – hat – frischgelegte – Eier – an – die – Tür – des – Hühnerstalls – geworfen“, sagte Judith und betonte jedes Wort. „Bis auf drei Stück hat er alle Eier zerbrochen, die heute gelegt wurden. Und die Hühnerstalltür sieht aus wie –“, Judith hielt inne und machte eine empörte Geste, die aussagte, daß Salome sich den

Zustand der Tür selbst ausmalen mußte, weil es in der englischen Sprache keine Worte dafür gab.

„O Lionel Hezekiah, warum stellst du solche Sachen an?“ fragte Salome bekümmert.

„Ich – ich wußte nicht, daß es etwas Schlimmes war“, sagte Lionel Hezekiah und brach in Tränen aus. „Ich – ich dachte, es sei nur ein Scherz. Aber anscheinend ist alles falsch, was Spaß macht.“

Salomes Herz war nicht immun gegen Tränen, wie Lionel Hezekiah nur zu gut wußte. Sie legte den Arm um den schluchzenden Sünder und zog ihn neben sich. „Er wußte nicht, daß es falsch war!“ sagte sie zu Judith.

„Dann muß er es lernen“, war Judiths Antwort. „Nein, Salome, versuche nicht, mich zu erweichen. Er geht sofort ohne Abendessen ins Bett und bleibt dort bis morgen früh!“

„Oh! Nicht ohne Abendessen“, bat Salome. „Du – du machst keinen besseren Menschen aus ihm, wenn du ihn hungern läßt, Judith.“

„Ohne Abendessen, sage ich“, wiederholte Judith unerbittlich. „Lionel Hezekiah, geh sofort auf dein Zimmer – und ins Bett.“

Lionel Hezekiah ging nach oben und sofort ins Bett. Er war nie mürrisch oder ungehorsam.

Salome lauschte, als er nach oben schlurfte und bei jedem Schritt aufschluchzte. Auch ihre Augen füllten sich mit Tränen.

„Nun fang du um Himmels willen nicht auch an zu weinen, Salome“, sagte Judith ärgerlich. „Ich finde, daß ich sehr nachsichtig war. An ihm würde auch eine Heilige verzweifeln, und ich war nie eine“, fügte sie wahrheitsgemäß hinzu.

„Aber er ist nicht schlecht“, sagte Salome bittend. „Du weißt, daß er nie etwas noch einmal macht, wenn man ihm gesagt hat, daß es falsch ist – nie!“

„Und was bringt das, wenn er danach etwas Neues anstellt, das doppelt so schlimm ist? Ich habe noch nie ein Kind gesehen, dem soviel Unsinn einfällt. Denk nur, was er in den letzten zwei Wochen angestellt hat – in nur zwei Wochen, Salome. Er hat eine lebende Schlange ins Haus gebracht und dich fast zu Tode erschreckt, er hat eine Flasche Franzbranntwein ausgetrunken und sich beinahe vergiftet, er hat drei Kröten mit ins Bett genommen, er ist durch das Fenster in den Hühnerstall geklettert und auf eine Henne gefallen, die daran gestorben ist, er hat sich das Gesicht mit deinen Wasserfarben angemalt – und nun das! Noch dazu Eier, die pro Dutzend achtundzwanzig Cent eingebracht hätten! Ich sage dir, Salome, Lionel Hezekiah ist ein teurer Luxus!“

„Aber wir können doch nicht ohne ihn leben“, protestierte Salome.

„Ich schon! Aber da du es nicht kannst – oder glaubst, daß du es nicht kannst –, müssen wir ihn wohl behalten, nehme ich an. Aber wenn wir je eine ruhige Minute haben wollen, sehe ich nur einen Ausweg – wir müssen ihn auf dem Hof anketten und jemanden anheuern, der ihn bewacht.“

„Es muß einen Weg geben, mit ihm fertigzuwerden“, sagte Salome verzweifelt. Sie dachte, es sei Judith ernst mit dem Anketten. Judith meinte immer alles ernst, was sie sagte. „Vielleicht kommt er nur auf solche Ideen, weil er sonst nichts zu tun hat. Wenn er eine Beschäftigung hätte – vielleicht sollten wir ihn zur Schule schicken –“

„Dafür ist er noch zu jung. Vater sagte immer, daß kein Kind zur Schule gehen solle, bevor es sieben sei, und das gilt meiner Meinung nach auch für Lionel Hezekiah. So, ich nehme mir jetzt einen Eimer heißes Wasser und eine Bürste und sehe, was sich mit der Hühnerstalltür machen läßt. Damit ist mein Nachmittag wohl ausgefüllt.“ Judith stellte Salome die Krücke hin und ging hinaus, um die Hühnerstalltür zu säubern.

Sobald die Luft rein war, nahm Salome ihre Krücke und humpelte langsam und mühsam zum Fuß der Treppe. Sie konnte nicht hinaufgehen und Lionel Hezekiah trösten, was sie gern getan hätte, und das war der Grund, warum Judith ihn nach oben geschickt hatte. Salome war seit fünfzehn Jahren nicht mehr oben gewesen. Sie wagte auch nicht, ihn zu rufen, falls Judith zurückkam. Außerdem mußte er natürlich bestraft werden; er war sehr ungezogen gewesen.

„Aber ich wünschte, ich könnte etwas zu essen zu ihm hinaufschmuggeln“, sinnierte sie, setzte sich auf die unterste Treppenstufe und lauschte. „Ich höre keinen Ton. Wahrscheinlich hat er sich in den Schlaf geweint, der arme Kleine. Er heckt wirklich eine Menge aus, aber ich glaube, es steckt vor allem Wissensdurst dahinter, und wenn man den nur in die richtigen Bahnen lenken könnte – ich wünschte, Judith würde erlauben, daß ich mit Mr. Leonard über Lionel Hezekiah rede. Ich wünschte, sie würde Geistliche nicht so verabscheuen. Es macht mir nicht soviel aus, daß sie mich nicht in die Kirche gehen läßt, ich bin ja so lahm, daß es sowieso sehr mühsam wäre; aber ich würde gern ab und zu mit Mr. Leonard über einige Dinge sprechen. Ich kann nicht glauben, daß Judith und Vater recht hatten; ich bin sogar sicher, daß sie falsch lagen. Es gibt einen Gott, und ich fürchte, es ist schlimm, nicht in die Kirche zu gehen. Aber es bräuchte schon ein Wunder, um Judith zu überzeugen; also hat es keinen Sinn, sich deswegen den Kopf zu zerbrechen. Ja, Lionel Hezekiah muß eingeschlafen sein.“

Salome sah ihn vor sich – die langen Wimpern auf den rosigen tränenüberströmten Wangen, die rundlichen Fäuste auf der Brust geballt, wie es seine Gewohnheit war; ihr wurde warm ums Herz – das Bild rief mütterliche Gefühle in ihr wach.

Ein Jahr zuvor waren Lionel Hezekiahs Eltern, Abner und Martha Smith, gestorben. Sie hatten ein Haus voller Kinder und wenig mehr hinterlassen. Die Kinder wurden von verschiedenen Familien in Carmody adoptiert, und Salome Marsh hatte Judith damit verblüfft, daß sie das fünfjährige „Baby" haben wollte. Anfangs hatte Judith über die Vorstellung gelacht, aber als sie merkte, daß es Salome ernst war, hatte sie nachgegeben. Judith gab Salome immer nach – nur in einer Sache nicht.

„Wenn du das Kind unbedingt haben willst, von mir aus", sagte sie schließlich. „Ich wünschte nur, er hätte einen zivilisierten Namen. Hezekiah ist schon schlimm genug und Lionel noch schlimmer, aber beides zusammen, noch dazu mit dem Nachnamen Smith, kann sich nur Martha Smith ausgedacht haben. Sie hatte einfach kein Urteilsvermögen, weder bei der Wahl von Ehemännern noch bei der von Namen!"

So kam Lionel Hezekiah in Judiths Haus und in Salomes Herz. Letztere durfte ihn lieben, sosehr sie wollte, aber Judith hatte ein wachsames Auge auf seine Erziehung. Das war wohl auch gut, denn Salome hätte ihn sonst zu sehr verwöhnt. Salome, die sich immer nach Judith richtete, auch wenn sie selbst ganz anderer Meinung war, führte alle Anweisungen ihrer Schwester gehorsamst aus und litt viel mehr als Lionel Hezekiah selbst, wenn er bestraft wurde.

Sie saß auf der Treppe, bis sie selbst einschlief, den Kopf auf den Arm gebettet.

So fand Judith sie vor, als sie hereinkam, von grimmigem Triumph erfüllt, nachdem sie mit der Hühnerstalltür fertiggeworden war. Ihr Gesicht wurde weich, als sie Salome sah. Sie ist selbst noch ein Kind, trotz ihres Alters, dachte sie mitleidig. Ein Kind, dessen

Leben ohne eigenes Verschulden ruiniert wurde. Und doch sagen die Leute, es gebe einen Gott, der gütig und barmherzig sei! Wenn es einen Gott gibt, dann ist er ein grausamer, eifersüchtiger Tyrann, und ich hasse ihn!“

Judiths Blick war bitter und rachsüchtig. Sie fand, daß sie allen Grund hatte, einen Groll gegen die große Macht zu hegen, die das Universum beherrscht, aber ihr größter Kummer war Salomes Hilflosigkeit – Salome, die fünfzehn Jahre zuvor ein glückliches Mädchen gewesen war, leichtherzig und leichtfüßig, und vor Lebensfreude übersprudelte. Wenn Salome nur gehen könnte wie andere Frauen, sagte sich Judith, würde ich die tyrannische Macht nicht hassen.

Nach der Sache mit der Hühnerstalltür war Lionel Hezekiah vier Tage lang geradezu engelsgleich brav. Dann ließ er sich etwas Neues einfallen. Eines Nachmittags kam er schluchzend herein, die goldenen Locken voller Kletten.

Judith war nicht da, aber Salome ließ ihre Häkelarbeit fallen und starrte ihn entsetzt an. „Oh, Lionel Hezekiah, was hast du jetzt wieder angestellt?“

„Ich – ich habe mir nur die Kletten ins Haar gesteckt, weil ich Heidenhäuptling gespielt habe“, schluchzte Lionel Hezekiah. „Es hat auch wirklich Spaß gemacht, aber als ich sie herausziehen wollte, hat es furchtbar wehgetan!“

Weder Salome noch Lionel Hezekiah vergaßen je die schreckliche Stunde, die nun folgte. Mit Kamm und Schere gelang es Salome, die Kletten aus Lionel Hezekiahs Haarschopf zu entfernen. Man kann unmöglich sagen, wer von den beiden dabei mehr litt. Salome weinte genauso laut wie Lionel Hezekiah, und die Schere schnitt nicht nur in die seidigen Locken, sondern auch in ihr Herz. Sie fühlte sich ausgewrungen, als die Prozedur vorüber war, aber sie nahm den müden Lionel

Hezekiah auf den Schoß und lehnte ihre nasse Wange an seinen Kopf.

„Oh, Lionel Hezekiah, warum stellst du immer soviel an?“ seufzte an.

Lionel Hezekiah runzelte nachdenklich die Stirn. „Ich weiß nicht“, verkündete er schließlich, „aber vielleicht liegt es daran, daß ihr mich nicht in die Sonntagsschule schickt.“

Salome fuhr zusammen, als habe sie einen elektrischen Schlag bekommen. „Aber Lionel Hezekiah“, stammelte sie, „wie kommst du auf solche Ideen?“

„Na ja, die anderen Jungen gehen alle hin“, sagte Lionel Hezekiah trotzig, „und sie sind alle besser als ich, also muß das der Grund sein, denke ich. Teddy Markham sagt, daß alle kleinen Jungen in die Sonntagsschule gehen müssen, sonst landen sie mit Sicherheit an dem schrecklichen Ort. Wie soll ich mich gut benehmen, wenn ihr mich in die Sonntagsschule schickt?“

„Möchtest du gern hin?“ fragte Salome beinahe flüsternd.

„Verdammt gern!“ sagte Lionel Hezekiah frank und frei.

„Oh, sag nicht solche furchtbaren Wörter“, seufzte Salome hilflos. „Ich werde sehen, was sich machen läßt. Vielleicht kannst du hingehen. Ich frage deine Tante Judith.“

„Oh, Tante Judith erlaubt es nie“, sagte Lionel Hezekiah verzagt. „Und sie glaubt nicht, daß es einen Gott gibt – und auch keinen schrecklichen Ort. Teddy Markham sagt das. Er sagt, daß sie eine schrecklich böse Frau ist, weil sie nie zur Kirche geht. Dann mußt du auch böse sein, Tante Salome, weil du auch nie gehst. Warum gehst du nicht?“

„Deine – deine Tante Judith läßt mich nicht“, stammelte Salome. Sie war noch nie im Leben so perplex gewesen.

„Also, ich glaube nicht, daß ihr sonntags viel Spaß habt“, bemerkte Lionel Hezekiah nachdenklich. „Ich an eurer Stelle hätte mehr! Aber das liegt wohl daran, daß ihr Damen seid. Ich bin froh, daß ich ein Mann bin. Sieh dir Abel Blair an – was für einen Spaß er sonntags hat! Er geht nie in die Kirche, aber zum Angeln und zu Hahnenkämpfen, und er betrinkt sich! Wenn ich groß bin, mache ich das auch jeden Sonntag, weil ich nicht in die Kirche gehe. Ich will nicht in die Kirche gehen, aber zur Sonntagsschule.“

Salome litt entsetzliche Qualen, als sie das hörte. Jedes Wort von Lionel Hezekiah machte ihr Gewissensbisse. Das war also dabei herausgekommen, daß sie Judith nachgegeben hatte; dieses unschuldige Kind hielt sie für eine böse Frau und, schlimmer noch, sah in dem alten verwahrlosten Abel Blair ein Vorbild! Oh! War es zu spät, dem Übel Einhalt zu gebieten? Als Judith zurückkam, schüttete Salome ihr Herz aus. „Lionel Hezekiah muß zur Sonntagsschule gehen“, schloß sie bittend.

Judiths Gesicht verhärtete sich so, daß es aussah wie versteinert. „Nein, das wird er nicht“, sagte sie eigensinnig. „Niemand, der in meinem Haushalt lebt, wird je in die Kirche oder in die Sonntagsschule gehen! Ich habe dir nachgegeben, als du ihn das Beten gelehrt hast, obwohl ich wußte, daß es dummer Aberglaube ist, aber weiter gehe ich nicht. Du weißt genau, was ich über dieses Thema denke, Salome, ich sehe es genauso wie Vater. Du weißt, daß er Kirchen und Gottesdienstbesuche gehaßt hat. Und war er nicht der beste, gütigste, liebenswerteste Mensch?“

„Mutter hat an Gott geglaubt, sie ist immer in die Kirche gegangen“, bat Salome.

„Mutter war schwach und abergläubisch, genau wie du“, erwiderte Judith unnachgiebig. „Ich sage dir, Salome, ich glaube nicht, daß es einen Gott gibt. Aber wenn doch, dann ist er grausam und ungerecht, und ich hasse ihn."

„Judith!" keuchte Salome, fassungslos über diese Blasphemie. Sie rechnete halbwegs damit, daß ihre Schwester auf der Stelle tot umfallen würde.

„Nichts ‚Judith'!" sagte Judith leidenschaftlich und mit dem sonderbaren Zorn, der bei jeder Diskussion über dieses Thema in ihr aufflammte. „Ich meine jedes Wort ernst! Bevor du lahm geworden bist, war ich mir noch nicht sicher, ob ich auf Mutters oder Vaters Seite war. Aber als du nicht mehr gehen konntest, wußte ich, daß Vater recht hatte."

Für einen Moment war Salome nahe daran, zu verzagen. Sie hatte das Gefühl, daß sie sich Judith nicht widersetzen konnte. Um ihrer selbst willen hätte sie es auch nicht getan, aber der Gedanke an Lionel Hezekiah erfüllte sie mit dem Mut der Verzweiflung. Sie schlug ihre schmalen, blassen kleinen Hände zusammen. „Judith, ich gehe morgen in die Kirche", rief sie. „Jawohl, das tue ich! Ich werde Lionel Hezekiah keinen Tag länger ein schlechtes Beispiel geben! Ich nehme ihn nicht mit – darin widersetze ich mich dir nicht, denn deiner Wohltätigkeit verdankt er seine Kleider und seine Nahrung –, aber ich selbst gehe hin!"

„Wenn du das tust, Salome Marsh, verzeihe ich dir nie", sagte Judith. Sie blickte noch finsterer sein als sonst und verließ abrupt das Zimmer.

Salome brach in Tränen aus und weinte fast die ganze Nacht. Aber ihr Entschluß geriet nicht ins Wanken. Sie würde in die Kirche gehen – um des lieben Kindes willen.

Judith sprach beim Frühstück nicht mit ihr, und das brach Salome fast das Herz, aber sie wagte nicht nachzugeben. Nach dem Frühstück humpelte sie mühsam in ihr Zimmer und zog sich mit noch mehr Mühe an. Als sie fertig war, nahm sie eine kleine, abgenutzte alte

Bibel aus der Schublade. Die hatte ihrer Mutter gehört, und Salome las jeden Abend ein Kapitel, auch wenn Judith es nicht sehen durfte.

Als sie wieder in die Küche hinkte, blickte Judith grimmig auf. Ihre dunklen Augen funkelten düster, und sie ging ins Wohnzimmer und schloß die Tür, als würde sie dadurch ihre Schwester für immer aus ihrem Herzen und ihrem Leben verbannen. Salomes Nerven waren zum Reißen gespannt, und sie erkannte die Bedeutung dieser verschlossenen Tür. Einen Moment lang zögerte sie – oh, sie konnte sich nicht gegen Judith stellen! Sie war schon im Begriff, wieder in ihr Zimmer zu gehen, als Lionel Hezekiah hereingeplatzt kam.

Er blieb abrupt stehen und sah sie bewundernd an. „Du siehst verdammt gut aus, Tante Salome“, sagte er. „Wo gehst du hin?“

„Sag nicht solche Wörter, Lionel Hezekiah!“ bat Salome. „Ich gehe in die Kirche.“

„Nimm mich mit“, sagte Lionel Hezekiah prompt.

Salome schüttelte den Kopf. „Das kann ich nicht, mein Schatz. Deine Tante Judith würde es nicht gern sehen. Vielleicht erlaubt sie es dir irgendwann. Nun sei ein guter Junge, während ich weg bin. Mach keine Dummheiten.“

„Ich würde keine Dummheiten machen, wenn ich wüßte, daß es Dummheiten sind“, sagte Lionel Hezekiah. „Aber das ist es ja – ich weiß nicht, was schlimm ist und was nicht. Wahrscheinlich würde ich das in der Sonntagsschule herausfinden.“

Salome humpelte vom Hof und die Straße hinunter, an deren Rand Astern und Goldregen wuchsen. Glücklicherweise befand sich die Kirche gleich auf de anderen Straßenseite; aber Salome fiel sogar diese kurze Strecke schwer. Sie war beinahe erschöpft, als sie den alten Stammplatz ihrer Mutter erreichte. Sie legte ihre Krücke auf die Bank und sank mit einem erleichterten Seufzer in der Ecke am Fenster zusammen.

Sie war absichtlich früh gekommen, um als erste dazusein. Die Kirche war noch leer, bis auf eine Sonntagsschulklasse und ihre Lehrerin in einer entlegenen Ecke. Sie hielten inne und sahen entgeistert zu, wie Salome Marsh durch die Kirche hinkte.

In dem großen Gebäude, das im Schatten gewaltiger Ulmen stand, war es sehr still. Leises Gemurmel kam aus dem Zimmer hinter der Kanzel, in dem der Rest der Sonntagsschule versammelt war. Vor der Kanzel stand ein großer Strauß weißer Geranien. Das Licht fiel durch die bunten Fensterscheiben und zeichnete Muster auf den Boden. Salome verspürte ein Gefühl von Frieden und Glück. Sogar Judiths Groll wurde unwichtig. Sie lehnte den Kopf an die Fensterbank und überließ sich Erinnerungen an ihre Kindheit, in der sie jeden Sonntag mit ihrer Mutter hier gesessen hatte. Judith war damals auch dabeigewesen und Salome immer sehr erwachsen vorgekommen, weil sie zehn Jahre älter war. Ihr großer, dunkelhaariger, reservierter Vater kam nie. Salome wußte, daß die Leute in Carmody ihn einen Ungläubigen nannten und ihn für einen schlechten Menschen hielten. Aber er war nicht schlecht gewesen, sondern gütig – auf seine eigene, seltsame Art.

Die sanfte, kleine Mutter war gestorben, als Salome zehn Jahre alt war, aber Judith hatte sich ihrer so liebevoll angenommen, daß es dem Kind an nichts fehlte. Judith Marsh liebte ihre kleine Schwester wie eine Mutter. Sie selbst war ein unscheinbares, häßliches Mädchen, das nur wenige mochten und für das sich kein Mann interessierte, aber sie war entschlossen, daß Salome alles bekommen sollte, das ihr entgangen war – Bewunderung, Freundschaft, Liebe. Durch Salome holte sie stellvertretend ihre Jugend nach.

Alles lief nach Judiths Plan, bis Salome achtzehn wurde; danach jagte ein Unglück das nächste. Ihr Vater, den Judith verstanden und innig geliebt hatte, starb, Salomes junger Verehrer kam bei einem Zugunglück ums Leben, und zuletzt bekam Salome eine Hüfterkrankung, die mit einer kleinen Verletzung begonnen hatte und sie schließlich zum Krüppel machte. Man ließ nichts unversucht. Judith erbte nach dem Tod der alten Tante, nach der sie benannt worden war, ein kleines Vermögen und scheute keine Kosten, um die beste medizinische Hilfe zu bekommen. Alle Spezialisten scheiterten, einer nach dem anderen.

Judith hatte den Tod ihres Vaters trotz ihres quälenden Kummers tapfer ertragen, sie hatte erlebt, wie ihrer Schwester das Herz brach, ohne zu verbittern, aber als sie schließlich erfuhr, daß Salome nie mehr würde gehen können, sondern nur noch an ihrer Krücke humpeln, kam der schwelende Vulkan in ihrer Seele zum Ausbruch und trieb sie zu einem leidenschaftlichen Aufbegehren gegen das Wesen, das diese Widrigkeiten geschickt oder jedenfalls nicht verhindert hatte. Sie jammerte und zeterte nicht – das war nicht Judiths Art –, aber sie ging nie mehr in die Kirche, und bald akzeptierten alle in Carmody, daß Judith Marsh ebenso ungläubig war wie ihr Vater, nein, schlimmer noch, sie ließ nicht einmal Salome in die Kirche gehen und schlug dem Pfarrer die Tür vor der Nase zu, als er zu ihr kam.

„Ich hätte ihr nicht nachgeben dürfen – um ihres Seelenheils willen!“ warf sich Salome vor. „Aber Himmel, ich fürchte, sie wird mir nie verzeihen, und wie soll ich dann weiterleben? Aber ich muß es für Lionel Hezekiah ertragen – vielleicht hat meine Schwäche ihm schon sehr geschadet. Es heißt: Was ein Kind in den ersten sieben Jahren lernt, vergißt es nie mehr. Also hat Lionel Hezekiah nur noch ein Jahr, um auf den richtigen Weg zu kommen. Oh, wenn es nur nicht zu spät ist!“

Als die Leute nach und nach kamen, empfand Salome ihre neugierigen Blicke als peinlich. Wo sie auch hinschaute, begegnete sie ihnen, es sei denn, sie sah aus dem Fenster. Also starrte sie unverwandt aus dem Fenster, bis ihr zartes kleines Gesicht vor Verlegenheit glühte. Sie sah ihr Zuhause und den Hinterhof, auf dem Lionel Hezekiah vergnügt Matschkuchen buk. Jetzt sah sie, wie Judith aus dem Haus kam und im Pinienwald verschwand. Der Pinienwald war Judiths Zuflucht in Zeiten der Anspannung.

Salome sah das Sonnenlicht auf Lionel Hezekiahs Locken schimmern, als er seinen Kuchenteig anrührte. Sein Anblick machte ihr solche Freude, daß sie ganz vergaß, wo sie war, und wieder richteten sich neugierige Blicke auf sie.

Plötzlich hörte Lionel Hezekiah auf, Teig anzurühren und ging in die Ecke seiner „Summer Kitchen“. Er kletterte auf den Zaun und von dort aus auf das schräge Küchendach. Salome schlug entsetzt die Hände zusammen. Was, wenn das Kind herunterfiel? Oh! Warum war Judith weggegangen und hatte ihn alleingelassen? Was, wenn – was, wenn – und dann, während ihr mit Blitzgeschwindigkeit ein Dutzend möglicher Katastrophen durch den Kopf schoß, geschah wirklich etwas.

Lionel Hezekiah rutschte ab, schlug wild um sich, rutschte nach unten und fiel vom Dach, ein wildes Durcheinander aus Armen und Beinen – mitten in die große Regentonne unter der Rinne, die meistens bis zum Rand mit Wasser gefüllt war, eine Tonne, groß und tief genug, um ein halbes Dutzend kleiner Jungen zu verschlingen, die an einem Sonntag auf Küchendächer kletterten.

Dann passierte etwas, worüber in Carmody bis heute gesprochen wird – ja, sogar gestritten, weil die Meinungen zu dem Thema so weit auseinandergehen. Salome Marsh, die seit fünfzehn Jahren keinen Schritt mehr ohne Unterstützung gemacht hatte, sprang plötzlich mit einem Schrei auf die Füße, rannte den Gang hinunter und zur Tür hinaus!

Alle Männer, Frauen und Kinder, die in der Kirche von Carmody gewesen waren, folgten ihr, sogar der Pfarrer, der gerade seinen Text angekündigt hatte. Als sie draußen ankamen, hatte Salome schon die Hälfte der Strecke hinter sich und rannte panisch weiter. Sie hatte nur einen Gedanken: Würde Lionel Hezekiah ertrunken sein, bevor sie bei ihm war?

Sie stieß die Gartenpforte auf und keuchte über den Hof, als eine hochgewachsene Frau mit grimmiger Miene um die Hausecke kam und bei dem Anblick, der sich ihr bot, wie angewurzelt stehenblieb.

Aber Salome sah niemanden. Sie stürzte sich auf die Regentonne und schaute hinein, außer sich vor Angst vor dem, was sie darin sehen würde. Sie erspähte Lionel Hezekiah auf dem Boden der Tonne – er saß mitten im Wasser, das ihm nur bis Taille reichte. Er wirkte benommen und verwirrt, war aber offenbar unverletzt.

Auf dem Hof wimmelte es von Menschen, aber noch hatte keiner ein Wort gesagt; alle verharrten in ehrfürchtigem Schweigen angesichts des Wunders. Judith sprach als erste. Sie drängte sich durch die Menge zu Salome. Ihr Gesicht war totenbleich, und ihr Blick ließ einen erschaudern, wie Mrs. William Blair später erklärte. „Salome", sagte sie mit schriller, unnatürlich hoher Stimme, „wo ist deine Krücke?"

Bei dieser Frage kam Salome wieder zu sich. Erst jetzt wurde ihr klar, daß sie den ganzen Weg von der Kirche gegangen, nein, gerannt war, und das allein und ohne Hilfe. Sie wurde blaß, schwankte und wäre umgefallen, wenn Judith sie nicht aufgefangen hätte.

Der alte Dr. Blair bahnte sich energisch einen Weg nach vorn. „Tragen Sie sie hinein", sagte er, „und Sie anderen bleiben draußen! Sie braucht eine Weile Ruhe."

Die meisten Leute kehrten gehorsam in die Kirche zurück. Ihre Zungen lösten sich plötzlich, und sie schnatterten aufgeregt durcheinander. Ein paar Frauen halfen Judith, Salome ins Haus zu tragen und sie auf die Küchenbank zu legen. Ihnen folgten der Arzt und der tropfnasse Lionel Hezekiah. Der Pfarrer hatte letzteren aus der Tonne gezogen, aber jetzt kümmerte sich kein Mensch mehr um ihn.

Salome erzählte ihre Geschichte, und ihre Zuhörer lauschten mit gemischten Gefühlen.

„Es ist ein Wunder", sagte Sam Lawson überwältigt.

Dr. Blair zuckte die Achseln. „Es ist überhaupt kein Wunder", sagte er schroff. „Es ist alles ganz natürlich. Die Hüfterkrankung war offenbar schon lange ausgeheilt; die Natur vollbringt manchmal solche Heilungen, wenn man sie in Ruhe läßt. Das Problem war, daß die Muskeln gelähmt waren, weil sie so lange nicht benutzt wurden. Die Lähmung wurde durch eine außergewöhnliche Anstrengung überwunden. Salome, stehen Sie auf und gehen Sie durch die Küche."

Salome gehorchte. Sie ging durch die Küche, langsam, steif und unsicher, jetzt, da die treibende Kraft der panischen Angst aufgebraucht war, aber trotzdem ging sie.

Der Arzt nickte beifällig. „Machen Sie das jeden Tag. Gehen Sie, soviel Sie können, ohne sich zu überanstrengen, dann sind Sie bald wieder so gut zu Fuß wie früher. Sie brauchen keine Krücken mehr, aber ein Wunder ist dieser Fall nicht."

Judith Marsh wandte sich an ihn. Sie hatte seit ihrer Frage nach dem Verbleib von Salomes Krücke kein Wort gesprochen, doch jetzt sagte sie heftig: „Es *ist* ein

Wunder! Gott hat es bewirkt, um mir seine Existenz zu beweisen, und es hat mich überzeugt."

Der alte Doktor zuckte wieder die Achseln. Als kluger Mann wußte er, wann man am besten den Mund hielt. „Nun, bringen Sie Salome ins Bett und lassen Sie sie den Rest des Tages schlafen. Sie ist ausgelaugt. Und sorgen Sie um Himmels willen dafür, daß das arme Kind trockene Sachen anzieht, sonst holt es sich den Tod!"

Am Abend, als Salome Marsh in ihrem Bett lag und das Licht der untergehenden Sonne auf sie fiel, erfüllt von Glück und Dankbarkeit, kam Judith in ihr Zimmer. Sie trug ihren besten Hut und ihr bestes Kleid und hielt Lionel Hezekiah an der Hand. Lionel Hezekiahs strahlendes Gesicht war gründlich gewaschen, und seine seidigen Locken fielen schimmernd auf den Spitzenkragen seines Samtanzugs.

„Wie geht es dir jetzt, Salome?" fragte Judith sanft.

„Besser. Ich habe herrlich geschlafen. Aber wo gehst du hin, Judith?"

„Ich gehe in die Kirche", sagte Judith entschieden, „und ich nehme Lionel Hezekiah mit."

12. Das Ende eines Streits

Nancy Rogerson setzte sich auf die Stufe vor Louisa Shaws Tür und schaute sich um. Sie stieß einen langen verzückten Seufzer aus, in dem Kummer mitschwang. Nichts hatte sich verändert – der Garten war noch so viereckig wie eh und je und auch noch ebenso unordentlich mit seinem bezaubernden Durcheinander aus Obst und Blumen, Stachelbeersträuchern und Tiger-Lilien, hier und da einem knorrigen alten Apfelbaum und einem dichten kleinen Wald aus Kirschbäumen. Dahinter stand eine Reihe Fichten, die sich dunkel vor einem rosa Sonnenuntergang abzeichneten. Sie sahen keinen Tag älter aus als vor zwanzig Jahren, als Nancy ein junges Mädchen gewesen war, das in ihrem Schatten spazieren ging und träumte. Die alte Weide zur Linken war immer noch so groß und ausladend wie einst und – Nancy erinnerte sich mit einem leisen Schauder – wimmelte wahrscheinlich auch immer noch von Raupen. Nancy hatte in ihren zwanzig Jahren der Abwesenheit aus Avonlea viel gelernt, aber nicht, ihre Angst vor Raupen zu überwinden.

„Es hat sich nicht viel verändert, Louisa", sagte sie, stützte das Kinn in die weißen Hände und atmete den köstlichen Duft der Minze ein, auf der Louisa herumtrat. „Ich bin froh – ich hatte befürchtet, du hättest den alten Garten ganz beseitigt – oder einen langweiligen ordentlichen Rasen daraus gemacht, was noch schlimmer gewesen wäre. Er ist immer noch so herrlich unordentlich, und der Zaun wackelt immer noch. Es kann nicht der gleiche Zaun sein, aber er sieht genauso aus. Danke, Louisa.“

Louisa hatte nicht die leiseste Ahnung, wofür Nancy ihr dankte, aber sie hatte Nancy ohnehin nie begriffen, so sehr sie sie auch immer gemocht hatte – damals in in ihrer Mädchenzeit, die für Louisa viel länger zurückzuliegen schien als für Nancy. Für Louisa lag das erfüllte Leben einer Ehefrau und Mutter zwischen damals und heute, für Nancy dagegen nur der schmale Grat leerer Jahre.

„Du hast dich selbst kaum verändert, Nancy“, sagte sie mit einem bewundernden Blick auf Nancys schlanke Gestalt, ihr rosiges Gesicht und das glänzende, wellige goldbraune Haar. Nancy trug ihre Krankenschwesterntracht, um sie Louisa zu zeigen. „Du hast dich wunderbar gehalten.“

„Ja, nicht wahr?“ sagte Nancy zufrieden. „Moderne Methoden der Massage und Creme haben die Krähenfüße ferngehalten, und zum Glück habe ich sowieso den Teint der Rogersons. Man würde nicht glauben, daß ich achtunddreißig bin, nicht wahr? Achtunddreißig! Vor zwanzig Jahren dachte ich, eine Achtunddreißigjährige sei ein weiblicher Methusalem! Und jetzt fühle ich mich so schrecklich, so lächerlich jung, Louisa. Jeden Morgen beim Aufstehen muß ich mir dreimal mit feierlichem Ernst sagen ‚Du bist eine alte Jungfer, Nancy Rogerson‘, damit ich eine angemessene Haltung an den Tag legen kann!“

„Ich glaube, es macht dir nicht viel aus, eine alte Jungfer zu sein“, sagte Louisa und zuckte die Schultern. Sie selbst wollte um nichts auf der Welt eine alte Jungfer sein, aber inkonsequenterweise beneidete sie Nancy um deren Freiheit, das Leben in der großen weiten Welt, ihre faltenlose Stirn und ihr sorgloses Wesen.

„Oh, es macht mir etwas aus“, sagte Nancy unumwunden. „Ich hasse es, eine alte Jungfer zu sein.“

„Warum heiratest du dann nicht?“ fragte Louisa. Sie sprach in der Gegenwartsform und drückte damit unbewußt aus, daß Nancy immer noch Chancen hatte.

Nancy schüttelte den Kopf. „Nein, das wäre auch nicht das Richtige für mich. Ich möchte nicht verheiratet sein. Erinnerst du dich an die Geschichte, die Anne Shirley vor langer Zeit erzählt hat – von der Schülerin, die Witwe sein wollte, weil ‚eine verheiratete Frau von ihrem Mann herumkommandiert wird und eine unverheiratete alte Jungfer genannt wird‘? Das ist genau meine Meinung. Ich wäre gern Witwe. Dann hätte ich die Freiheit einer ledigen Frau und den Status einer verheirateten. Dann hätte ich alles, was das Herz begehrt. Oh, wäre ich nur Witwe!“

„Nancy!“ Louisa klang schockiert.

Nancy lachte – ein leises Gurgeln, das klang wie das Murmeln eines Baches. „Oh, Louisa, kann ich dich immer noch schockieren? So hast du vor langer Zeit immer ‚Nancy‘ gesagt, als hätte ich gegen alle Gebote auf einmal verstoßen.“

„Du sagst immer so seltsame Sachen“, protestierte Louisa, „und die meiste Zeit weiß ich nicht, was du meinst!“

„Himmel, meine Liebe, die meiste Zeit weiß ich es selbst nicht. Vielleicht hat die Wiedersehensfreude mich etwas verwirrt. Ich habe meine verlorene Mädchenhaftigkeit wiedergefunden. In diesem Garten bin ich nicht achtunddreißig – es ist völlig unmöglich. Ich bin zarte achtzehn, und meine Taille ist zwei Zoll schmaler. Sieh nur, die Sonne geht unter. Ihre letzten Strahlen fallen immer noch auf das Bauernhaus der

Wrights. Übrigens, Louisa – wohnt Peter Wright immer noch dort?“

„Ja.“ Louisa warf einen plötzlichen, interessierten Blick auf die anscheinend zufriedene Nancy.

„Verheiratet, nehme ich an – und Vater von einem halben Dutzend Kindern?“ fragte Nancy gleichgültig. Sie pflückte ein paar Minzeblätter und heftete sie sich an die Brust. Vielleicht rötete sich ihr Gesicht, weil sie sich dabei vorbeugte. Aber es war mehr als die Farbe der Rogersons.

Louisa dachte manchmal langsam, aber sie verstand die Bedeutung eines Errötens, und die Instinkte der Kupplerin erwachten in ihr. „Keineswegs“, sagte sie prompt. „Peter Wright hat nie geheiratet. Er ist deinem Andenken treugeblieben, Nancy.“

„Uff! Das hört sich an, als läge ich auf dem Friedhof von Avonlea – unter einem Grabstein mit einer Trauerweide“, schauderte Nancy. „Wenn gesagt wird, ein Mann sei dem Andenken an eine Frau treugeblieben, heißt das meistens, daß er keine andere gefunden hat.“

„Das gilt nicht für Peter“, protestierte Louisa. „Er ist eine gute Partie, und viele Frauen hätten ihn gern geheiratet – und würden es immer noch. Er ist erst dreiundvierzig. Aber seit du ihn sitzengelassen hast, hat er nie mehr Interesse an irgendeiner Frau gezeigt.“

„Aber das habe ich nicht! Er hat mich sitzengelassen“, sagte Nancy in klagendem Ton und schaute in die Ferne – über die Felder in der Tiefe und ein Tal voller junger Fichten bis zu den weißen Gebäuden des Wright-Hofes, die sich im Licht des Sonnenuntergangs rosa färbten, während sich sonst ganz Avonlea in Schatten hüllte. In ihren Augen funkelte ein Lachen.

Louisa wurde nicht klug aus diesem Lachen. „Ach!“ sagte sie. „Worüber in aller Welt habt ihr euch gestritten?“ fügte sie neugierig hinzu.

„Das habe ich mich auch oft gefragt“, erwiderte Nancy.

„Und du hast ihn seitdem nie mehr gesehen?“ fragte Louisa weiter.

„Nein. Hat er sich sehr verändert?“

„Nun, ein bißchen. Er ist grau geworden und sieht etwas müde aus. Aber das ist kein Wunder bei dem Leben, das er führt. Seit zwei Jahren führt ihm niemand mehr den Haushalt – seit seine alte Tante gestorben ist. Er lebt allein und macht sein Essen selbst. Ich war nie in seinem Haus, aber die Leute sagen, es sei furchtbar unordentlich.“

„Ja, ich glaube nicht, daß Peter für die Hausarbeit geschaffen ist“, sagte Nancy leichthin und pflückte noch mehr Minze. „Stell dir vor, Louisa, wenn dieser Streit damals nicht gewesen wäre, wäre ich jetzt vielleicht Mrs. Peter Wright, Mutter von dem vorhin erwähnten halben Dutzend, und würde mir den Kopf über Peters Mahlzeiten, Strümpfe und Kühe zerbrechen.“

„Ich glaube, du bist allein besser dran“, sagte Louisa.

„Oh, ich weiß nicht.“ Nancy schaute wieder zu dem weißen Haus auf dem Hügel hinauf. „Ich habe das Leben genossen, aber irgendwie reicht es mir nicht. Um ehrlich zu sein – oh, Louisa, Ehrlichkeit ist selten bei Frauen, wenn es um Männer geht –, ich glaube, ich würde lieber für Peter kochen und staubwischen. Seine Grammatikfehler würden mir jetzt nichts mehr ausmachen. Ich habe ein oder zwei wertvolle Dinge gelernt, und eins davon lautet, daß die Grammatik eines Mannes unwichtig ist, solange er einen nicht verflucht. Übrigens – ist Peters Grammatik immer noch so schlecht?“

„Ich – ich weiß nicht“, sagte Louisa hilflos. „Ich wußte nie, daß sie überhaupt schlecht war.“

„Sagt er immer noch ‚als wie‘?“ bohrte Nancy nach.

„Es ist mir nie aufgefallen“, gestand Louisa.

„Du bist zu beneiden, Louisa! Ich wünschte, ich hätte diese segensreiche Gabe, nie etwas zu merken! Davon hat eine Frau mehr als von Schönheit oder Klugheit! Mir sind Peters Fehler immer aufgefallen. Wenn er ‚als wie‘ sagte, sträubten sich mir jungem Grünschnabel die Haare. Ich habe – oh, nur allzu taktvoll – versucht, ihn in dieser Hinsicht zu verbessern. Aber das gefiel Peter nicht – die Wrights hatten ja immer eine hohe Meinung von sich selbst. Wir zerstritten uns wegen einer Frage des Satzbaus. Peter sagte, ich müsse ihn so nehmen, wie er sei, mit seiner Grammatik und allem, oder auf ihn verzichten. Ich habe auf ihn verzichtet – und seitdem frage ich mich, ob es mir wirklich leidtut oder ob es nur ein wehmütiges, bittersüßes Bedauern ist. Ich denke, es ist letzteres. Nun, Louisa – ich lese in deinen Augen, daß du eine Intrige spinnen willst. Ersticke sie im Keim, liebe Louisa. Versuch nicht, mich jetzt noch mit Peter zu verkuppeln – auch nicht, indem du ihn eines Abends ganz zufällig zum Tee einlädst, was du im Augenblick planst!“

„So, ich muß die Kühe melken“, schnaufte Louisa und ergriff die Flucht. Nancys Fähigkeit, Gedanken zu lesen, war ihr unheimlich. Sie wollte nicht länger bei ihrer Cousine bleiben, denn es war zu befürchten, daß Nancy alle Geheimnisse ihres Daseins ans Licht zerren würde.

Nancy saß noch lange auf den Stufen, als Louisa gegangen war. Sie saß dort, bis die Nacht kam und die Sterne über den Fichten funkelten. Früher war dies ihr Zuhause gewesen. Hier hatte sie gelebt und ihrem Vater den Haushalt geführt. Als er starb, hatte Curtis Shaw, der Mann ihrer Cousine Louisa, ihr den Hof abgekauft und war mit seiner Frau eingezogen. Nancy blieb bei ihnen und erwartete, bald ein eigenes Zuhause zu haben. Sie war mit Peter Wright verlobt gewesen. Dann kam der geheimnisvolle Streit, dessen Grund Kind und Kegel auf beiden Seiten zu ihrem Ärger nie erfuhren. Aber die Folgen erfuhren sie. Nancy packte ihre Sachen und ließ Avonlea siebenhundert Meilen hinter sich. Sie ging nach Montreal und ließ sich in einem Krankenhaus zur Krankenschwester ausbilden. In den zwanzig Jahren, die folgten, war sie nicht einmal mehr zu Besuch nach Avonlea gekommen. Ihr plötzliches Auftauchen in diesem Sommer entsprang einer Laune – sie hatte plötzlich Heimweh nach diesem Garten gehabt. Sie hatte nicht an Peter gedacht. Ehrlich gesagt hatte sie in den letzten fünfzehn Jahren überhaupt wenig an ihn gedacht. Sie war der Meinung gewesen, ihn vergessen zu haben. Aber jetzt, als sie auf der alten Treppe saß, wo sie in ihrer Verlobungszeit so oft gesessen hatte, mit Peter auf einem breiten Stein zu ihren Füßen, setzte ihr Herzschlag plötzlich aus. Sie sah das Licht in der Küche des Wright-Hofs und stellte sich vor, wie Peter dort saß – einsam und vernachlässigt bei kaltem Essen, das er selbst zubereitet hatte.

„Nun, er hätte eben heiraten sollen“, sagte sie schnippisch. „Ich werde mir keine Gedanken darüber machen, daß er ein einsamer alter Junggeselle ist, nachdem ich all die Jahre geglaubt habe, er sei glücklich verheiratet. Warum engagiert er nicht wenigstens eine Haushälterin? Er kann es sich leisten, der Hof sieht gut aus. Uff! Ich habe viel Geld auf dem Konto und fast alles gesehen, was auf der Welt sehenswert ist, aber ich habe auch ein paar sorgfältig versteckte graue Haare und die schreckliche Überzeugung, daß Grammatik nicht zu den wichtigsten Dingen im Leben gehört. Nun, ich werde nicht weiter im Mondschein schmachten. Ich gehe hinein und lese den unterhaltsamsten, schillerndsten, farbigsten Gesellschaftsroman, den ich im Gepäck habe.“

In der Woche, die nun folgte, amüsierte Nancy sich auf ihre Art. Sie saß im Garten auf der Schaukel und las. Sie machte lange Spaziergänge durch die Wälder und einsame Höhenzüge.

„Das mag ich viel lieber, als Leute zu treffen", sagte sie, als Louisa vorschlug, daß sie diesen oder jenen besuchen solle. „Vor allem die Leute in Avonlea. All meine alten Freundinnen sind weggezogen oder hoffnungslos verheiratet und verändert, und die jungen Leute kennen Josef[9] nicht und geben mir das Gefühl, ich sei mittleren Alters – das ist mir unbehaglich. Es ist viel schlimmer, sich mittleren Alters zu fühlen als alt. Im Wald fühle ich mich so ewig jung wie die Natur selbst. Und oh, es ist so schön, sich einmal nicht mit Thermometern, Temperaturen und den Launen anderer Leute zu beschäftigen. Laß mich in meinen eigenen Launen schwelgen und bestrafe mich mit kaltem Essen, wenn ich zu spät komme. Ich gehe auch nicht mehr in die Kirche. Es war gestern wirklich schrecklich dort! Die Kirche ist so abstoßend brandneu und modern."

„Sie gilt als die hübscheste Kirche der Gegend!" widersprach Louisa, etwas beleidigt.

„Kirchen sollten nicht hübsch sein – sie sollten mindestens fünfzig Jahre alt und zu wahrer Schönheit gereift sein. Neue Kirchen sind scheußlich."

„Hast du Peter Wright in der Kirche gesehen?" fragte Louisa., weil sie sonst an der Frage erstickt wäre.

Nancy nickte. „Ja, er saß mir gegenüber in seiner Bank. Er hat sich auch verändert, allerdings zu seinem Vorteil – graue Haare stehen ihm. Aber ich war furchtbar enttäuscht von mir selbst. Ich hatte erwartet, wenigstens ein romantisches Kribbeln zu verspüren, aber es war nur ein freundliches Interesse, wie für jeden

---

9 Exodus 1, 8: „Da stand ein neuer König über Ägypten auf, der Joseph nicht kannte."

anderen alten Freund auch. Ich habe mein Bestes getan, Louisa, aber ich konnte kein Kribbeln aufbringen."

„Hat er etwas zu dir gesagt?" fragte Louisa. Sie hatte keine Ahnung, was Nancy mit ihrem Kribbeln meinte.

„Leider nicht. Es war nicht meine Schuld. Ich stand draußen vor der Tür, mit der freundlichsten Miene, die ich zustande brachte, aber Peter ist einfach vorbeigegangen, ohne einen Blick in meine Richtung. Es würde meiner Eitelkeit schmeicheln, wenn ich mir einreden könnte, der Grund sei Stolz oder alter Groll gewesen. Aber um der Wahrheit die Ehre zu geben, liebe Weezy – es sah für mich so aus, als wäre ihm gar nicht der Gedanke daran gekommen. Er interessierte sich mehr dafür, mit Oliver Sloane über die Heuernte zu reden – der ist übrigens Oliver-Sloane-artiger denn je."

„Wenn es dir so geht, wie du neulich abend gesagt hast, warum hast *du* denn nichts zu *ihm* gesagt?" wollte Louisa wissen.

„Weil es mir jetzt nicht mehr so geht. Das war nur eine Stimmung. Du weißt nichts über Stimmungen, meine Liebe. Du weißt nicht, was es heißt, sich eine Stunde lang verzweifelt nach etwas zu sehnen, das man im nächsten Moment nicht mehr geschenkt haben will."

„Aber das ist doch albern!" protestierte Louisa.

„Natürlich, und wie albern! Aber ach, es ist herrlich, albern zu sein, wenn man zwanzig Jahre pausenlos vernünftig sein mußte. Nun, ich werde heute nachmittag Erdbeeren pflücken, Lou. Warte nicht mit dem Abendessen, ich werde wohl nicht vor der Dunkelheit zurück sein. Ich bin ja nur noch vier Tage hier, und die möchte ich ausnutzen."

Nancys Streifzug an diesem Nachmittag führte sie weit weg. Als ihr Korb gefüllt war, schlenderte sie immer noch in herrlicher Ziellosigkeit umher. Plötzlich fand sie sich auf einem Waldweg wieder. Er führte an einem Feld vorbei, auf dem ein Mann Heu mähte. Der

Mann war Peter Wright. Nancy beschleunigte ihren Schritt, als sie ihn erkannt hatte, würdigte ihn keines Blickes und verschwand im Grün der Ahornwälder.

Aus alter Erinnerung wußte sie, daß sie auf Peter Morrisons Grundstück war und daß sie, wenn sie weiter geradeaus ging, zum alten Haus der Morrisons gelangen würde. Ihre Berechnung erwies sich als beinahe richtig, aber nicht ganz. Sie kam aus dem Wald und war fünfzig Yard südlich des alten Morrison-Hauses und fand sich auf dem Wright-Hof wieder!

Als Nancy an dem Haus vorbeiging – dem Haus, dessen Herrin sie einmal hatte sein wollen –, überkam sie die Neugier. Es war kein anderes Haus in der Nähe. Sie ging zielstrebig hin, um – man sage es nicht laut – einen verstohlenen Blick durch das Küchenfenster zu werfen. Aber als sie sah, daß die Tür weit offenstand, schritt sie darauf zu, blieb auf der Schwelle stehen und sah sich interessiert um.

Die Küche war tatsächlich in einem kläglichen Zustand der Unordnung. Der Boden war offenbar seit zwei Wochen nicht mehr gefegt worden. Auf dem kahlen Tisch standen die Reste von Peters Abendessen, das nicht sehr appetitlich gewesen sein konnte.

„Was für ein elendes Zuhause für einen Menschen!" stöhnte Nancy. „Die Asche auf dem Herd! Und dieser Tisch! Kein Wunder, daß Peter grau geworden ist! Er arbeitet den ganzen Nachmittag schwer bei der Heuernte – und kommt dann hierher!" Plötzlich schoß Nancy ein Gedanke durch den Kopf. Im ersten Augenblick sah sie erschrocken aus, aber dann lachte sie und warf einen Blick auf ihre Uhr. „Ich mache es – nur zum Spaß und ein bißchen aus Mitleid. Es ist halb drei, und Peter wird spätestens um vier zu Hause sein. Ich habe eine gute Stunde Zeit und kann rechtzeitig verschwinden. Niemand wird es je erfahren, hier sieht mich ja keiner." Nancy trat ein, warf ihren Hut beiseite und packte einen Besen. Als erstes fegte sie die Küche, und zwar gründlich. Dann zündete sie ein Feuer an, stellte einen Kessel Wasser auf den Herd und nahm das Geschirr in Angriff. Aus der Anzahl zog sie den richtigen Schluß, daß Peter mindestens eine Woche nicht mehr abgewaschen hatte. „Ich glaube, er nimmt immer wieder sauberes Geschirr, bis keins mehr da ist, und macht dann einen großen Abwasch", lachte sie. „Ich frage mich, wo er seine Geschirrtücher aufbewahrt, wenn er überhaupt welche hat." Offenbar hatte Peter keine, jedenfalls konnte Nancy keine finden. Sie marschierte kühn in das staubige Wohnzimmer, erforschte die Schubladen einer altmodischen Kommode und beschlagnahmte ein Handtuch, das sie darin fand. Als sie arbeitete, summte sie ein Lied vor sich hin; ihre Schritte waren leicht, und ihre Augen funkelten. Nancy amüsierte sich blendend, daran bestand kein Zweifel. Es war ein herrlicher Streich.

Als das Geschirr abgewaschen war, trieb sie in der Kommode ein sauberes, aber vergilbtes und offenbar lange unbenutztes Tischtuch auf, deckte den Tisch und machte das Abendessen. Sie fand Brot und Butter in der Speisekammer, ein Ausflug in den Keller förderte eine Kanne Sahne zutage, und Nancy schüttete den Inhalt ihres Erdbeerkörbchens auf Peters Teller. Der Tee war fertig, und sie stellte ihn warm. Und als letzten Schliff plünderte Nancy den vernachlässigten alten Garten und stellte eine große Vase mit roten Rosen in die Mitte des Tisches.

„Jetzt muß ich gehen", sagte sie laut. „Aber wäre es nicht lustig, Peters Gesicht zu sehen, wenn er hereinkommt? Haha! Das hat wirklich Spaß gemacht – aber warum? Nancy Rogerson, stell dich nicht selbst vor Rätsel! Setz deinen Hut auf und geh nach Hause, und überleg dir unterwegs eine glaubwürdige Ausrede, um

Louisa zu erklären, warum du keine Erdbeeren mitbringst."

Nancy hielt einen Moment inne und sah sich bekümmert um. Sie hatte den Raum heiter, adrett und gemütlich werden lassen und fühlte wieder diesen sonderbaren Stich im Herzen. Sie stellte sich vor, sie sei hier zu Hause und würde darauf warten, daß Peter nach Hause käme. Sie stellte sich vor, daß – Nancy wirbelte herum, weil sie plötzlich ahnte, was sie sehen würde! Peter Wright stand in der Tür!

Nancys Gesicht lief dunkelrot an. Zum ersten Mal in ihrem Leben fehlten ihr die Worte.

Peter sah erst sie und dann den Tisch mit seinen Blumen und dem Obst an. „Danke", sagte er höflich.

Nancy fing sich wieder. Mit einem verlegenen Lachen streckte sie ihm die Hand hin. „Laß mich nicht wegen Hausfriedensbruchs festnehmen, Peter. Ich bin aus Neugier hereingekommen und habe aus Spaß dein Abendessen gemacht. Ich dachte, es wäre eine Überraschung für dich – und ich wollte natürlich verschwunden sein, bevor du kommst."

„Ich wäre gar nicht überrascht gewesen", sagte Peter und schüttelte ihr die Hand. „Ich habe dich an dem Feld vorbeigehen sehen, habe die Pferde angebunden und bin dir durch den Wald gefolgt. Ich habe auf dem Zaun dort drüben gesessen und dich beobachtet."

„Warum hast du gestern in der Kirche nichts zu mir gesagt, Peter?" fragte Nancy kühn.

„Ich hatte Angst, einen Grammatikfehler zu machen", antwortete Peter trocken.

Wieder brannte die Röte auf Nancys Wangen. Sie entzog ihm die Hand. „Das ist gemein von dir, Peter."

Peter lachte plötzlich. Es klang jungenhaft. „Das ist es", sagte er, „aber ich habe das zwanzig Jahre mit mir herumgetragen und mußte es loswerden. Das habe ich nun getan und werde sehr liebenswürdig sein. Aber da du dir die Mühe gemacht hast, mein Abendessen zu machen, Nancy, mußt du bleiben und mir helfen, es zu verzehren. Die Erdbeeren sehen gut aus. Ich hatte diesen Sommer noch keine – ich hatte keine Zeit, welche zu pflücken.“

Nancy blieb. Sie saß am Kopf von Peters Tisch und goß ihm Tee ein. Sie redete geistreich über die Leute von Avonlea und die Veränderungen in ihrem Bekanntenkreis. Peter war offenbar völlig unbefangen und verzehrte sein Abendessen wie jemand, der mit sich im Reinen ist. Aber Nancy fühlte sich elend – und zugleich geradezu lächerlich glücklich. Es schien absurd, daß sie hier an Peters Tisch saß, und doch ganz natürlich. In manchen Augenblicken war ihr zum Weinen zumute – und dann wieder klang ihr Lachen so spontan wie das eines Mädchens. Rührseligkeit und Humor hielten sich bei Nancy immer die Waage.

Als Peter mit den Erdbeeren fertig war, verschränkte er die Arme auf dem Tisch und sah Nancy bewundernd an. „Du machst dich gut am Ende eines Tisches, Nancy“, sagte er. „Wie kommt es, daß du nicht schon lange an einem eigenen sitzt? Ich dachte, du hättest in der großen weiten Welt unzählige Männer kennengelernt, die keine Grammatikfehler machen.“

„Peter, hör auf!“ Nancy wand sich. „Ich war eine alberne Gans!“

„Nein, du hattest vollkommen recht. Ich war ein Dummkopf. Wenn ich etwas Grips gehabt hätte, wäre ich dankbar gewesen, daß du mich aus Liebe verbessern wolltest – und ich hätte an meinen Fehlern arbeiten sollen, statt wütend zu werden. Aber jetzt ist es zu spät, fürchte ich.“

„Zu spät – wofür?“ fragte Nancy. Etwas in Peters Stimme und seinem Blick machte ihr Mut.

„Um – Fehler zu korrigieren.“

„Grammatikalische?“

„Nicht wirklich – ich glaube, diese Fehler kann ein alter Kerl wie ich sich nicht mehr abgewöhnen. Schlimmere Fehler, Nancy. Ich frage mich, was du sagen würdest, wenn ich dich um Verzeihung bäte – und darum, mich doch noch zu heiraten."

„Ich würde zugreifen, bevor du es dir anders überlegst!" sagte Nancy unverfroren. Sie versuchte, Peter ins Gesicht zu sehen, schlug aber ihre blauen Augen, in denen sich Tränen und Lachen mischten, vor seinen grauen nieder.

Peter stand so heftig auf, daß sein Stuhl umkippte, und eilte um den Tisch herum auf sie. „Nancy, mein Mädchen!" sagte er.